ANOTAÇÕES SOBRE A LEI DE IMPROBIDADE ADMINISTRATIVA

MARIA LIA PORTO CORONA
SÉRGIO PESSOA DE PAULA CASTRO
FABIOLA MARQUETTI SANCHES RAHIM
Coordenadores

ANOTAÇÕES SOBRE A LEI DE IMPROBIDADE ADMINISTRATIVA

Belo Horizonte

FÓRUM

CONHECIMENTO JURÍDICO

2022

© 2022 Editora Fórum Ltda.

É proibida a reprodução total ou parcial desta obra, por qualquer meio eletrônico, inclusive por processos xerográficos, sem autorização expressa do Editor.

Conselho Editorial

Adilson Abreu Dallari
Alécia Paolucci Nogueira Bicalho
Alexandre Coutinho Pagliarini
André Ramos Tavares
Carlos Ayres Britto
Carlos Mário da Silva Velloso
Cármen Lúcia Antunes Rocha
Cesar Augusto Guimarães Pereira
Clovis Beznos
Cristiana Fortini
Dinorá Adelaide Musetti Grotti
Diogo de Figueiredo Moreira Neto (*in memoriam*)
Egon Bockmann Moreira
Emerson Gabardo
Fabrício Motta
Fernando Rossi
Flávio Henrique Unes Pereira

Floriano de Azevedo Marques Neto
Gustavo Justino de Oliveira
Inês Virgínia Prado Soares
Jorge Ulisses Jacoby Fernandes
Juarez Freitas
Luciano Ferraz
Lúcio Delfino
Marcia Carla Pereira Ribeiro
Márcio Cammarosano
Marcos Ehrhardt Jr.
Maria Sylvia Zanella Di Pietro
Ney José de Freitas
Oswaldo Othon de Pontes Saraiva Filho
Paulo Modesto
Romeu Felipe Bacellar Filho
Sérgio Guerra
Walber de Moura Agra

FÓRUM
CONHECIMENTO JURÍDICO

Luís Cláudio Rodrigues Ferreira
Presidente e Editor

Coordenação editorial: Leonardo Eustáquio Siqueira Araújo
Aline Sobreira de Oliveira

Rua Paulo Ribeiro Bastos, 211 – Jardim Atlântico – CEP 31710-430
Belo Horizonte – Minas Gerais – Tel.: (31) 2121.4900
www.editoraforum.com.br – editoraforum@editoraforum.com.br

Técnica. Empenho. Zelo. Esses foram alguns dos cuidados aplicados na edição desta obra. No entanto, podem ocorrer erros de impressão, digitação ou mesmo restar alguma dúvida conceitual. Caso se constate algo assim, solicitamos a gentileza de nos comunicar através do *e-mail* editorial@editoraforum.com.br para que possamos esclarecer, no que couber. A sua contribuição é muito importante para mantermos a excelência editorial. A Editora Fórum agradece a sua contribuição.

Dados Internacionais de Catalogação na Publicação (CIP) de acordo com ISBD

A615	Anotações sobre a Lei de Improbidade Administrativa / Maria Lia Porto Corona, Sérgio Pessoa de Paula Castro, Fabiola Marquetti Sanches Rahim. - Belo Horizonte : Fórum, 2022. 249p. ; 14,5cm x 21,5cm. Inclui bibliografia. ISBN: 978-65-5518-378-8 1. Direito. 2. Direito Administrativo. 3. Direito Constitucional. 4. Direito Público. I. Corona, Maria Lia Porto. II. Castro, Sérgio Pessoa de Paula. III. Rahim, Fabiola Marquetti Sanches. IV. Título.
2022-1128	CDD 341.3 CDU 342.9

Elaborado por Vagner Rodolfo da Silva - CRB-8/9410

Informação bibliográfica deste livro, conforme a NBR 6023:2018 da Associação Brasileira de Normas Técnicas (ABNT):

CORONA, Maria Lia Porto; CASTRO, Sérgio Pessoa de Paula; RAHIM, Fabiola Marquetti Sanches (Coords.). *Anotações sobre a Lei de Improbidade Administrativa*. Belo Horizonte: Fórum, 2022. 249p. ISBN 978-65-5518-378-8.

SUMÁRIO

REVISITANDO A INVALIDAÇÃO DO ATO ÍMPROBO EM FACE DA LEI Nº 14.230/2021 (REFORMA DA LEI DE IMPROBIDADE ADMINISTRATIVA)

Anderson Sant'ana Pedra, Jasson Hibner Amaral..11

1   Introdução 11

2   Possibilidade de invalidação como conteúdo de uma decisão em ação de improbidade administrativa...13

3   Repensando a invalidação nas ações de improbidade administrativa 14

3.1   Segurança jurídica e confiança legítima...16

3.2   Eficiência administrativa 19

3.3   Interesse público...20

3.4   Consequencialismo decisório 21

4   Saneamento 23

4.1   Saneamento e formalismo moderado 24

5   Modulação de efeitos da invalidação como alternativa 25

6   Considerações finais 28

       Referências 29

CARACTERIZAÇÃO DE ATO DE IMPROBIDADE ADMINISTRATIVA NA PERCEPÇÃO DE VERBAS INDEVIDAS POR SERVIDOR PÚBLICO: ANÁLISE HISTÓRICA E JURISPRUDENCIAL E DOS POTENCIAIS REFLEXOS DAS ALTERAÇÕES PROMOVIDAS PELA LEI FEDERAL Nº 14.230/2021

Carolina Pellegrini Maia Rovina Lunkes...33

1   Breve contextualização histórica 33

2   A Lei de Improbidade Administrativa – Lei nº 8.429/1992 37

3   A Nova Lei de Improbidade Administrativa – as mudanças promovidas pela Lei Federal nº 14.230/2021...................................42

4 Caracterização da percepção de verbas indevidas por servidor público como ato de improbidade administrativa. Requisitos exigidos à luz da redação original do artigo 9º, inciso XI da Lei Federal nº 8.429/1992. Análise de julgados do E. STJ e do TJESP..44

5 Análise crítica da jurisprudência, à luz das alterações promovidas pela Lei Federal nº 14.230/2021.................................47

6 Conclusão...49

Referências..50

AS ALTERAÇÕES PROMOVIDAS PELA LEI FEDERAL Nº 14.230/2021 SOBRE O ENRIQUECIMENTO ILÍCITO POR PATRIMÔNIO DESPROPORCIONAL À REMUNERAÇÃO DE AGENTE PÚBLICO

Denis Dela Vedova Gomes...53

1 Introdução...53

2 A improbidade administrativa por enriquecimento ilícito – elementos objetivos, subjetivos e circunstanciais.....................55

3 Garantia ao contraditório e à presunção de inocência.............60

4 Declaração de bens e direitos e a sindicância patrimonial.......63

5 Conclusão...66

Referências..68

GARANTISMO, PRAGMATISMO E A NOVA LEI DE IMPROBIDADE ADMINISTRATIVA: O QUE DEVERIA RETROAGIR E POR QUÊ?

Fabiola Marquetti Sanches Rahim, Caio Gama Mascarenhas......71

Introdução...71

1 Noções de improbidade administrativa e a Lei Federal nº 14.230/2021..73

1.1 Natureza jurídica..75

1.2 A Nova Lei de Improbidade e os princípios constitucionais do direito administrativo sancionador: quais princípios?.........77

2 É possível a retroatividade das normas mais benéficas no campo da improbidade?...82

2.1 Retroatividade benéfica e Direito Penal.....................................83

2.2 Segurança jurídica e Administração Pública.............................88

3 O que retroage e como?...91

3.1 Normas processuais, legitimidade ativa e prescrição.............91

3.2 Normas materiais e alteração dos elementos constitutivos do tipo ...94

3.3 Como e até que ponto as sanções devem ser revertidas? A proposta de retroatividade mínima 96

4 Como se alega retroatividade benéfica quando há coisa julgada? 98

Conclusão 99

Referências 99

O RESSARCIMENTO INTEGRAL DO DANO E A COLABORAÇÃO PROBATÓRIA NO ACORDO DE NÃO PERSECUÇÃO CIVIL (ANPC)

Julizar Barbosa Trindade Júnior 103

Introdução 103

1 A sanção no domínio da improbidade administrativa: da unilateralidade à consensualidade...104

2 Considerações sobre o acordo de não persecução civil (ANPC) 111

3 O ressarcimento integral do dano e a colaboração probatória 118

3.1 O ressarcimento integral do dano 118

3.2 A colaboração para a obtenção de provas 122

Conclusão 124

Referências 127

A COMUNICABILIDADE DOS EFEITOS DAS SENTENÇAS PENAIS ABSOLUTÓRIAS NAS AÇÕES DE IMPROBIDADE ADMINISTRATIVA: UMA LEITURA CONSTITUCIONAL DO ART. 21, §4º, DA LEI Nº 8.429/1992

Mateus Camilo Ribeiro da Silveira 131

Introdução 131

1 A autonomia constitucional do sistema de responsabilidade por ato ímprobo 133

2 Independência relativa da esfera de improbidade: mitigações viáveis e consolidadas na legislação nacional 137

3 Da necessidade de interpretação conforme a Constituição ao artigo 21, §4º, da Lei nº 8.429/1992...140

4 Conclusão 145

Referências 145

A NOVA LEI DE IMPROBIDADE ADMINISTRATIVA E O PRINCÍPIO DA RETROATIVIDADE BENÉFICA NO ÂMBITO DO PROCESSO ADMINISTRATIVO DISCIPLINAR

Melissa Di Lascio Sampaio, Suzane Ramos Rosa Esteves 147

1   Linhas introdutórias 147

2   Reflexos das alterações da Lei de Improbidade nos processos administrativos disciplinares.........................151

3   Aplicações da nova Lei de Improbidade no tempo: correntes restritiva e expansiva acerca do princípio da retroatividade benéfica 151

4   Considerações finais 164

Referências 165

A TÉCNICA DO DESCONTO, O *NON BIS IN IDEM* E AS SANÇÕES POR IMPROBIDADE ADMINISTRATIVA

Pericles Ferreira de Almeida 167

1   Introdução 167

2   Breves notas sobre a independência de instâncias e o *non bis in idem* 168

3   A técnica do desconto e o *non bis in idem* 176

4   Os caminhos para tornar eficaz a técnica do desconto 180

5   Conclusão 186

Referências 186

A PERDA DA LEGITIMIDADE ATIVA DO ENTE LESADO NAS AÇÕES DE IMPROBIDADE: REFLEXÕES ACERCA DA (IR)RAZOABILIDADE DA OPÇÃO LEGISLATIVA

Renato Manente Corrêa 189

1   Introdução 189

2   A afirmação do direito fundamental à probidade administrativa...190

3   A posição preferencial (*preferred position*) do direito fundamental à probidade administrativa e os reflexos sobre a atividade legiferante infraconstitucional.......................195

4   A perda de legitimidade do ente lesado: a (ir)razoabilidade da opção legislativa.......................201

5   Conclusão 207

Referências 207

A LEI FEDERAL Nº 14.230, DE 25 DE OUTUBRO DE 2021, E
O ELEMENTO SUBJETIVO DOS ATOS DE IMPROBIDADE
ADMINISTRATIVA

Sidnei Paschoal Braga 211

1   Introdução 211

2   Considerações Iniciais 212

3   A Lei nº 14.230/2021 e as hipóteses do artigo 10 da Lei
nº 8.429/1992: o fim do elemento culpa 215

4   A exigência de dolo específico 217

5   Retroatividade benéfica? 219

6   Conclusão 223

       Referências 224

CONSENSUALIDADE EM MATÉRIA DE IMPROBIDADE
ADMINISTRATIVA E O ACORDO DE NÃO PERSECUÇÃO CIVIL:
BREVES CONSIDERAÇÕES SOBRE O ARTIGO 17-B DA
LEI Nº 8.429/1992

Valter Farid Antonio Junior 227

1   Consensualidade em matéria de improbidade administrativa:
um breve e necessário histórico 227

2   Natureza jurídica do acordo de não persecução civil (ANPC) 232

2.1   Legitimidade 234

2.2   Objeto: definição do conteúdo e sanções convencionáveis 238

2.2.1 Resolução CNMP-179, de 26.07.2017 241

2.2.2 Portaria Normativa AGU nº 18, de 16.07.2021 242

2.3   Forma 243

       Conclusão 244

       Referências 245

SOBRE OS AUTORES...247

REVISITANDO A INVALIDAÇÃO DO ATO ÍMPROBO EM FACE DA LEI Nº 14.230/2021 (REFORMA DA LEI DE IMPROBIDADE ADMINISTRATIVA)

ANDERSON SANT'ANA PEDRA

JASSON HIBNER AMARAL

1 Introdução

Trabalhar com o direito público não é tarefa fácil! Além dos interesses variados em jogo, muitos legítimos e outros nem tanto, tem-se ainda que lidar com um cipoal de legislação (leis (gerais e específicas; nacionais e locais), decretos, instruções normativas, portarias etc.), de entendimentos doutrinários e jurisprudenciais diversos.

Além de todas essas circunstâncias que gravitam em torno do direito público e dos agentes públicos, a Lei nº 8.429/1992 – Lei de Improbidade Administrativa (LIA) – possuía uma redação que possibilitava o questionamento quanto à legitimidade de quase todos os atos administrativos e, nessa toada, a responsabilização dos agentes envolvidos (públicos e particulares) por uma mera irregularidade procedimental, sob uma "lente de aumento", poderia se tornar uma conduta ímproba.

A título exemplificativo e sob o texto da LIA antes da sua reforma, o Superior Tribunal de Justiça (STJ) cunhou pacífico entendimento de que a conduta ímproba trazida no art. 10 da LIA exige apenas o elemento subjetivo *culpa* em razão da explicitude do texto do *caput* do dispositivo e ainda que o *dano* pode ser presumido (*in re ipsa*), ou seja, independe de comprovação, sendo irrelevante a sua prova.[1]

Nesse contexto de insegurança jurídica para os agentes públicos e também para os particulares e a sociedade (interesse público), a LIA foi reformada por meio da Lei nº 14.230, de 25 de outubro de 2021, trazendo diversas alterações – praticamente uma nova Lei de Improbidade Administrativa –, a fim de homenagear a eficiência administrativa e a segurança jurídica, na mesma toada da Lei nº 13.655/2018, que alterou a Lei de Introdução às Normas do Direito Brasileiro (LINDB), trazendo, de igual modo, "disposições sobre segurança jurídica e eficiência na criação e na aplicação do direito público".

A reforma da LIA, sob o aspecto que interessa a este trabalho,[2] deve servir para forjar um escudo protetor (segurança jurídica) para o bom agente público e para os atos e contratos administrativos (negócios jurídicos), ao mesmo tempo em que dota os órgãos de controle com uma espada adequada para atingir apenas os desonestos e aqueles atos e contratos cuja permanência no ordenamento jurídico tragam prejuízos ao interesse público.

Não há dúvida de que a guerra contra a improbidade deve ser combatida com força, destreza e inteligência, sob pena de transformar a LIA num "Cavalo de Tróia" para a boa Administração Pública e fomentar uma *seleção adversa*, afastando profissionais competentes e honestos de seus quadros e também empresas particulares sérias e comprometidas, todos com receio de que meras irregularidades ou escolhas administrativas equivocadas possam ensejar um harakiri profissional.

O objetivo do presente artigo é então revisitar as "novas" balizas que deverão parametrizar as decisões judiciais que pretenderem invalidar atos ou contratos administrativos forjados em meio a condutas ímprobas, singrando sobre a eventual necessidade de *saneamento*

---

[1]   STJ. 1ª Turma, AgInt no REsp nº 1.888.145/SP, Relatora Ministra Regina Helena da Costa, *DJe* 05.03.2021; STJ. 2ª Turma, REsp nº 1.851.499/AL, Rel. Min. Herman Benjamin, *DJe* 12.04.2021.

[2]   Registra-se que não se está de acordo com todo o conteúdo da reforma, havendo aspectos outros, que não serão aqui abordados, merecedores de severas críticas, como, por exemplo, a retirada da legitimidade da Advocacia Pública para proposta de ações de improbidade administrativa.

(superação das irregularidades (vícios)) ou de *modulação de efeitos da invalidação*, firmando desde logo a inclinação da legislação pelo *dever-poder*[3] de o agente público buscar o *saneamento* ou a *modulação de efeitos* da invalidação, como uma manifesta opção de homenagear a *segurança jurídica*, a *eficiência administrativa* e o *interesse público* na aplicação do direito público e de se preocupar com as *consequências da decisão*, sendo a invalidação de qualquer ato, procedimento, processo ou contrato administrativo a última opção, um "soldado de reserva", que apenas pode ser utilizado quando se esvaziarem todas as possibilidades de *saneamento*, de *modulação de efeitos*, considerando, notadamente, o *consequencialismo decisório* de uma eventual invalidação e o *interesse público* em jogo.

2 Possibilidade de invalidação como conteúdo de uma decisão em ação de improbidade administrativa

Apesar da LIA ter por objeto o combate às condutas ímprobas com a possibilidade de aplicação das espécies sancionatórias trazidas no seu art. 12, não se pode desconsiderar a importante possibilidade de também se declarar a invalidade do ato administrativo (ou contrato) tido como ímprobo em sede de ação de improbidade administrativa (AIA),[4] "até porque, romperia as raias do absurdo sustentar que um ato ilícito deve ser mantido incólume apesar de o ímprobo ter sido penalizado por sua prática",[5] nada obstando, mesmo com a redação anterior à da reforma, que o autor da ação de improbidade deduzisse pedido com vista à invalidação do ato acoimado de ímprobo, mesmo inexistente essa disposição expressa.

---

[3] Acerca da utilização do binômio *dever-poder* em detrimento do *poder-dever*, recomenda-se a leitura de : BANDEIRA DE MELLO, Celso Antônio. *Curso de direito administrativo*. 33. ed. rev. e atual. São Paulo: Malheiros, 2016. p. 146-148: "Então, o *poder, na competência, é a vicissitude de um dever*. Por isto é que é necessário colocar em realce a ideia de dever – e não a de poder –, já que este último tem caráter meramente ancilar; [...]".

[4] Nesse sentido: PEDRA, Anderson Sant'Ana; SILVA, Rodrigo Monteiro da. *Improbidade administrativa*. Salvador: JusPodivm, 2019. p. 339; ARAGÃO, Alexandre dos Santos. *Curso de direito administrativo*. 2. ed. Rio de Janeiro: Forense, 2013. p. 644; HOLANDA JR., André de; TORRES, Ronny Charles Lopes. *Improbidade administrativa*: Lei nº 8.429/92. 3. ed. Salvador: JusPodivm, 2017. p. 165-166; STJ. 1ª Turma, REsp nº 904.626/SP, Rel. Min. Francisco Falcão, *DJ* 14.04.2007. p. 256.

[5] GARCIA, Emerson; ALVES, Rogério Pacheco. *Improbidade administrativa*. 9. ed. São Paulo: Atlas, 2017. p. 285.

Neiva destaca que a doutrina sustenta a

> viabilidade da decretação de nulidade do ato ímprobo impugnado, mediante provimento declaratório da nulidade absoluta ou desconstitutivo, apesar do idêntico silêncio do legislador infraconstitucional. Sem dúvida, parece natural e razoável admitir a desconstituição do ato atacado, sendo providência que, aliás, antecederia à própria aplicação das medidas sancionatórias.[6]

A Lei nº 14.230/2021 trouxe enunciados normativos que, a nosso ver, reforçam esse entendimento de que nas AIAs seja possível, além da aplicação de sanção, também a invalidação do ato, do procedimento, do processo ou do contrato administrativo ímprobo, sem deixar de registrar que, caso não se verifique ato ímprobo (doloso), mas na existência de ilegalidade administrativa, o Juiz do feito poderá converter, mediante decisão motivada, a AIA em ação civil pública (cf. art. 16, §§16 e 17 da LIA, com a nova redação dada pela Lei nº 14.230/2021).

De outro giro, mas na mesma toada, o §16 do art. 16, trazido pela Lei nº 14.230/2021, enseja a interpretação de que presentes os requisitos para a aplicação de sanções pela prática de ato ímprobo, deve a mesma decisão judicial, além de aplicar a respectiva pena, também verificar se é o caso de invalidação ou de saneamento do ato, do processo, do procedimento ou do contrato administrativo ímprobo. E tudo sem olvidar do modal deôntico trazido no art. 17-C, inc. II, que determina o dever de analisar as consequências práticas da decisão (consequencialismo decisório).

3   Repensando a invalidação nas ações de improbidade administrativa

A *invalidação*[7] de qualquer ato, procedimento, processo ou contrato administrativo atrai, invariavelmente, um prejuízo para a

---

[6]   NEIVA, José Antonio Lisbôa. *Improbidade administrativa*: legislação comentada artigo por artigo. 4. ed. Niterói: Impetus, 2013. p. 178.

[7]   Embora o legislador e diversos doutrinadores se refiram à expressão "anulação" ou "nulidade", adotamos o termo "invalidação" ou "invalidade" para significar qualquer desconformidade insanável do ato, do processo ou do contrato, evitando-se, assim, que a utilização da expressão "anulação" possa sugerir um desfecho apenas da *anulabilidade* e não da *nulidade*. A utilização da expressão *invalidação* objetiva alcançar um sentido amplo, abrangendo *anulabilidade* e a *nulidade* e realçando o que entendemos importante: a existência de um vício num ato ou num contrato administrativo. Nesse sentido: CARVALHO FILHO, José dos Santos. *Manual de direito administrativo*. 33. ed. São Paulo: Atlas, 2019. p. 162.

Administração Pública, seja ele direto ou indireto, financeiro, social, ambiental, econômico, administrativo ou político.

A discussão sobre as consequências da invalidação de um ato, de um procedimento, de um processo ou de um contrato administrativo, vem, a cada dia, ganhando a atenção dos operadores do direito, dos administrados, daqueles que celebram negócios jurídicos com a Administração Pública e também do legislador, vide o art. 17-C, inc. II da LIA, com a redação dada pela Lei nº 14.230/2021.

Nesse quadrante, a Lei nº 13.655/2018, que inseriu novos enunciados normativos à LINDB, a fim de conceder maior concretude à *segurança jurídica* e à *eficiência administrativa* "na criação e na aplicação do direito público", trouxe, em seu art. 21, *caput*, o *consequencialismo decisório*, normatizando que a decisão administrativa que vier a "decretar a invalidação de ato, contrato, ajuste, processo ou norma administrativa, deverá indicar de modo expresso suas consequências jurídicas e administrativas".

Já o parágrafo único do art. 21 da LINDB prescreve, ainda, que essa decisão administrativa deverá, quando for o caso, indicar as condições para que a regularização ocorra de modo proporcional, equânime e *"sem prejuízo aos interesses gerais"*.

Percebe-se, facilmente, a preocupação do legislador em alterar a lógica do certo/errado, do legal/ilegal, do válido/inválido, do nulo/anulável, do tudo/nada etc., que começa a ceder espaço para a ideia de *modulação de efeitos* da invalidação e de *saneamento* (superação das irregularidades (vícios)) a partir das consequências que podem advir de tal decisão.

As respostas diante de uma irregularidade não são simples. As consequências a partir dessas respostas não são de fácil percepção e são sensíveis!

Qualquer invalidação, parcial ou total, pode causar prejuízos materiais e imateriais[8] ao *interesse público* (primário ou secundário), além de danos aos particulares (licitantes e/ou contratados, por exemplo). Priorizar o aproveitamento do ato, do procedimento, do processo administrativo ou mesmo do contrato administrativo pode se

---

[8] A invalidação de processos de contratação pública, *v.g.*, sinaliza para o mercado uma insegurança jurídica que tem como consequência o afastamento de bons fornecedores que não vão ficar "perdendo tempo" participando de licitações que podem ser invalidadas – trata-se da *seleção adversa*; além de impactar no *custo transacional*.

apresentar como a melhor alternativa para o *interesse público* e que deve ser demonstrada a partir de fundamentação consistente que deverá levar em consideração diversas perspectivas: jurídicas, administrativas, técnicas, econômicas e políticas.

Assim, vem a legislação evoluindo para afastar a pseudo "dicotomia" da nulidade/anulabilidade do ato administrativo e seus efeitos *ex tunc/ex nunc*, esposando sua preocupação com um direito administrativo dinâmico, cujas decisões reverberam na gestão pública, na sociedade e na entrega de políticas públicas.

Como se nota, o legislador trouxe como responsabilidade daquele que irá declarar a invalidação de um ato ímprobo a imperiosa necessidade de verificar a adequação da medida em razão das possíveis alternativas menos gravosas, explicitando, assim, o dever de verificação da proporcionalidade em sentido estrito das decisões de invalidação.

Na mesma linha do art. 17-C, inc. II, e do art. 16, §16, todos do novo texto da LIA, e da Lei nº 13.655/2018, que alterou a LINDB, tem-se também o art. 71 e o art. 147 da Nova Lei de Licitações e Contratos Administrativos (Lei nº 14.133/2021 (NLLCA)) que apresentam enunciados normativos que convergem para uma busca do *saneamento* do processo de contratação ou para a *modulação de efeitos* de eventual invalidação, seja durante: *i*) a fase preparatória (art. 71); *ii*) a fase de seleção (art. 71); ou, *iii*) a fase de execução contratual (art. 147).

3.1 Segurança jurídica e confiança legítima

A *certeza* e a *segurança* das relações jurídicas, utilizadas e invocadas em vários ramos do direito, expressa-se no *princípio da segurança jurídica* – elemento constitutivo de um Estado Democrático de Direito e uma das finalidades do Estado para promover uma certa estabilidade, um mínimo de certeza na regência da vida social[9] e de seus negócios. É certo também que havendo ou não menção expressa a um direito à *segurança jurídica*, de há muito, pelo menos no âmbito do pensamento constitucional contemporâneo, enraizou-se a ideia de que um autêntico Estado de Direito é também um Estado da segurança jurídica. Com efeito, a doutrina constitucional contemporânea tem considerado a

---

[9] Decisões qualificam a *segurança jurídica* como princípio constitucional na posição de subprincípio do Estado de Direito. Nesse sentido: STF. Pleno, ADI nº 954 ED/MG, *DJe* 03.10.2018; STF. Pleno, MS nº 22.357/DF, *DJe* 05.11.2004. p. 19.

segurança jurídica como expressão inarredável do Estado de Direito, notadamente de um Estado Democrático de Direito.[10] [11]

Em virtude de sua importância, o art. 17-C, inc. II, e o art. 16, §16, ambos da Lei nº 14.230/2021, trouxe a preocupação com a *segurança jurídica*, e também a Lei nº 13.655/2018, ao incluir dispositivos na LINDB, teve como preocupação conferir melhor concreção à segurança jurídica na criação e aplicação do direito público.[12]

O *princípio da segurança jurídica* visa a preservar a estabilidade nas relações, situações e vínculos jurídicos, e dentre suas consequências pode-se elencar: *i)* proibição, em geral, de retroatividade dos atos administrativos; *ii)* impedimento de aplicação de nova interpretação a situações pretéritas; *iii)* proibição de invalidação de atos administrativos de que decorram efeitos favoráveis aos destinatários após longo tempo; *iv)* respeito aos direitos adquiridos; e *v)* preservação de efeitos de atos e medidas praticadas por servidores de fato.[13]

Além disso, pode-se também afirmar que a *segurança jurídica* é entendida como sendo um princípio (ou conceito) jurídico que se ramifica em duas partes, uma de natureza *objetiva* e outra de natureza *subjetiva*.[14]

---

[10] Nesse sentido: CANOTILHO, José Joaquim Gomes. *Direito constitucional e teoria da constituição*. 4. ed. Coimbra: Almedina, 1998. p. 252 *et seq.*; ROCHA, Cármen Lúcia Antunes (Org.). *Constituição e segurança jurídica*: direito adquirido, ato jurídico perfeito e coisa julgada. Estudos em homenagem a José Paulo Sepúlveda Pertence. Belo Horizonte: Fórum, 2004. p. 9.

[11] "[...] o homem, que não ocupa senão um ponto no tempo e no espaço, seria o mais infeliz dos seres, se não se pudesse julgar seguro nem sequer quanto à sua vida passada. Por essa parte de sua existência, já não carregou todo o peso de seu destino? O passado pode deixar dissabores, mas põe termo a todas as incertezas. Na ordem da natureza, só o futuro é incerto e esta própria incerteza é suavizada pela esperança, a fiel companheira de nossa fraqueza. Seria agravar a triste condição da humanidade, querer mudar, através do sistema da legislação, o sistema da natureza, procurando, para o tempo que já se foi, fazer reviver as nossas dores, sem nos restituir as nossas esperanças". (PORTALIS, *apud.* RÁO, Vicente. *O direito e a vida dos direitos*. 5. ed. São Paulo: RT, 1999. p. 363).

[12] A Constituição brasileira de 1988, no *caput* do art. 5º, prescreve a garantia à *segurança*, que deve ser entendida não somente no que tange ao aspecto físico, mas também no aspecto jurídico, contudo, não há a necessidade de tal princípio estar radicado em qualquer dispositivo constitucional específico, pois é da essência do próprio Direito, notadamente de um Estado Democrático de Direito, de tal sorte que faz parte do sistema constitucional como um todo. Conferir: BANDEIRA DE MELLO, Celso Antônio. *Curso de direito administrativo*. 33. ed. São Paulo: Malheiros, 2016. p. 127.

[13] MEDAUAR, Odete. *Direito administrativo moderno*. 16. ed. São Paulo: Revista dos Tribunais, 2012. p. 144.

[14] Modernamente, no direito comparado, a doutrina prefere admitir a existência de dois princípios distintos, apesar das estreitas correlações existentes entre eles. Falam os autores, assim, em *princípio da segurança jurídica*, quando designam o que prestigia

A primeira, de natureza *objetiva*, é aquela que envolve a questão dos limites à retroatividade dos atos do Estado, até mesmo quando estes se qualifiquem como atos legislativos. Diz respeito, portanto, à proteção ao direito adquirido, ao ato jurídico perfeito e à coisa julgada. Diferentemente do que acontece em outros países, cujos ordenamentos jurídicos frequentemente têm servido de inspiração ao direito brasileiro, tal proteção está há muito incorporada à nossa tradição constitucional e dela expressamente trata a Constituição de 1988, em seu art. 5º, inc. XXXVI.[15]

Nessa perspectiva, a invalidação de qualquer ato, procedimento, processo ou contrato administrativo deve estar *sujeita a um prazo razoável*, como exigência implícita do *due process of law*.[16]

A outra, de natureza *subjetiva*, concerne à *proteção à confiança* (*confiança legítima*) das pessoas no pertinente aos atos, procedimentos, contratos e demais condutas do Estado, nos mais diferentes aspectos de sua atuação.[17]

O *princípio da confiança legítima* (ou *proteção à confiança*) indica a preservação de direitos e expectativas de particulares em face de eventuais e inopinadas mudanças de rumo (normas ou decisões

---

o aspecto *objetivo* da estabilidade das relações jurídicas, e em *princípio da proteção à confiança*, quando aludem ao que atenta para os aspecto subjetivo. Este último princípio (a) impõe ao Estado limitações na liberdade de alterar sua conduta e de modificar atos que produziram vantagem para os destinatários, mesmo quando ilegais, ou (b) atribui-lhe consequências patrimoniais por essa alteração, sempre em virtude da crença gerada nos benefícios, nos administrados ou na sociedade em geral de que atos eram legítimos, tudo fazem razoavelmente supor que seriam mantidos. Nesse sentido: CANOTILHO, J. J. Gomes. *Direito constitucional e teoria da* constituição. Coimbra: Almedina, 1998. p. 256; SILVA, Almiro do Couto e. O princípio da segurança jurídica (proteção à confiança) no direito público brasileiro e o direito da administração pública de anular seus próprios atos administrativos: o prazo decadencial do art. 54 da lei de processo administrativo da União (Lei nº 9.784/99). *Revista Brasileira de Direito Público – RBDP*, Belo Horizonte, a. 2, n. 6, jul./set. 2004. p. 10-11.

15 SILVA, Almiro do Couto e. O princípio da segurança jurídica (proteção à confiança) no direito público brasileiro e o direito da administração pública de anular seus próprios atos administrativos: o prazo decadencial do art. 54 da lei de processo administrativo da União (Lei nº 9.784/99). *Revista Brasileira de Direito Público – RBDP*, Belo Horizonte, a. 2, n. 6, jul./ set. 2004. p. 10.

16 A título ilustrativo, a Lei nº 9.784/1999, dispõe: "Art. 54. O direito da Administração de anular os atos administrativos de que decorram efeitos favoráveis para os destinatários decai em cinco anos, contados da data em que foram praticados, salvo comprovada má-fé".

17 SILVA, Almiro do Couto e. O princípio da segurança jurídica (proteção à confiança) no direito público brasileiro e o direito da administração pública de anular seus próprios atos administrativos: o prazo decadencial do art. 54 da lei de processo administrativo da União (Lei nº 9.784/99). *Revista Brasileira de Direito Público – RBDP*, Belo Horizonte, a. 2, n. 6, jul./ set. 2004. p. 10.

administrativas ou judiciais); relacionando-se à continuidade dos atos, dos contratos administrativos e das normas (positivadas ou interpretativas) que regem a contratação pública, e também à confiança dos particulares na subsistência daquilo que foi instituído pelo Estado e pela Administração para os seus negócios.

Apresenta-se mais ampla que a preservação dos direitos adquiridos, porque abrange direitos que não são ainda adquiridos, mas se encontram em vias de constituição ou suscetíveis de se constituir; também se refere à realização de compromissos da Administração que geraram, no particular, expectativas fundadas; visa, ainda, a proteger os particulares contra alterações normativas que, mesmo legais, são de tal modo abruptas ou radicais que suas consequências se revelam impactantes.[18]

3.2 Eficiência administrativa

A *eficiência* consiste em fazer as coisas de forma correta e da melhor maneira possível, dando ênfase aos métodos e aos procedimentos.[19]

O *princípio da eficiência* foi inserido no *caput* do art. 37 da CRFB por meio da Emenda Constitucional nº 19/1998, dividindo-se a doutrina quanto à necessidade e à importância de tal inclusão, já que para alguns essa positivação seria desnecessária em razão de o princípio já estar abrangido pelo conceito de *moralidade administrativa* e do *dever da boa administração*.

Meirelles já tratava de longo tempo tal princípio como *dever de eficiência*, registrando que tal dever corresponde ao "dever da boa administração", de berço italiano.[20]

Não diferente, a doutrina lusitana afirma que o *princípio da eficiência* ou o *dever de boa administração* deve traduzir uma atuação administrativa cujos atos estejam inspirados na "necessidade de satisfazer da forma mais eficiente – isto é, mais racional, expedita e económica –, o interesse público constitucional e legalmente fixado".[21]

---

[18] MEDAUAR, Odete. *O direito administrativo em evolução*. 2. ed. São Paulo: Revista dos Tribunais, 2003. p. 247.

[19] Registrando a distinção entre *eficiência* e *eficácia*, tem-se que a *eficácia* resulta em fazer as coisas corretas para atender às necessidades, ou seja, concentra-se no sucesso quanto ao alcance dos objetivos, dos resultados apresentados.

[20] MEIRELLES, Hely Lopes. *Direito administrativo brasileiro*. 6. ed. São Paulo: Revista dos Tribunais, 1978. p. 77.

[21] AMARAL, Diogo Freitas do. *Curso de direito administrativo*. 2. ed. Coimbra: Almedina, 2012. v. II, p. 46.

Sem sombra de dúvida, sendo ou não necessária, a inclusão do *princípio da eficiência administrativa* de forma expressa no texto constitucional, chancelou de uma vez por todas a necessidade de se buscar uma *gestão pública gerencial*, focada nos *resultados*, preocupada com a continuidade de suas relações negociais, e deixando para trás uma gestão burocrática, formal e ineficiente.

Assim, o *princípio da eficiência administrativa* deve ser *harmonizado* com todos os demais princípios, inclusive ao da legalidade administrativa, ao da moralidade e ao da probidade administrativa.

3.3 Interesse público

A ideia de *interesse público* decorre da própria forma republicana prevista no art. 1º, *caput*, da CRFB, que exige que os operadores do direito público (gestores, integrantes de órgãos de controle e magistrados) atuem em benefício do bem comum, encontrando nesse princípio seu *fundamento* e seu *limite*.[22]

Trata-se de um "princípio estrutural, não escrito,[23] de toda a forma de manifestação da Administração", já que num Estado democrático de direito, "a vinculação aos fins das funções da Administração Pública significa a salvaguarda e a promoção do interesse público ou do bem comum".[24]

Figueiredo, ao abordar o conteúdo jurídico-positivo do princípio do *interesse público*, afirma que este pode ter "conteúdo pré-jurídico, metajurídico ou jurídico-positivo", sendo este último o que importa

---

[22] CALIL, Mário Lúcio Garcez; OLIVEIRA, Rafael Sérgio Lima de. Hermenêutica do princípio republicano: o caminho para a compreensão da Fazenda Pública. *In*: *Revista do Curso de Mestrado em Direito do Centro Universitário Toledo*, Centro Universitário Toledo: Araçatuba, v. 8, n. 1, jul. 2008. p. 74-106.

[23] Refere-se aqui que o seu conceito que é "não escrito". O princípio do *interesse público* encontra-se citado, mas sem definição, no *caput* do art. 5º da NLLCA.

[24] BACHOFF, Otto; STOBER, Rolf; WOLFF, Hans J. *Direito administrativo*. (Trad. António F. de Sousa). Lisboa: Calouste Gulbenkian, 2006. v. I, p. 424. Na valiosa definição que foi forjada por Amaral para o *interesse público*: numa primeira aproximação, pode definir-se o interesse público como o interesse colectivo, *o interesse geral de uma determinada comunidade, o bem comum* – na terminologia que vem já deste São Tomás de Aquino, o qual definia bem comum como 'aquilo que é necessário para que os homens não apenas vivam, mas vivam bem' (*quod homines non solum vivant, sed bene vivant*). [...] Esta noção de interesse público traduz, portanto, uma exigência – a exigência de satisfação das necessidades colectivas. (AMARAL, Diogo Freitas do. *Curso de direito administrativo*. 2. ed. Coimbra: Almedina, 2012. v. II, p. 43-44).

para a autora, afinal, interesse público é, singelamente, "aquilo que a lei assim quis".[25]

Dentro da concepção de *interesse público*, a operacionalidade do direito público deve ser realizada de modo mais oportuno e adequado aos fins a serem alcançados, ou seja, deve-se utilizar os meios mais apropriados, necessários e justos (proporcionalidade), para alcançar o *interesse público*, inclusive na análise de eventuais improbidades (vícios) e nas possíveis soluções.

Num contexto de análise sobre a *invalidação* ou o *saneamento* de determinado ato, procedimento, processo ou contrato administrativo ímprobo, o *interesse público* deve ser analisado com todo cuidado e importância, afinal, o Estado foi concebido para proporcionar, inclusive, segurança jurídica e bem-estar (eficiência), não podendo jamais se afastar dessas funções essenciais.[26]

Deve-se advertir que nada obsta que o *interesse público* coincida com um interesse particular – o que é comum em caso de mantença de um contrato administrativo ou na continuidade de um processo de contratação pública, mesmo que viciado (ímprobo), e nem por isso, de *per se*, restará configurada qualquer ilegitimidade, desde que devidamente motivado.

3.4 Consequencialismo decisório

Primeiramente, deve-se registrar que a *prognose*, conjectura do que deverá acontecer a partir de eventos atuais, é limitada, notadamente, em razão da limitação humana.

Comumente, avaliações prognósticas são infrutíferas, seja no setor público ou no setor privado. Projetos, estudos e análises, ao cabo, não convergem para o resultado traçado anteriormente, afinal, as variáveis são múltiplas e as realidades complexas, notadamente, econômicas e sociais.

Importante também consignar que a decisão judicial numa AIA e os resultados por ela pretendidos poderão ter repercussões jurídicas, sociais, políticas, econômicas, ambientais, dentre outras.

---

[25] FIGUEIREDO, Lúcia Valle. *Curso de direito administrativo*. 6. ed. São Paulo: Malheiros, 2003. p. 35. Para Madureira, o interesse público, sob a acepção teórica, conjuga-se ao princípio administrativo da legalidade". (MADUREIRA, Cláudio. *Advocacia pública*. Belo Horizonte: Fórum, 2015. p. 35).

[26] CAETANO, Marcello. *Manual de ciência política e direito constitucional*. 6. ed. rev. e ampl. Coimbra: Almedina, 2003. t. I, p. 146-147.

Apesar da necessária e útil aproximação dessas áreas e suas interfaces, seus métodos, objetivos e análises singram por ciências diferentes e é necessário entender e decidir a partir de suas funcionalidades, compreendendo tudo ao final numa decisão de cunho eminentemente jurídico-política.[27]

Assim, nos termos do art. 17-C, inc. I, e do art. 147 da NLLCA, bem como dos arts. 20 e 21 da LINDB, as decisões judiciais em sede de AIA, notadamente que contiverem mandamento sobre invalidação de ato, procedimento, processo ou contrato administrativo, deverão demonstrar na sua *motivação* as possíveis consequências jurídicas, administrativas, práticas e econômico-sociais que foram consideradas para o *decisum*,[28] justificando o seu não *saneamento* (item 4) ou a não *modulação de efeitos da invalidação* (item 5).

A título exemplificativo, o art. 147 da Nova Lei de Licitações e Contratos Administrativos (Lei nº 14.130/2021) elenca alguns aspectos que devem ser considerados para efeito de verificação da invalidação dos contratos administrativos como melhor alternativa para o interesse público, e que, *mutatis mutandi*, podem também ser considerados para efeito de *invalidação* da licitação, destacando-se, dentre outros: *i*) impactos econômicos e financeiros decorrentes do atraso na fruição dos benefícios do objeto da licitação; *ii*) riscos sociais, ambientais e à segurança da população local decorrentes do atraso na fruição dos benefícios do objeto da licitação; *iii*) motivação social e ambiental da licitação; *iv*) medidas efetivamente adotadas pelo titular do órgão ou entidade para o saneamento dos indícios de irregularidades apontados; e *v*) custo para realização de nova licitação.

A consideração das consequências do *decisum* deve se limitar aos fatos e fundamentos de mérito e jurídicos que se espera de um

---

[27] Interessante Acórdão do TCU analisando os efeitos de seu próprio *decisum*: "Considero ser o momento de conferir maior pragmatismo ao exercício do Poder Sancionador desta Corte de Contas, observando que a imputação de elevado período de sanção de inidoneidade implicará na inviabilização da empresa e no descumprimento dos termos pactuados com outros órgãos de controle, dificultando a restituição dos valores desviados do Erário. A ação estatal deve se orientar por uma avaliação de custo-benefício que varia conforme a estrutura de incentivos existente. O particular analisará a questão sob a ótica dos riscos (probabilidade de punição e intensidade da pena, segundo o rito tradicional) e dos estímulos (benefícios decorrentes do acordo, como redução da pena, e segurança jurídica das regras estipuladas no pacto)". (TCU. Plenário, nº 1.689/2020).

[28] Nesse sentido, o art. 20, *caput* da LINDB prescreve que a motivação de qualquer decisão judicial que versar sobre direito público deverá demonstrar as consequências da decisão, bem como a "necessidade e a adequação da medida imposta [...], inclusive em face das possíveis alternativas" (par. único do art. 20).

magistrado no exercício diligente de sua jurisdição, ou seja, não se pode exigir uma visão prospectiva que ultrapasse a capacidade de um "magistrado médio".

Consequências (mediatas e imediatas) com reflexos importantes na sustentabilidade econômico-social, além de repercussões administrativas e políticas, deverão ser consideradas para o *decisum* final.

A partir das consequências vislumbradas no exercício da jurisdição, poder-se-á, por exemplo, ensejar regime de transição e/ou disposições temporárias objetivando a consecução do *interesse público* e da *sustentabilidade econômico-social*, e assim minimizar possíveis impactos negativos da decisão.

4 Saneamento

Uma interpretação *a contrario sensu* do art. 16, §16 do novo texto da LIA permite concluir que, diante de um ato, procedimento, processo ou contrato administrativo com ilegalidades ou irregularidades administrativas, é possível o saneamento desses atos por meio de decisão judicial também em sede de AIA, desde que também "presentes todos os requisitos para a imposição das sanções", caso contrário, a AIA deverá ser convertida em ação civil pública.

Nota-se a intenção do legislador de priorizar o *saneamento* (superação das irregularidades (vícios)) praticados de forma ímproba.

Observa-se, também, que a vetusta ideia de que a verificação de qualquer ato ímprobo conduziria à invalidação do ato, do procedimento, do processo ou do contrato administrativo está ficando cada vez mais no passado, devendo-se, atualmente: *i*) buscar o saneamento; *ii*) levar em consideração, antes de qualquer decisão de invalidação, as consequências jurídicas e práticas dessa decisão (consequencialismo decisório); *iii*) analisar a adequação da decisão, considerando, inclusive, as possíveis medidas alternativas; e *iv*) analisar a proporcionalidade, a fim de não impor aos sujeitos atingidos e ao interesse público ônus excessivo.[29]

---

[29] "Art. 21. [...] Parágrafo único. A decisão a que se refere o *caput* deste artigo deverá, quando for o caso, indicar as condições para que a regularização ocorra de modo proporcional e equânime e sem prejuízo aos interesses gerais, não se podendo impor aos sujeitos atingidos ônus ou perdas que, em função das peculiaridades do caso, sejam anormais ou excessivos". (LINDB).

Contudo, sendo a hipótese de *vício insanável*, não há que se cogitar da utilização do *saneamento* como solução, impondo-se a invalidação do ato, do procedimento, do processo ou do contrato administrativo e tornando sem efeitos todos os demais atos subsequentes que deles dependam.

4.1 Saneamento e formalismo moderado

Pelo *princípio do formalismo moderado* (ou informalismo)[30] deve-se aproveitar ao máximo os atos praticados e os contratos administrativos firmados, partindo do pressuposto de que os processos administrativos devem se constituir por procedimentos e formas simples, sem ritos ou exigências sacramentais, a fim de permitir um grau de segurança aos direitos do particular, além de permitir interpretações flexíveis e razoáveis quanto à forma, facilitando a atuação do particular e seu relacionamento com a Administração Pública,[31] tudo com um espírito de benignidade, a fim de socorrer *apenas* o particular, mas não a Administração que possui corpo técnico capacitado e conhece as normas de regência.

Para Dromi, o procedimento administrativo não deve ser concebido como uma cadeia de obstáculos, ao contrário, deve ser visto como um canal adequado e ordenado para garantir a legalidade, a escorreita atuação da função administrativa, e para salvaguardar os direitos dos administrados,[32] bastando as formalidades indispensáveis à obtenção da segurança procedimental.

O melhor comportamento a ser adotado nas decisões em sede de AIA é desconsiderar rigorismos processuais inúteis e não exigir meras formalidades nos procedimentos e processos administrativos.

O STJ vem apreciando cláusulas editalícias e, ao fixar seu sentido e alcance, vem glosando "exigências desnecessárias e de excessivo rigor prejudiciais ao interesse público", firmando que o princípio da "vinculação ao edital não é 'absoluto'" e que o "formalismo no procedimento licitatório não significa que se possa desclassificar propostas

---

[30] Entendemos que a expressão "informalismo" não é a mais adequada, por sugerir uma compreensão de que inexiste ritos, formas e pressupostos no processo administrativo.

[31] No mesmo sentido: MEDAUAR, Odete. *A processualidade no direito administrativo*. 2. ed. São Paulo: Revista dos Tribunais, 2008. p. 131-132.

[32] DROMI, Roberto. *El procedimiento administrativo*. Buenos Aires: Ediciones Ciudad Argentina, 1996. p. 78.

eivadas de simples omissões ou defeitos irrelevantes". Para a Corte Superior há a necessidade de se "temperar o rigorismo formal de algumas exigências do edital licitatório, a fim de manter o caráter competitivo do certame, selecionando-se a proposta mais vantajosa à Administração Pública, caso não se verifique a violação substancial aos demais princípios informadores".[33]

5 Modulação de efeitos da invalidação como alternativa

A anulação (ou *invalidação*)[34] do ato, do procedimento, do processo ou do contrato administrativo é o desfazimento do mesmo em razão da existência de uma desconformidade com uma norma-regra (vício de legalidade) ou com uma norma-princípio (vício de legitimidade), sendo a existência de um *vício* o pressuposto para a invalidação do ato, processo ou contrato administrativo.

Como ensina Bandeira de Mello, a "noção de invalidade é antitética à de conformidade com o Direito (validade)".[35]

Essa desconformidade pode ser de natureza *vertical* ou de cunho *horizontal*. A desconformidade *vertical* é aquela que se verifica quando o ato ou o procedimento administrativo estão infringindo alguma norma hierarquicamente superior (Constituição, lei, regulamento etc.). Já a desconformidade *horizontal* ocorre quando o ato administrativo é incompatível com ato(s) anteriormente praticado(s) ao longo do procedimento licitatório.[36]

---

[33] STJ. 1ª Seção, MS nº 5.418/DF. *DJ* 1º.06.1998. p. 24; STJ. 2ª Turma, REsp nº 997.259/RS. *DJe* 25.10.2010; STJ. 2ª Turma, REsp nº 542.333/RS, *DJ* 07.11.2005. p. 191. Conferir ainda: STJ. 1ª Turma, REsp nº 797.179/MT, *DJ* 07.11.2006. p. 253.

[34] Embora o legislador e diversos doutrinadores se refiram à expressão "anulação" ou "nulidade", adotamos o termo "invalidação" ou "invalidade" para significar qualquer desconformidade insanável do ato, do processo ou do contrato, evitando-se, assim, que a utilização da expressão "anulação" possa sugerir um desfecho apenas da *anulabilidade* e não da *nulidade*. A utilização da expressão *invalidação* objetiva alcançar um sentido amplo, abrangendo *anulabilidade* e a *nulidade* e realçando o que entendemos importante: a existência de um vício num ato, no processo de contratação pública ou no contrato administrativo. Nesse sentido: CARVALHO FILHO, José dos Santos. *Manual de direito administrativo*. 33. ed. São Paulo: Atlas, 2019. p. 162.

[35] BANDEIRA DE MELLO, Celso Antônio. *Curso de direito administrativo*. 33. ed. rev. e atual. São Paulo: Malheiros, 2016. p. 477. Continua o autor: "Não há graus de invalidade. Ato algum em Direito é mais inválido do que outro. Todavia, pode haver e há reações do Direito mais ou menos radicais ante as várias hipóteses de invalidade". (BANDEIRA DE MELLO, Celso Antônio. *Curso de direito administrativo*. 33. ed. rev. e atual. São Paulo: Malheiros, 2016. p. 477).

[36] JUSTEN FILHO, Marçal. *Curso de direito administrativo*. 12. ed. São Paulo: Revista dos Tribunais, 2016. p. 266.

Assim, verificando o magistrado vício(s) na atuação administrativa, *deverá* adotar os meios necessários para o seu saneamento (superação dos vícios) ou, se estiver diante de um *vício insanável,* deverá invalidar o(s) ato(s) viciado(s).

A doutrina e a jurisprudência firmaram, ao longo da história, o entendimento de que a invalidação é um ato vinculado – diante de um vício no ato administrativo, só restaria o caminho de sua invalidação. Tal entendimento vem sendo abrandado com o avanço da *teoria das invalidades*[37] dos atos administrativos: seja pelo *dever-poder* de se buscar o *saneamento* ou de *modular os efeitos da invalidação* a partir da análise de determinados aspectos (quantitativos e qualitativos) que devem ser considerados para efeito de invalidação.

Reconhece-se, assim, a insuficiência da "solução-padrão" de invalidação (nulidade) dos atos, dos procedimentos, dos processos e dos contratos administrativos viciados com eficácia *ex tunc,* que quase sempre deixa a desejar para as partes diversas expectativas de direito, além de estimular uma insegurança jurídica nas relações jurídico-comerciais público-privados, notadamente em razão da diversidade de circunstâncias concretas que se apresentam e das variadas consequências que podem advir de decisões de invalidação de negócios ou expectativas de negócios no mercado público-privado.

Na *motivação* de uma decisão judicial numa AIA sobre eventual *invalidação* de um comportamento administrativo, deverá estar bem demonstrada as possíveis consequências jurídicas, administrativas, práticas, políticas, ambientais, financeiras e econômico-sociais da decisão: trata-se do *consequencialismo decisório* previsto no art. 17-C, inc. II da LIA, com a alteração implementada pela Lei nº 14.230/2021, e também no art. 21 da LINDB,[38] com a redação dada pela Lei nº 13.655/2018.

---

[37] TEIXEIRA JÚNIOR, Flávio Germano de Sena; NÓBREGA, Marcos. A Teoria das invalidades na nova lei de contratações públicas e o equilíbrio dos interesses envolvidos. *Revista Brasileira de Direito Público – RBDP,* Belo Horizonte, a. 19, n. 72, p. 117-141, jan./mar. 2021.

[38] "Art. 21. A decisão que, nas esferas administrativa, controladora ou judicial, decretar a invalidação de ato, contrato, ajuste, processo ou norma administrativa deverá indicar de modo expresso suas consequências jurídicas e administrativas. Parágrafo único. A decisão a que se refere o *caput* deste artigo deverá, quando for o caso, indicar as condições para que a regularização ocorra de modo proporcional e equânime e sem prejuízo aos interesses gerais, não se podendo impor aos sujeitos atingidos ônus ou perdas que, em função das peculiaridades do caso, sejam anormais ou excessivos".

A *modulação de efeitos* da invalidação de *atos de direito público* inicia-se no direito constitucional, sendo reconhecida primeiramente pelos Tribunais Constitucionais para modular os efeitos no tempo (eficácia prospectiva) de suas decisões que reconhecem a inconstitucionalidade de atos normativos;[39] migrando posteriormente para o direito administrativo, mas em ambas as searas levando em conta o *interesse público envolvido*, numa análise eminentemente técnico-política.

No direito administrativo brasileiro, a *modulação de efeitos* da invalidação ganhou projeção com o art. 20, parágrafo único, da LINDB, que, ao delinear o *consequencialismo decisório* (item 3.4), exigiu que a motivação da decisão judicial demonstre "a *necessidade* e a *adequação*" da "invalidação de ato, contrato, ajuste, processo ou norma administrativa, inclusive em face das possíveis alternativas".

Nessa perspectiva de "necessidade" e de "adequação", a *modulação de efeitos* se projeta para que a *invalidação* possa ter apenas eficácia *ex nunc*, e não mais efeito retroativo (*ex tunc*). Também é possível a *modulação de efeitos* para que a eficácia seja projetada para momento futuro (eficácia prospectiva), tudo por razões de interesse público, segurança jurídica e/ou para proteção da confiança legítima, devidamente justificadas e motivadas.

A partir do art. 21, parágrafo único da Lei nº 13.655/2018, e do art. 17-C, inc. II, do novo texto da LIA, deve a decisão na esfera judicial, em determinados casos, reduzir a extensão dos efeitos da invalidação e modular o *decisum,* objetivando poupar direitos adquiridos a partir da presunção de legitimidade do ato administrativo e assim diminuir a insegurança jurídica que possa advir das relações jurídicas firmadas pela Administração Pública, indicando, de modo expresso, as consequências jurídicas e administrativas da invalidação – *consequencialismo judicial.*

Eventual infringência à legalidade por um ato administrativo, sob o ponto de vista abstrato, sempre será prejudicial ao interesse público; de outro giro, quando analisada em face das circunstâncias do caso concreto, nem sempre a sua invalidação será a melhor solução. Em face da dinâmica das relações jurídicas e sociais, haverá casos em que o próprio interesse da coletividade será melhor atendido com a subsistência do ato nascido com o DNA da improbidade.[40]

---

[39] PEDRA, Anderson Sant'Ana. *Jurisdição constitucional e a criação do direito na atualidade*: condições e limites. Belo Horizonte: Fórum, 2017. p. 112.

[40] STJ. 5ª Turma, RMS nº 24.430/AC, Rel. Min. Napoleão Nunes Maia Filho, *DJe* 30.03.2009.

Nessa senda, importante jurisprudência do STJ exemplifica e destaca a importância da ponderação que deve existir antes de se decidir sobre eventual invalidação de contrato administrativo, nos mesmos termos que a LINDB, entendendo aquela Corte que no "balanceamento dos interesses em jogo, entre anular o contrato firmado para a prestação de serviços [...] ou admitir o saneamento de uma irregularidade contratual, para possibilitar a continuidade dos referidos serviços, *in casu*, essenciais à população, a última opção conspira em prol do interesse público".[41]

Como tratado no item 4, deve a decisão judicial primeiramente buscar o *saneamento* (superação das irregularidades (vícios)), e caso não seja possível, deve considerar para efeito de eventual *invalidação* a possibilidade de *modulação de seus efeitos*, seja para: *i*) declarar a invalidação, mas sem decretar seus efeitos; ou, *ii*) para declarar a invalidação, mas postergar (*pro futuro*) seus efeitos (eficácia prospectiva); sempre levando em conta o *consequencialismo decisório* e o *interesse público* envolvido a partir de uma perspectiva técnico-política.

6 Considerações finais

O direito público e a correta atuação da Administração Pública envolvem o conhecimento de um emaranhado complexo de normas, regulamentos, entendimentos jurisprudenciais e administrativos, muitas vezes conflitantes entre si e, nesse sentido, por si só ensejadores de insegurança jurídica.

Sem embargo da extrema relevância do combate à improbidade administrativa, é preciso reconhecer que, sob esse manto, a *práxis* jurídica igualou condutas de natureza e gravidade distintas, desde aquelas dolosas, com grave comprometimento do interesse público, até aquelas que continham meras irregularidades formais.

Nessa toada, o tratamento semelhante de condutas absolutamente distintas levou as instâncias administrativas, controladoras e judiciais, muitas vezes, ao anacronismo de comprometer exatamente aquilo que se pretendia proteger: o interesse público.

Neste contexto, a reforma da LIA, naquilo que foi objeto do presente estudo, vem legitimar algo que há muito reclamava a melhor doutrina administrativista: a institucionalização, pela via legislativa,

---

[41] STJ. 1ª Turma, REsp nº 950.489/DF, *DJe* 23.02.2011.

de instrumentos aptos a permitir a separação do joio do trigo, a fim de que eventual deslize quanto a procedimentos formais não seja tratado com a mesma gravidade que condutas dolosas e conscientemente violadoras do interesse público, o que certamente afasta o bom gestor da Administração Pública e gera um cenário de insegurança que favorece a inação e a letargia.

A possibilidade de saneamento do ato, processo ou contrato, bem como a modulação dos efeitos de sua invalidação, sem dúvida, eleva a um patamar muito mais sofisticado a necessidade de aferição do interesse público envolvido, de preservação da segurança jurídica e de consideração da proteção da confiança, na medida em que impõe às instâncias administrativas, controladoras e judiciais a efetiva ponderação, no caso concreto, de todas as circunstâncias em jogo, mediante o cumprimento de um dever de fundamentação minudente e balizado pelos requisitos legais expressamente consignados, como exigência do Estado Democrático de Direito.

Referências

AMARAL, Diogo Freitas do. *Curso de direito administrativo*. 2. ed. Coimbra: Almedina, 2012. v. II.

ARAGÃO, Alexandre dos Santos. *Curso de direito administrativo*. 2. ed. Rio de Janeiro: Forense, 2013.

BACHOFF, Otto; STOBER, Rolf; WOLFF, Hans J. *Direito administrativo*. (Trad. António F. de Sousa). Lisboa: Calouste Gulbenkian, 2006. v. I.

BANDEIRA DE MELLO, Celso Antônio. *Curso de direito administrativo*. 33. ed. rev. e atual. São Paulo: Malheiros, 2016.

CAETANO, Marcello. *Manual de ciência política e direito constitucional*. 6. ed. rev. e ampl. Coimbra: Almedina, 2003. t. I.

CALIL, Mário Lúcio Garcez; OLIVEIRA, Rafael Sérgio Lima de. Hermenêutica do princípio republicano: o caminho para a compreensão da Fazenda Pública. *In: Revista do Curso de Mestrado em Direito do Centro Universitário Toledo*, Centro Universitário Toledo: Araçatuba, v. 8, n. 1, jul. 2008.

CANOTILHO, José Joaquim Gomes. *Direito constitucional e teoria da constituição*. 4. ed. Coimbra: Almedina, 1998.

DROMI, Roberto. *El procedimiento administrativo*. Buenos Aires: Ediciones Ciudad Argentina, 1996.

FIGUEIREDO, Lúcia Valle. *Curso de direito administrativo*. 6. ed. São Paulo: Malheiros, 2003.

JUSTEN FILHO, Marçal. *Curso de direito administrativo*. 12. ed. São Paulo: Revista dos Tribunais, 2016.

MEDAUAR, Odete. *Direito administrativo moderno*. 16. ed. São Paulo: Revista dos Tribunais, 2012.

MEDAUAR, Odete. *O direito administrativo em evolução*. 2. ed. São Paulo: Revista dos Tribunais, 2003.

MEDAUAR, Odete. *A processualidade no direito administrativo*. 2. ed. São Paulo: Revista dos Tribunais, 2008.

MADUREIRA, Cláudio. *Advocacia pública*. Belo Horizonte: Fórum, 2015.

MEIRELLES, Hely Lopes. *Direito administrativo brasileiro*. 6. ed. São Paulo: Revista dos Tribunais, 1978.

CARVALHO FILHO, José dos Santos. *Manual de direito administrativo*. 33. ed. São Paulo: Atlas, 2019.

GARCIA, Emerson; ALVES, Rogério Pacheco. *Improbidade administrativa*. 9. ed. São Paulo: Atlas, 2017.

HOLANDA JR., André de; TORRES, Ronny Charles Lopes. *Improbidade administrativa*: Lei nº 8.429/92. 3. ed. Salvador: JusPodivm, 2017.

NEIVA, José Antonio Lisbôa. *Improbidade administrativa*: legislação comentada artigo por artigo. 4. ed. Niterói: Impetus, 2013.

PEDRA, Anderson Sant'Ana; SILVA, Rodrigo Monteiro da. *Improbidade administrativa*. Salvador: JusPodivm, 2019.

PEDRA, Anderson Sant'Ana. *Jurisdição constitucional e a criação do direito na atualidade*: condições e limites. Belo Horizonte: Fórum, 2017.

RÁO, Vicente. *O direito e a vida dos direitos*. 5. ed. São Paulo: RT, 1999.

ROCHA, Cármen Lúcia Antunes (Org.). *Constituição e segurança jurídica*: direito adquirido, ato jurídico perfeito e coisa julgada. Estudos em homenagem a José Paulo Sepúlveda Pertence. Belo Horizonte: Fórum, 2004.

SILVA, Almiro do Couto e. O princípio da segurança jurídica (proteção à confiança) no direito público brasileiro e o direito da administração pública de anular seus próprios atos administrativos: o prazo decadencial do art. 54 da lei de processo administrativo da União (Lei nº 9.784/99). *Revista Brasileira de Direito Público – RBDP*, Belo Horizonte, a. 2, n. 6, jul./set. 2004.

TEIXEIRA JÚNIOR, Flávio Germano de Sena; NÓBREGA, Marcos. A Teoria das invalidades na nova lei de contratações públicas e o equilíbrio dos interesses envolvidos. *Revista Brasileira de Direito Público – RBDP*, Belo Horizonte, a. 19, n. 72, p. 117-141, jan./ mar. 2021.

Informação bibliográfica deste texto, conforme a NBR 6023:2018 da Associação Brasileira de Normas Técnicas (ABNT):

PEDRA, Anderson Sant'Ana; AMARAL, Jasson Hibner. Revisitando a invalidação do ato ímprobo em face da Lei nº 14.230/2021 (Reforma da Lei de Improbidade Administrativa). *In*: CORONA, Maria Lia Porto; CASTRO, Sérgio Pessoa de Paula; RAHIM, Fabiola Marquetti Sanches (Coords.). *Anotações sobre a Lei de Improbidade Administrativa*. Belo Horizonte: Fórum, 2022. p. 11-31. ISBN 978-65-5518-378-8.

CARACTERIZAÇÃO DE ATO DE IMPROBIDADE ADMINISTRATIVA NA PERCEPÇÃO DE VERBAS INDEVIDAS POR SERVIDOR PÚBLICO: ANÁLISE HISTÓRICA E JURISPRUDENCIAL E DOS POTENCIAIS REFLEXOS DAS ALTERAÇÕES PROMOVIDAS PELA LEI FEDERAL Nº 14.230/2021

CAROLINA PELLEGRINI MAIA ROVINA LUNKES

1 Breve contextualização histórica

A proteção do Erário contra atos lesivos perpetrados por administradores públicos é, de longa data, uma preocupação do legislador brasileiro. A "desconfiança" da sociedade para com o administrador público tem profundas raízes históricas, remontando ao período colonial, quando então os servidores públicos, vindos da Metrópole, zelavam, como regra geral, pelos interesses desta, vislumbrando as riquezas do Brasil Colônia como bens a serem explorados e expropriados, em prol do enriquecimento da sua pátria mãe e, muitas vezes, do seu próprio.[1]

---

[1] A distância da Metrópole dificultava o controle dos atos perpetrados pelos administradores em território colonial. Além disso, há registros históricos de que a Coroa Portuguesa,

Nesse contexto, não nos causa estranheza que todas as codificações penais editadas, desde os primeiros anos da ainda jovem nação brasileira, contivessem disposições que tipificavam, como crimes, os atos dos administradores que vilipendiavam os interesses da Administração Pública.[2]

A tutela penal, porém, conquanto indispensável, afigurava-se insuficiente. Por se tratar de espécie de controle feito *a posteriori*, os inegáveis atributos repressivos e de prevenção geral ínsitos à persecução penal se revelavam pouco profícuos, no que concerne à reparação do dano causado ao Erário pelo agente público. Por esta razão, o legislador, constituinte e ordinário, passou a se preocupar em prever mecanismos alternativos que, a par de penalizar o "administrador-infrator", permitissem a reparação do prejuízo sofrido pelo Estado.

Assim sendo, a Constituição da República Federativa do Brasil de 1941 – CRFB/41, em seu artigo 141, §31, estabeleceu que a lei deveria dispor "sôbre o seqüestro e o perdimento de bens, no caso de enriquecimento ilícito, por influência ou com abuso de cargo ou função pública, ou de emprêgo em entidade autárquica". Disposição análoga constava do artigo 150, §11 da Constituição da República Federativa do Brasil de 1967 – CRFB/67[3] e do artigo 153, §11 da Emenda Constitucional nº 01, de 1969.[4]

---

incapaz de remunerar a contento todos os administradores de seu vasto império colonial, teria incentivado a expropriação dos recursos brasileiros pelos seus emissários, enviados ao Brasil, como forma de compensá-los. Nesse sentido, veja-se: ROMEIRO, Adriana. *Corrupção e Poder no Brasil – Uma história, séculos XVI a XVIII*. 1. ed. Belo Horizonte: Editora Autêntica, 2017.

[2] O Código Criminal do Império, aprovado pela Lei de 16 de dezembro de 1830, tipificava, no seu Título V, os "Crimes contra a boa Ordem, e a Administração Pública". Da mesma forma, o primeiro Código Penal da República, aprovado pelo Decreto nº 847, de 11 de outubro de 1890, tipificava como crimes, em seus artigos 214 a 238, diversas condutas impróprias do administrador. Ainda na mesma linha, a Consolidação das Leis Penais, aprovada pelo Decreto nº 22.213, de 14 de dezembro de 1932, tipifica diversos "crimes contra a ordem e a Administração Pública" e de "malversações, abusos e omissões dos funcionários públicos". Por derradeiro, o Código Penal atualmente em vigor, aprovado pelo Decreto-Lei nº 2.848, de 07 de dezembro de 1940, contempla, no seu Título XI, os chamados Crimes contra a Administração Pública.

[3] Artigo 150, §11 – Não haverá pena de morte, de prisão perpétua, de banimento, nem de confisco. Quanto à pena de morte, fica ressalvada a legislação militar aplicável em caso de guerra externa. A lei disporá sobre o perdimento de bens por danos causados ao erário ou no caso de enriquecimento ilícito no exercício de função pública.

[4] Artigo 153, §11. Não haverá pena de morte, de prisão perpétua, de banimento, ou confisco, salvo nos casos de guerra externa, psicológica adversa, ou revolucionária ou subversiva, nos têrmos que a lei determinar. Esta disporá, também, sobre o perdimento de bens por danos causados ao erário, ou no caso de enriquecimento ilícito no exercício do cargo, função ou emprêgo na Administração Pública, direta ou indireta.

Em sede infraconstitucional, foi editada a Lei nº 3.164/1957 (que recebeu a alcunha de Lei Pitombo-Godói Ilha), que, em linhas gerais: (i) estabelecia a possibilidade de sequestro dos bens adquiridos por servidor público por abuso de cargo ou função pública ou por influência; (ii) consagrava a independência das instâncias cível e criminal, ao estabelecer que a absolvição do servidor, na esfera penal, não o exonera da reparação civil; e (iii) tornava legítimos para a propositura da ação ressarcitória o Ministério Público ou qualquer do povo.

Sucessivamente, foi editada a Lei nº 3.502/1958 (Lei Bilac Pinto), que trouxe contornos mais definidos para o sequestro e o perdimento de bens nos casos de enriquecimento ilícito de agente público, por influência ou abuso do cargo ou função, ao: (i) estabelecer quem seriam os agentes públicos por ela alcançados ("sujeitos ativos"); e (ii) elencar as condutas que poderiam constituir hipóteses de enriquecimento ilícito, para fins de aplicação da lei. Outrossim, a legislação em comento estendeu à União, aos Estados, ao Distrito Federal, aos Municípios, às entidades que recebessem e aplicassem contribuições parafiscais, às empresas incorporadas ao patrimônio da União, às sociedades de economia mista, às fundações e às autarquias, a legitimidade para ingresso de demanda pleiteando o sequestro e a perda, em seu favor, de bens ou valores indevidamente incorporados ao patrimônio dos seus servidores, dirigentes ou empregados.

A Constituição da República Federativa do Brasil de 1988 – CRFB/88 – reforçou, ainda mais, o subsistema normativo de proteção do interesse público e do Erário contra atos danosos praticados por agentes públicos. Com efeito, o constituinte originário erigiu os Princípios da Legalidade, da Impessoalidade, da Moralidade, da Publicidade e da Eficiência como postulados norteadores da Administração Pública, ao tipificá-los, no *caput* do artigo 37. E nesse contexto, previu, no §4º do mesmo artigo 37, graves consequências para o agente público que, por ventura, atue em descompasso com tais preceitos, perpetrando ilegalidade administrativa qualificada que se convencionou chamar de "ato de improbidade administrativa": quais sejam: a suspensão dos direitos políticos, a perda da função pública, a indisponibilidade dos bens e o ressarcimento ao erário. A forma de aplicação e a gradação de tais sanções, assim como a própria definição dos atos que caracterizariam improbidade administrativa, foram devolvidas, pelo constituinte, ao legislador ordinário.

Antes de se adentrar, contudo, no exame da lei ordinária que deu contornos mais concretos ao disposto no artigo 37, §4º, é importante destacar o giro copernicano promovido pela CRFB/88 na defesa do interesse e do patrimônio público.

Se, nas constituições anteriores, a tutela estatal somente era possível na seara penal, para a punição do agente infrator, e na esfera cível, onde se tentaria obter o ressarcimento civil do dano, a CRFB/88 instituiu uma nova forma de punição qualificada (de natureza não penal) do agente improbo que, a depender da gravidade do ato perpetrado, poderia ser destituído da função pública por ele exercida e ter suspensos os seus direitos políticos, por prazo determinado. Trata-se de espécie de sanção que, a par do seu caráter punitivo, e de prevenção geral (a tipificação de uma conduta como ato de improbidade desincentivaria a sua prática, pelos demais agentes públicos), teria também o escopo de prevenção especial (na medida em que, ao se retirar o agente ímprobo da função em que estava investido, e suspender os seus direitos políticos, se estaria a impedir que ele voltasse a perpetrar ato de improbidade, pelo prazo fixado quando da cominação da(s) sanção(ões)).

Nesse sentido, são argutas as lições de Pedro Roberto Decomain, que, ao analisar as inovações instituídas pela CRFB/88, conclui que:

> O âmbito valorativo da improbidade administrativa, portanto, em consonância, inclusive, com a expressa previsão constitucional do princípio da moralidade administrativa, ganhou corpo efetivamente com a Constituição de 1988. E pretensão constitucional à preservação da probidade, além de sua evidente pretensão de sancioná-la de modo severo, merecem atenção particular tanto do legislador (...) como também do aplicador do preceito constitucional. A ampla observância da proscrição constitucional da improbidade e da exigência do respectivo sancionamento cabem tanto àquele que atua no âmbito do Estado de forma geral, e que, no seu agir, deve obediência à probidade, quanto também àquele que – magistrado – deva aplicar ao ímprobo as sanções previstas na Constituição e na Lei mencionada.[5]

Esta breve digressão histórica nos permite concluir que, desde o nascedouro do Estado Brasileiro, passando pelos primeiros anos da República, e até a promulgação da CRFB/88, foi crescente a preocupação do legislador, ordinário e constituinte, com a probidade do administrador público. A atmosfera de desconfiança da sociedade para com relação aos agentes públicos, originada já no período colonial,

---

[5] DECOMAIN, Pedro Roberto. *Improbidade Administrativa*. São Paulo: Dialética, 2007. p. 20.

cresceu exponencialmente, diante das inúmeras notícias de compadrios e favorecimentos indevidos, que marcaram os primeiros anos da República brasileira, a que se seguiram os desmandos e desvarios do período ditatorial.

Nesse cenário, o foco das sucessivas legislações editadas era tornar mais efetiva a tutela do Erário e do interesse público, tendo-se utilizado, como estratagemas para tanto, o recrudescimento da punição do agente ímprobo e o reforço dos meios de obtenção do devido ressarcimento ao Erário. Foi se estruturando um arcabouço normativo segundo o qual o Administrador-ideal seria aquele que não causasse danos ao Erário nem, tampouco, prejudicasse o interesse público que deveria perseguir.

Nesse contexto, foi editada a Lei Federal nº 8.429/1992, que recebeu o epíteto de Lei de Improbidade Administrativa – LIA.

2 A Lei de Improbidade Administrativa – Lei nº 8.429/1992

O diploma legal que, pioneiramente, disciplinou a improbidade administrativa, foi a Lei Federal nº 8.429/1992, cuja estrutura pode ser subdividida em cinco pontos principais: (i) o sujeito passivo; (ii) o sujeito ativo; (iii) a tipologia da improbidade; (iv) as sanções; e (v) os procedimentos administrativo e judicial.[6]

A Lei nº 8.429/1992 foi objeto de profundos estudos pela doutrina e jurisprudência, que, se ora teciam loas ao esforço do legislador em regulamentar o disposto no artigo 37, §4º da CRFB/88, por muitas vezes criticavam alguns de seus dispositivos legais, por seu rigor ou vagueza. Para os propósitos deste artigo, nos centraremos na análise dos dispositivos da Lei nº 8.429/1992 que tratam da tipologia da improbidade.

Pois bem. As diversas espécies de atos de improbidade administrativa são tipificadas nos artigos 9º a 11 da Lei Federal nº 8.429/1992, podendo ser subdivididos em três categorias distintas: (i) atos de improbidade administrativa que importam enriquecimento ilícito (artigo 9º); (ii) atos de improbidade administrativa que causam prejuízo ao Erário (artigo 10); e (iii) atos de improbidade administrativa que

---

[6] Esta subdivisão dos pontos principais que compõem a Lei de Improbidade foi extraída da obra: CARVALHO FILHO, José dos Santos. *Manual de Direito Administrativo*. 30. ed. rev. atual. e ampl. São Paulo: Atlas, 2016. p. 1136.

atentam contra os princípios da Administração Pública (artigo 11). Em sua disciplina normativa original, os atos de improbidade previstos nos artigos 9º e 11 comportavam, apenas, a modalidade dolosa, ao passo que aqueles previstos no artigo 10 poderiam ser dolosos ou culposos. Neste ponto, a Lei Federal nº 8.429/1992 gerou bastante controvérsia. Uma parcela da doutrina[7] e da jurisprudência[8] sustentava que a improbidade não poderia ser confundida com uma mera irregularidade administrativa, haja vista a gravidade das sanções previstas na lei. Para esta corrente, a improbidade deveria ser compreendida como uma espécie de legalidade qualificada pela intenção (dolo) do agente, e pela gravidade da lesão gerada pelo ato ímprobo.

Por outro lado, havia quem sustentasse que a expressa referência ao elemento subjetivo da culpa, no *caput* do artigo 10 da Lei nº 8.429/1992, demonstrava o desiderato específico do legislador de punir condutas culposas que causassem danos ao Erário. Nessa linha de raciocínio, a intenção do legislador seria a de *facilitar* a punição do administrador nas hipóteses previstas no artigo 10 da Lei Federal nº 8.429/1992, exigindo, para tanto, apenas a demonstração de que ele causou dano ao Erário, por meio de conduta dolosa (estando a intenção do agente dirigida à prática da conduta ímproba) ou culposa (decorrendo, o dano ao Erário, de negligência, imprudência, imperícia ou erro grosseiro do agente).

---

[7] Nesse sentido: MATTOS, Mauro Roberto Gomes de. *O Limite da Improbidade Administrativa*. São Paulo: Forense, 2010; DI PIETRO, Maria Sylvia Zanella. Direito Administrativo. 34. ed. rev. atual. e ampl. São Paulo: Atlas, 2021.
Ainda sob o aspecto doutrinário o seguinte escólio: "(...) estando excluída do conceito constitucional de improbidade administrativa a forma meramente culposa de conduta dos agentes públicos, a conclusão inarredável é a de que a expressão 'culposa' inserta no caput do art. 10 da lei em foco é inconstitucional. Mas, além da questão sobre a possibilidade de se ver caracterizada improbidade administrativa em conduta simplesmente culposa, o que se desejou, primordialmente, foi fixar a distinção entre improbidade e imoralidade administrativas, tal como acima exposto, admitindo-se que há casos de imoralidade administrativa que não atingem as raias da improbidade, já que esta há de ter índole de desonestidade, de má-fé, nem sempre presentes em condutas ilegais, ainda que causadoras de dano ao erário". (BUENO, Cassio Scarpinella; PORTO FILHO, Pedro Paulo de Rezende (Coord.). *Improbidade Administrativa – questões polêmicas e atuais*. São Paulo: Malheiros, 2001. p. 108).

[8] Nesse sentido, veja-se: STJ. REsp nº 734.984/SP, Primeira Turma, Relator para acórdão Ministro LUIZ FUX. Data da Publicação: 16.06.2008.
Veja-se, ainda os seguintes julgados, do E. Tribunal de Justiça do Estado do Paraná – TJ/PR: TJ/PR, Apelação Cível nº 0001878-76.2012.8.16.0176. 4ª Câmara Cível, Rel. Astrid Maranhão de Carvalho Ruthes. Data do Julgamento: 22.03.2018. Apelação Cível nº 0000805-40.2017.8.16.0129. 5ª Câmara Cível, Relator Desembargador Carlos Mansur Arida. Data do julgamento: 17.08.2020.

O E. Superior Tribunal de Justiça, no exercício de seu *múnus constitucional* de uniformizar a interpretação da legislação federal, buscou pacificar a questão, consolidando o entendimento de que se faz necessária a comprovação dos elementos subjetivos para que se repute uma conduta como ímproba (dolo, nos casos dos artigos 11 e 9º e, ao menos, culpa grave, nos casos do artigo 10), afastando-se a possibilidade de punição com base tão somente na atuação do mal administrador ou em supostas contrariedades aos ditames legais referentes à licitação, visto que nosso ordenamento jurídico não admite a responsabilização objetiva dos agentes públicos.[9]

No que concerne à espécie de dolo (genérico ou específico) exigido para a caracterização de ato de improbidade, Vivian Maria Pereira Ferreira elaborou um profundo estudo da jurisprudência do E. STJ, tendo concluído que:

> O dolo que se exige, nos termos das decisões recentes do STJ, no entanto, *é* o dolo genérico *ou lato sensu*, que vem sendo conceituado como a vontade de realizar fato descrito na norma incriminadora, bastando a comprovação da vontade consciente de aderir à conduta, produzindo os resultados vedados pela norma jurídica ou, ainda, a simples anuência aos resultados contrários ao Direito quando o agente público ou privado deveria saber que a conduta praticada a eles levaria.[10]

---

[9] Veja-se, nesse sentido: REsp nº 951.389/SC, Primeira Seção, Relator Ministro HERMAN BENJAMIN. Data da Publicação: 04.05.2010. AIA nº 30/AM, Corte Especial, Rel. Min. TEORI ALBINO ZAVASCKI. Data da Publicação: 28.09.2011
Na mesma linha, a tese 1 da edição nº 38 da "Jurisprudência em Teses", do STJ: "É inadmissível a responsabilidade objetiva na aplicação da Lei nº 8.429/1992, exigindo-se a presença de dolo nos casos dos arts. 9º e 11 (que coíbem o enriquecimento ilícito e o atentado aos princípios administrativos, respectivamente) e ao menos de culpa nos termos do art. 10, que censura os atos de improbidade por dano ao Erário".
Veja-se, ainda: REsp nº 1127143/RS, Segunda Turma, Relator Ministro CASTRO MEIRA. Data da Publicação: 03.08.2010. REsp nº 997.564/SP, Primeira Turma, Relator Ministro BENEDITO GONÇALVES. Data da Publicação: 25.03.2010. REsp nº 827445/SP, Primeira Turma, Relator para o acórdão Ministro TEÓRI ALBINO ZAVASCKI. Data da Publicação: 08.03.2010. AgRg no AREsp nº 798434/SP, Segunda Turma, Ministro HERMAN BENJAMIN. Data da Publicação: 25.05.2016.

[10] FERREIRA, Vivian Maria Pereira. O dolo da improbidade administrativa: uma busca racional pelo elemento subjetivo na violação aos princípios da Administração Pública. *Revista Direito GV*, São Paulo, v. 15, n. 03, 02 dez. 2019. Disponível em: https://www.scielo.br/j/rdgv/a/t4j9F3M36jfcvPddbKMnXFK/?lang=pt. Acesso em 17 fev. 2022.

De se salientar que, mesmo após a *relativa* pacificação da matéria, pelo E. STJ,[11] a tipificação dos atos de improbidade na Lei nº 8.429/1992 ainda sofria severas críticas. Isso porque, inúmeras demandas de improbidade continuaram a ser ajuizadas contra agentes públicos (às vezes, até mesmo, com caráter político) em hipóteses nas quais não se vislumbrava a voluntariedade do Gestor na prática do ato supostamente ímprobo. Dava-se, assim, à *má gestão* o mesmo tratamento (severo) que a Constituição, em seu artigo 37, §4º, buscou conferir à *gestão desonesta*, em evidente violação ao Princípio da Isonomia.

Este cenário era agravado pela tipificação aberta que caracteriza os atos de improbidade administrativa descritos nos artigos 9º a 11 da Lei Federal nº 8.429/1992, e é marcada pelos seguintes atributos: (i) utilização de tipos abertos, sendo meramente exemplificativo o rol das condutas elencadas nos incisos dos artigos 9º, 10 e 11 da Lei nº 8.429/1992; e (ii) utilização de conceitos jurídicos indeterminados, a exemplo de "honestidade", "lealdade", "ofensa aos princípios da administração pública" ou "qualquer tipo de vantagem patrimonial indevida". Nesse sentido são as precisas lições de Juliano Heinen:

> As hipóteses elencadas nos incisos dos três artigos (9º, 10 e 11) são *meros exemplos da conduta tipificada no "caput" de cada dispositivo mencionado* de modo que é possível punir por improbidade ainda que não incida diretamente numa das condutas previstas nos incisos. Para tanto, basta que o ato se subsuma ao que dispõe o "caput". Isto fica claro a partir do advérbio de modo *"notadamente"*, inserido ao final dos arts. 9º, 10 e 11 da *Lei de Improbidade"*. (Grifos no original).[12]

Dito isso, tem-se que a tipologia aberta dos atos de improbidade, somada à divergência a respeito do elemento subjetivo exigido para a caracterização da conduta ímproba, gerou uma espécie de *banalização da improbidade,* havendo diversos exemplos de ações de improbidade propostas contra atos lastreados em pareces jurídicos/de Tribunais de Contas; atos que se tornaram irregulares após a mudança de entendimento jurídico/jurisprudencial; ou meras irregularidades administrativas, com pouco ou nenhum potencial lesivo.

---

[11] Diz-se relativa, pois, conforme salientado por Vivian Maria Pereira Ferreira, no arguto estudo já citado neste artigo, "a busca do Tribunal pelo elemento subjetivo doloso para a configuração do ato de improbidade administrativa (...) padece de considerável falta de clareza, uma vez que não se baseia em uma teoria mais sólida acerca da ação humana".

[12] HEINEN, Juliano. *Curso de Direito Administrativo.* 2. ed. rev. atual. e ampl. Salvador: Editora JusPodivm, 2021. p. 500.

Nesse sentido sempre foram as críticas de Fernando Capez, que sustentava que a imposição das graves sanções tipificadas na Lei de Improbidade sem parâmetros rígidos

> provoca injustiças e leva *à* intromissão abusiva e autoritária do Estado na esfera de dignidade da pessoa, em contraste com o devido processo legal e os princípios dele derivados, e, mais do que isso, em afronta a todo um conjunto de regras e valores estabelecidos pelo Estado Democrático de Direito.[13]

Nesta senda, e apesar de coibir a realização de *práticas desonestas*, a Lei nº 8.429/1992 teve um efeito deletério não esperado: qual seja, o de, muitas vezes, inibir o desenvolvimento de práticas inovadoras no âmbito da Administração Pública e de "engessar" o agente público criativo. Os desafios da Pós Modernidade, marcada pelas constantes inovações e descobertas inerentes à Revolução Tecnológica, e, concomitantemente, por restrições orçamentárias, instam o agente público a tomar decisões e a fazer escolhas que, muitas vezes, não encontram respostas fáceis, em expressos dispositivos de lei.

Assim, olhando-se em retrospectiva, pode-se entender que o agente publico não agiu de forma adequada, ou não adotou a *melhor escolha*. De tal conclusão, contudo, jamais poderia derivar a sua responsabilização por improbidade administrativa, sob pena de restar malferido o próprio desiderato constitucional de responsabilização do administrador que viole o dever de probidade, inserto no artigo 37, §4º da CRFB/88.

Outrossim, não é incomum que o agente público (honesto) se veja em uma encruzilhada, e opte por trilhar o caminho mais seguro, em detrimento de uma solução pioneira, que melhor poderia concretizar o interesse público subjacente, por estar temeroso de uma futura responsabilização pela prática de ato de improbidade administrativa.

Assim, se a histórica desconfiança da sociedade brasileira para com o administrador deu azo a um paulatino *endurecimento* da legislação que disciplina as consequências, cíveis e administrativas, da violação do dever de probidade, é também verdade que esse crescente punitivismo gerou uma espécie de *engessamento* do administrador, em detrimento do Princípio da Eficiência. A partir desta percepção, inicia-se, em um

---

[13] CAPEZ, Fernando. *Improbidade Administrativa – limites constitucionais*. 2. ed. São Paulo: Saraiva, 2015. p. 24.

verdadeiro movimento pendular, uma tendência reversa de reservar as sanções da Lei de Improbidade a situações cuja gravidade, de fato, justifique a sua cominação. Busca-se um equilíbrio, evitando-se que o administrador descuidado, inexperiente ou imprudente receba o mesmo tratamento daquele que age com o propósito deliberado de causar dano ao Estado.

Esta foi a conjuntura fática subjacente às alterações legislativas promovidas a partir de 2018 no microssistema de responsabilização dos agentes públicos, que visavam à correção das *distorções* anteriormente apontadas.

Merece destaque, em primeiro lugar, o advento da Lei Federal nº 13.655/2018, que alterou o Decreto-Lei nº 4.657/1942 (Lei de Introdução às Normas do Direito Brasileiro – LINDB), para nele incluir disposições sobre segurança jurídica e eficiência na aplicação e criação do direito público. Em seu artigo 28, a novel legislação passou a prever, expressamente, que o agente público somente responderá pessoalmente por suas decisões ou opiniões técnicas em caso de dolo ou erro grosseiro.

Foi sob os influxos da alteração da LINDB que foi editada a Lei Federal nº 14.230/2021, que promoveu profundas mudanças na Lei de Improbidade Administrativa, sobre as quais se discorrerá a seguir.[14]

3 A Nova Lei de Improbidade Administrativa – as mudanças promovidas pela Lei Federal nº 14.230/2021

As principais alterações promovidas pela Lei Federal nº 14.230/ 2021, no que concerne à tipologia da improbidade administrativa, são as seguintes:

1º) *Exclusão da modalidade culposa*. Para sepultar de vez a possibilidade de ato de improbidade culposa, a Lei Federal nº 14.230/2021: (i) alterou o artigo 1º da Lei nº 8.429/1992, passando a prever, expressamente, em seu §1º, que os atos de improbidade correspondem às condutas *dolosas* previstas nos artigos 9º a 11 da Lei nº 8.429/1992 e, em seu §3º, que somente com a comprovação da prática de ato doloso com fim ilícito será possível a responsabilização pela prática de

---

[14] Como já dito, a análise envidada neste artigo cinge-se à tipologia e ao elemento subjetivo dos atos de improbidade administrativa.

ato de improbidade administrativa; e (ii) alterou o *caput* do artigo 10, excluindo a referência à modalidade culposa.

2º) *Dolo específico*. Exsurge, dos §§2º e 3º do artigo 1º da Lei nº 8.429/1992, que, a partir da ampla reforma levada a efeito pela Lei Federal nº 14.230/2021, passou-se a exigir o *dolo específico*, para que o agente público possa ser responsabilizado pela prática de ato de improbidade administrativa.

Buscando definir o que seria o *dolo específico*, para fins de configuração da improbidade administrativa, Luana Pedrosa de Figueiredo Cruz foi cirúrgica ao asserir que:

> Então, o dolo específico, especialmente para fins de caracterização de improbidade, *é* o ato eivado de má fé. O erro grosseiro, a falta de zelo com a coisa pública, a negligência, podem até ser punidos em outra esfera, de modo que não ficarão necessariamente impunes, mas não mais caracterizarão atos de improbidade.
>
> [...] da mesma forma que a má fé passa a ser elemento essencial para a caracterização de ato de improbidade, a boa fé também será levada em consideração para a excludente de caracterização.[15]

Conforme ressaltam Daniel Amorim Assumpção Neves e Rafael Carvalho Rezende Oliveira, a reforma empreendida pela Lei Federal nº 14.230/2021 tornou inequívoco que

> a improbidade *é* uma espécie de ilegalidade qualificada pela intenção (dolo) de violar a legislação e pela gravidade da lesão *à* ordem jurídica. Vale dizer: a tipificação da improbidade depende da demonstração da má fé ou da desonestidade, não se limitando *à* mera ilegalidade [...].[16]

Ante o exposto, conclui-se que, para a caracterização do ato de improbidade, não basta a voluntariedade do agente público de praticar uma das condutas arroladas nos artigos 9º a 11 da Lei nº 8.429/1992. Ela deve ser acrescida de uma *especial finalidade*, correlacionada à má fé do agente, de que ele agiu com o propósito específico de "auferir

---

[15] GAJARDONI, Fernando da Fonseca *et al*. *Comentários à Nova Lei de Improbidade Administrativa*: Lei nº 8.429/1992, com as alterações da Lei nº 14.230/2021. 5. ed. rev. atual. e ampl. São Paulo: Thomson Reuters Brasil, 2021. p. 46.

[16] NEVES, Daniel Amorim Assumpção; OLIVEIRA, Rafael Carvalho Rezende de. *Comentários à reforma da lei de improbidade administrativa*: Lei nº 14.230, de 25.01.2021 comentada artigo por artigo. Rio de Janeiro: Forense, 2022. p. 05.

vantagem patrimonial indevida" (nas hipóteses do artigo 9º); de "*causar lesão ao Erário*" (nas hipóteses do artigo 10); ou de "atentar contra os princípios da Administração Pública" (nas hipóteses do artigo 11).

Sendo estas as considerações de índole geral que nos cumpria tecer a respeito da reforma no sistema de improbidade administrativa promovida pela Lei nº 14.230/2021, passo à análise das possíveis repercussões que estas alterações podem gerar na possibilidade de responsabilização do servidor público que, por ventura, tenha percebido rendas indevidas.

4 Caracterização da percepção de verbas indevidas por servidor público como ato de improbidade administrativa. Requisitos exigidos à luz da redação original do artigo 9º, inciso XI da Lei Federal nº 8.429/1992. Análise de julgados do E. STJ e do TJESP

Segundo o *inciso XI do artigo 9º da Lei Federal nº 8.429/1992*, constitui ato de improbidade administrativa, importando enriquecimento ilícito, a conduta de *incorporar, por qualquer forma, ao patrimônio, bens, rendas, verbas ou valores integrantes do acervo patrimonial de ente que integre a administração direta, indireta ou fundacional de qualquer dos Poderes da União, dos Estados, do Distrito Federal, dos Municípios, de Território, de empresa incorporada ao patrimônio público ou de entidade para cuja criação ou custeio o erário haja concorrido ou concorra com mais de cinquenta por cento do patrimônio ou da receita anual.* (Grifos nossos).

Interpretando o dispositivo em tela, Waldo Fazzio Júnior[17] estatui que a realização da conduta de improbidade nele tipificada pressupõe:

1º) Que tenham sido incorporadas, indevidamente, ao patrimônio pessoal do agente público, bens, rendas, verbas ou valores públicos;

2º) Que esta incorporação tenha sido obtida por meio de conduta dolosa;

3º) O autor correlaciona os atos de improbidade tipificado no inciso XI do artigo 9º a todas as formas de peculato previstas

---

[17] FAZZIO JÚNIOR, Waldo. *Improbidade Administrativa*: doutrina, legislação e Jurisprudência. 4. ed. rev. atual. e ampl. São Paulo: Atlas, 2016. p. 194-201.

no artigo 312, *caput e* §§1 a 3º e 313, todos do Código Penal – o que justifica pela utilização da expressão "por qualquer forma", no inciso XI do artigo 9º da Lei nº 8.429/1992.

Admite-se, portanto, a configuração de ato de improbidade mesmo em hipóteses nas quais o agente público beneficiado não tenha contribuído para a realização do pagamento indevido (que corresponderia à figura do "Peculato mediante erro de outrem", tipificada no artigo 313 do CP). Nos precisos dizeres do autor: "o agente público não tem precedente posse, nem a qualidade funcional, em princípio, lhe torna próxima a res. *Esta lhe vem* às *mãos porque outrem (agente público também ou não), por equívoco, entende por bem entregá-la*".

Interpretando o dispositivo legal em testilha, a jurisprudência do E. Superior Tribunal de Justiça (STJ) e do E. Tribunal de Justiça do Estado de São Paulo (TJESP), historicamente, vem reconhecendo a subsunção do percebimento manifestamente indevido e doloso de verbas remuneratórias e/ou indenizatórias por servidor público à hipótese abstratamente prevista no artigo 9º, XI da Lei Federal nº 8.429/1992. Vejamos, a seguir, alguns casos paradigmáticos.

No *Agravo Interno no Agravo em Recurso Especial nº 1.122.596/MS,*[18] tratava-se de servidor público que recebia gratificação por trabalhar em regime de dedicação exclusiva, mas acumulava o cargo público de Gestor de Obras do Município com o exercício da função de perito de Embarcações da Receita Federal.

O juízo de primeiro grau, em sentença que foi mantida por acórdão de lavra do E. Tribunal de Justiça do Estado do Mato do Grosso do Sul, absolveu o servidor por entender que inexistiria qualquer irregularidade no "acúmulo de cargos" e na percepção da indigitada gratificação, tendo concluído que o "agente público pode exercer atividade precária de perito de embarcações da Receita Federal, remunerada por particulares, se essa atividade não prejudicar a sua presença e o bom desempenho do seu cargo público de dedicação exclusiva". As conclusões do julgado em referência estavam fundadas na premissa de que

> a atividade de perito de embarcações da Receita Federal não possuí característica de cargo público, pois basta o simples credenciamento para exercer essa função, tanto *é* que a própria Receita Federal informa

---

[18] STJ. AgInt no AREsp nº 1122596/MS. Rel. Ministro FRANCISCO FALCÃO. SEGUNDA TURMA, julgado em 14.08.2018, *DJe* 17.08.2018.

a inexistência de vínculo empregatício com o réu/apelado e forma de remuneração pelo serviço, a qual *é* realizada pelos importadores, exportadores, transportadores ou depositários, isto *é*, não provém dos cofres públicos. Em outras palavras, por exercer função a título precário, sem concurso público prévio, e não ser remunerado pelo erário, a atividade de perito de embarcações não consiste em cargo público.

A questão foi, sucessivamente, alçada ao E. Superior Tribunal de Justiça, que, contudo, deu-lhe tratamento diametralmente oposto. Concluiu que seria irregular que o agente público ocupasse, simultaneamente, o cargo de Engenheiro Gestor, em regime de dedicação exclusiva, e o de Perito da Receita Federal. E que, ao assim proceder, o servidor teria se enriquecido indevidamente e gerado um dano *in re ipsa* ao Erário, estando configurado o seu dolo genérico, que se afigura suficiente para a caracterização do ato de improbidade abstratamente previsto no artigo 9º, inciso XI da Lei nº 8.429/1992.

Por sua vez, no *Recurso Especial nº 980.706/RS*,[19] tratava-se do recebimento de duas diárias, no valor total de R$350,00 (trezentos e cinquenta reais), por servidor público que, reconhecida e comprovadamente, deixou de comparecer ao evento que teria dado ensejo ao seu pagamento. O E. STJ reconheceu a caracterização, na espécie, do ato de improbidade administrativa abstratamente previsto no artigo 9º, inciso XI da Lei nº 8.429/1992, haja vista que o interessado teria percebido, indevidamente, recursos públicos que não lhe eram devidos. No entanto, em atenção ao Princípio da Proporcionalidade, deu parcial provimento ao recurso interposto, a fim de circunscrever a pena imposta ao agente ao ressarcimento do dano causado ao Erário e ao pagamento de multa civil correspondente a três vezes o valor das diárias apropriadas indevidamente (excluindo, assim, as penas de perda da função pública e suspensão dos direitos políticos por 04 (quatro) anos, que haviam sido cominadas pelo Tribunal de origem.

De seu turno, a *Apelação Cível nº 1000657-04.2016.8.26.0538*,[20] cujo acórdão foi proferido já sob a égide da Lei Federal nº 14.230/2021, versava sobre o acúmulo irregular de 05 (cinco) cargos públicos de médico em 03 (três) municípios distintos por servidor público que, tampouco, cumpria integralmente a jornada de trabalho dos referidos

---

[19] STJ. REsp nº 980706/RS. Rel. Min LUIZ FUX. PRIMEIRA TURMA. Data do Julgamento: 03.02.2011. Data da publicação 23.02.2011.

[20] TJ/SP. Apelação Cível nº 1000657-04.2016.8.26.0538, 1ª Câmara de Direito Público, Relator Luís Francisco Aguilar Cortez. Data da Publicação: 17.12.2021.

cargos. Merecem destaque, no contexto fático subjacente ao recurso em exame, as seguintes situações: (i) a jornada de trabalho dos cinco cargos exercidos pelo interessado somavam 100 (cem) horas semanais, o que, de per si, já indicaria a possibilidade do seu cumprimento integral; (ii) a este cenário, deve-se somar o considerável tempo de deslocamento entre os três municípios atendidos pelo INTERESSADO; (iii) foi elaborado laudo pericial demonstrando a falta de prestação de serviços com relação a, pelo menos, um dos municípios atendidos pelo servidor; (iv) o servidor teria declarado ao Município, que não possuía outros cargos públicos. Nesse contexto, reconheceu-se a existência de dolo específico do servidor e, por conseguinte, a prática do ato de improbidade tipificado no artigo 9º, inciso XI da Lei Federal nº 8.429/1992.

5 Análise crítica da jurisprudência, à luz das alterações promovidas pela Lei Federal nº 14.230/2021

Quando se examina os julgados anteriormente citados sob o lume das alterações promovidas pela Lei Federal nº 14.230/2021, vislumbra-se o potencial que a novel legislação tem de corrigir as *distorções* apontadas no capítulo 2 deste artigo, afastando a aplicação das sanções de improbidade nas hipóteses em que configurada a ocorrência de mera irregularidade administrativa.

Veja-se, por exemplo, a hipótese versada no *Agravo Interno no Agravo em Recurso Especial nº 1.122.596/MS*. A regularidade, ou não, do acúmulo do cargo de Engenheiro Gestor, exercido em regime de dedicação exclusiva, com o de Perito da Receita Federal era questão tão controversa que justificou: (i) que a Receita Federal, nas informações prestadas, opinasse pela inexistência de acúmulo de cargos, na espécie, já que o interessado não ocupava, propriamente, "cargo público" junto àquele órgão (já que a função de perito era eventual; preenchida mediante cadastramento; e remunerada por particulares); e (ii) que a 1ª e a 2ª instância reconhecessem a *regularidade* da situação funcional do servidor. Assim, com a devida vênia, do mero reconhecimento da irregularidade do acúmulo de cargos e da percepção de gratificação pela dedicação exclusiva pelo servidor, não poderia decorrer a conclusão de que lhe seriam aplicáveis as sanções da lei de improbidade, pela prática do ato abstratamente previsto no artigo 9º, inciso XI da Lei Federal nº 8.429/1992.

Na medida em que for tormentoso o debate acerca da legalidade da verba recebida, ou da regularidade da situação funcional do servidor, será, da mesma forma, escusável, para fins de caracterização de ato de improbidade administrativa,[21] a percepção indevida de verba pública, o que afastaria a ocorrência do ato de improbidade abstratamente previsto no artigo 9º, inciso XI da Lei nº 8.429/1992.

Dito em outras palavras: a exigência de dolo específico, decorrente da introdução dos §§2º e 3º do artigo 1º da Lei nº 8.429/1992 pela Lei Federal nº 14.230/2021, demanda, para a caracterização do ato de improbidade previsto no artigo 9º, inciso XI, que o servidor tenha inequívoco conhecimento da ilegalidade da verba por ele percebida/irregularidade de sua situação funcional. Há que se demonstrar, ainda, a vontade inequívoca do servidor de incorporar, indevidamente, as verbas que reconhece como ilegais, ao seu patrimônio (o que restaria afastado, por exemplo, na hipótese de o servidor ter tentado restituí-las, embora sem êxito).

De seu turno, o acórdão prolatado no bojo do *Recurso Especial nº 980.706/RS* nos permite as seguintes considerações:

(i) O percebimento de diárias por servidor público que não compareceu ao evento que justificou o seu pagamento, e sequer se deslocou, permite a sua caracterização como verba manifesta e sabidamente indevida. Pode-se compreender, assim, como caracterizado o dolo específico do servidor, a ensejar a sua responsabilização pela prática do ato de improbidade administrativa abstratamente previsto no artigo 9º, XI da Lei Federal nº 8.429/1992.

(ii) O baixo valor da verba indevidamente percebida pelo servidor não descaracteriza a configuração do ato de improbidade administrativa tipificado no artigo 9º, XI, da Lei Federal nº 8.429/1992, tratando-se de circunstância que deve ser considerada na dosimetria da pena.

Por fim, o acórdão proferido na *Apelação Cível nº 1000657-04.2016.8.26.0538*, já sob os auspícios da Lei Federal nº 14.230/2021, nos dá importantes balizas para a aferição, à luz das circunstâncias do caso concreto, de que o servidor agiu movido por má fé, a justificar o

---

[21] O que, por evidente, não afastaria o dever do servidor de restituir os valores indevidamente recebidos, caso, ao final, se concluísse pela ilegalidade da verba/pela irregularidade de sua situação funcional.

seu apenamento pela prática do ato de improbidade administrativa tipificado no artigo 9º, XI, da Lei Federal nº 8.429/1992, a saber: (i) a tentativa de ludibriar a Administração, para obter o pagamento da verba indevida (por exemplo, mediante a apresentação de declaração atestando, de forma inverídica, que não exerce outro cargo público, ou apondo informações falsas em folha de ponto); (ii) a não realização do trabalho que deveria ter sido prestado em contrapartida ao pagamento; e (iii) hipóteses nas quais a situação funcional do servidor revela patente violação a dispositivo legal/constitucional (por exemplo, no caso de acúmulo de cinco cargos de médico, quando a CRFB/88, em seu artigo 37, XVI, c, apenas admite o acúmulo de dois cargos privativos de profissional da saúde).

6   Conclusão

Por todo o exposto, propomos, à luz da análise histórica e jurisprudencial aqui empreendida, e diante das alterações promovidas pela Lei Federal nº 14.230/2021, que a penalização do servidor público pela prática do ato de improbidade tipificado no artigo 9º, inciso XI da Lei Federal nº 8.429/1992, decorrente da percepção de verbas públicas indevidas, observe os seguintes parâmetros:

1º) a exigência de dolo específico, decorrente da introdução dos §§2º e 3º do artigo 1º da Lei nº 8.429/1992 pela Lei Federal nº 14.230/2021, demanda, para a caracterização do ato de improbidade previsto no artigo 9º, inciso XI, que o servidor tenha inequívoco conhecimento da ilegalidade da verba por ele percebida/irregularidade de sua situação funcional. Há que se demonstrar, ainda, a vontade inequívoca do servidor de incorporar, indevidamente, as verbas que reconhece como ilegais, ao seu patrimônio (o que restaria afastado, por exemplo, na hipótese de o servidor ter tentado restituí-las, embora sem êxito).

2º) O baixo valor da verba indevidamente percebida pelo servidor não descaracteriza a configuração do ato de improbidade administrativa tipificado no artigo 9º, XI da Lei Federal nº 8.429/1992, tratando-se de circunstância que deve ser considerada na dosimetria da pena.

3º) A caracterização da má fé pressupõe uma análise casuística. No entanto, há alguns elementos que, quando cotejados com as demais circunstâncias do caso concreto, nos permitem inferir que o servidor agiu movido por má fé, a justificar o seu apenamento pela prática do ato de improbidade administrativa tipificado no artigo 9º, XI da Lei Federal nº 8.429/1992, a saber: (i) a tentativa de ludibriar a Administração, para obter o pagamento da verba indevida (por exemplo, mediante a apresentação de declaração atestando, de forma inverídica, que não exerce outro cargo público, ou apondo informações falsas em folha de ponto); (ii) a não realização do trabalho que deveria ter sido prestado em contrapartida ao pagamento; e (iii) hipóteses nas quais a situação funcional do servidor revela patente violação a dispositivo legal/constitucional (por exemplo, no caso de acúmulo de cinco cargos de médico, quando a CRFB/88, em seu artigo 37, XVI, c, apenas admite o acúmulo de dois cargos privativos de profissional da saúde).

Referências

BUENO, Cassio Scarpinella; PORTO FILHO, Pedro Paulo de Rezende (Coord.). *Improbidade Administrativa – questões polêmicas e atuais*. São Paulo: Malheiros, 2001.

CAPEZ, Fernando. *Improbidade Administrativa – limites constitucionais*. 2. ed. São Paulo: Saraiva, 2015.

CARVALHO FILHO, José dos Santos. *Manual de Direito Administrativo*. 30. ed. rev. atual. e ampl. São Paulo: Atlas, 2016.

DECOMAIN, Pedro Roberto. *Improbidade Administrativa*. São Paulo: Dialética, 2007.

DI PIETRO, Maria Sylvia Zanella. Direito Administrativo. 34. ed. rev. atual. e ampl. São Paulo: Atlas, 2021.

FAZZIO JÚNIOR, Waldo. *Improbidade Administrativa*: doutrina, legislação e Jurisprudência. 4. ed. rev. atual. e ampl. São Paulo: Atlas, 2016.

FERREIRA, Vivian Maria Pereira. O dolo da improbidade administrativa: uma busca racional pelo elemento subjetivo na violação aos princípios da Administração Pública. *Revista Direito GV*, São Paulo, v. 15, n. 03, 02 dez. 2019. Disponível em: https://www.scielo.br/j/rdgv/a/t4j9F3M36jfcvPddbKMnXFK/?lang=pt. Acesso em 17 fev. 2022.

GAJARDONI, Fernando da Fonseca et al. *Comentários à Nova Lei de Improbidade Administrativa*: Lei nº 8.429/1992, com as alterações da Lei nº 14.230/2021. 5. ed. rev. atual. e ampl. São Paulo: Thomson Reuters Brasil, 2021.

HEINEN, Juliano. *Curso de Direito Administrativo*. 2. ed. rev. atual. e ampl. Salvador: Editora JusPodivm, 2021.

MATTOS, Mauro Roberto Gomes de. *O Limite da Improbidade Administrativa*. São Paulo: Forense, 2010.

NEVES, Daniel Amorim Assumpção; OLIVEIRA, Rafael Carvalho Rezende de. *Comentários à reforma da lei de improbidade administrativa*: Lei nº 14.230, de 25.01.2021 comentada artigo por artigo. Rio de Janeiro: Forense, 2022.

ROMEIRO, Adriana. *Corrupção e Poder no Brasil – Uma história, séculos XVI a XVIII*. 1. ed. Belo Horizonte: Editora Autêntica, 2017.

Informação bibliográfica deste texto, conforme a NBR 6023:2018 da Associação Brasileira de Normas Técnicas (ABNT):

LUNKES, Carolina Pellegrini Maia Rovina. Caracterização de ato de Improbidade Administrativa na percepção de verbas indevidas por Servidor Público: análise histórica e jurisprudencial e dos potenciais reflexos das alterações promovidas pela Lei Federal nº 14.230/2021. *In*: CORONA, Maria Lia Porto; CASTRO, Sérgio Pessoa de Paula; RAHIM, Fabiola Marquetti Sanches (Coords.). *Anotações sobre a Lei de Improbidade Administrativa*. Belo Horizonte: Fórum, 2022. p. 33-51. ISBN 978-65-5518-378-8.

AS ALTERAÇÕES PROMOVIDAS PELA LEI FEDERAL Nº 14.230/2021 SOBRE O ENRIQUECIMENTO ILÍCITO POR PATRIMÔNIO DESPROPORCIONAL À REMUNERAÇÃO DE AGENTE PÚBLICO

DENIS DELA VEDOVA GOMES

1   Introdução

O Estado de Direito é um dos maiores avanços institucionais concebidos para a organização da vida em sociedade, porém, o atingimento de sua finalidade depende da otimização da relação fiduciária estabelecida entre os membros da sociedade e os sujeitos designados para e encarregados de atingi-la.

A descentralização e a pulverização dessas tarefas no seio da Administração Pública têm o potencial de diluir a eficácia da relação fiduciária de tal maneira que, quanto mais distante da fonte mandatária do poder popular, maior o potencial do agente público se afastar do atingimento do interesse público, valor jurídico que está obrigado a perseguir.

Os efeitos corrosivos que a corrupção causa nas estruturas democráticas ocasionam efeitos políticos e sociais nefastos, ao frustrar o exercício do direito subjetivo de cidadania do povo,[1] que é o verdadeiro

---

[1]   FERREIRA FILHO, Manoel Gonçalves. Corrupção e democracia. *Revista de Direito Administrativo*, Rio de Janeiro, v. 226, p. 213-218, out. 2001. Disponível em: http://bibliotecadigital. fgv.br/ojs/index.php/rda/article/view/47241. Acesso em 03 mar. 2020.

titular da soberania, subtraindo a isonomia na participação do cidadão no processo político e nos órgãos governamentais, por desvirtuar suas expectativas e o peso de seu voto no programa de governo idealizado pelo partido político ou pelo candidato corrompido. Há também um efeito econômico deletério, relacionado à redução dos incentivos ao investimento; indisposição social à contribuição com fundos de auxílio (doações); perdas na arrecadação tributária; deficiência nas licitações públicas por atraírem vencedores que fornecem bens de qualidade inferior; e direcionamento da despesa pública para grandes obras em detrimento de gastos sociais, como em saúde e educação.[2]

A expansão e a interconexão do sistema financeiro internacional disseminaram mundialmente os efeitos da corrupção, sobretudo por meio da criação de estratégias para a lavagem de capitais e financiamento de grupos terroristas, trazendo à tona a necessidade de medidas para cooperação no combate e prevenção à corrupção.

Nesse compasso, diversos tratados internacionais buscaram prever a vedação ao enriquecimento ilícito de agentes públicos. Dentre os mais expressivos, ressalte-se a Convenção Interamericana contra a Corrupção de 1996, a Convenção das Nações Unidas contra a Corrupção ("Convenção de Mérida"), assinada em 9 de dezembro de 2003, bem como a Convenção sobre o Combate à Corrupção de Funcionários Públicos Estrangeiros em Transações Comerciais Internacionais da Organização para a Cooperação e o Desenvolvimento Econômico (OCDE). Tais normativos foram incorporados ao Direito Brasileiro por meio dos Decretos nº 4.410/2002, nº 5.687/2006 e nº 3.678/2000, respectivamente.

No plano jurídico interno, o artigo 37, parágrafo 4º da Constituição da República, previu um dever geral de probidade aplicável a todos os que exerçam atribuições públicas, cominando sanções que vão desde a suspensão de direitos políticos até o dever de ressarcimento do Erário, sem prejuízo da incidência de outros sistemas de responsabilidade constitucionalmente estabelecidos.

A Lei Federal nº 8.429/1992, ao regulamentar a disposição constitucional aludida, elencou quatro categorias de atos violadores dos

---

[2] MAURO, Paolo. Corruption and Growth. *The Quarterly Journal of Economics*, v. 110, Issue 3, p. 681-712, aug. 1995 *apud*. OLIVEIRA, Juliana Magalhães Ferreira *et al*. Combate à Corrupção: uma análise de Impacto Legislativo das propostas do Ministério Público. *Núcleo de Estudos e Pesquisas do Senado Federal*, ago. 2016 (Texto para Discussão nº 205). Disponível em: www.senado.leg.br/estudos. Acesso em 07 mar. 2020.

deveres de probidade, dentre os quais se inserem aqueles que causam enriquecimento ilícito, arrolados em seu artigo 9º.

Dentre os diversos atos tipificados pela lei, atente-se para o ato de enriquecimento ilícito decorrente do aumento patrimonial incompatível com a remuneração do mandato, cargo, emprego ou função do agente público. Trata-se de tipificação que repreende os efeitos de conduta(s) transgressora(s) do dever de honestidade remuneratória imposta àquele que percebe remuneração proveniente do Erário, tendo tratamento destacado nas convenções de Mérida (artigo 20) e da Organização dos Estados Americanos contra a corrupção (inciso IX).

O tipo repreende o ato de adquirir bens de qualquer natureza cujo valor seja desproporcional à evolução do patrimônio ou à renda durante o exercício de mandato, cargo, emprego ou função por agente público. Trata-se de tipificação que recai sobre possíveis consequências da violação dos deveres de probidade do agente público, dissociada da apuração dos atos que lhe deram causa, como ocorre nas demais condutas tipificadas pelo artigo 9º da Lei Federal nº 8.429/1992.

A Lei Federal nº 14.230/2021 reformulou a redação do artigo 9º, inciso VII da Lei Federal nº 8.429/1992, para replicar o elemento circunstancial previsto no "caput" do artigo 9º, ao exigir que a vantagem patrimonial indevida tenha sido obtida em razão e no exercício de mandato, de cargo, de emprego ou de função pública. Acrescenta, ainda, que a imputação do tipo será flexionada com respeito ao contraditório, viabilizando a demonstração da licitude da vantagem patrimonial auferida.

Para os limites impostos a este trabalho, focar-se-á nas causas e nas consequências jurídicas de tais alterações promovidas pela Lei Federal nº 14.230/2021, as quais delimitarão as breves considerações a seguir expostas.

2 A improbidade administrativa por enriquecimento ilícito – elementos objetivos, subjetivos e circunstanciais

Para se buscar os efeitos da reforma legislativa aludida, é indispensável pincelar breves noções preliminares sobre a figura do enriquecimento ilício do agente público por patrimônio incompatível.

Fábio Osório Medina leciona que a improbidade administrativa é resultado de uma ilegalidade "valorada no marco da imoralidade administrativa qualificada, mas, acima de tudo, uma ilegalidade resultante da desobediência a regras legais específicas, não apenas a princípios jurídicos".[3]

No que diz respeito ao objeto de nosso estudo, o artigo 9º, inciso VII da Lei Federal nº 8.429/1992, o agente público passa a ostentar um padrão de vida incompatível com a renda auferida por seus pares, a ponto de levantar suspeitas sobre a origem dos recursos utilizados para a manutenção da vida naqueles patamares não usuais.

A tipificação do artigo 9º, inciso VII é peculiar, na medida em que se busca a punição de um estado financeiro, sem a identificação específica de um ato de ofício praticado ou deixado de praticar.[4] Como se verá a seguir, tal objetivo deve ser conformado pelo intérprete sob pena de inconstitucionalidade, ganhando extrema importância para tal desiderato a inclusão do elemento circunstancial levado a cabo pela Lei Federal nº 14.230/2021.

O elemento objetivo do tipo consiste na conduta de adquirir, para si ou para outrem, patrimônio ou bem de qualquer natureza. O verbo "adquirir" representa a incorporação patrimonial a título dominial, com a transferência de titularidade pelos meios juridicamente admitidos. Evidentemente, a interpretação gramatical voltada apenas à aquisição de bens deve ser rechaçada, não sendo bastante a fundamentação a partir do princípio da legalidade, da tipicidade e da interpretação mais favorável ao acusado, sob pena de ocasionar proteção deficiente do bem jurídico tutelado pelo dispositivo, desdobramento de uma acepção positiva da aplicação do princípio da proporcionalidade da sanção.[5]

---

[3] OSÓRIO, Fábio Medina. *Teoria da Improbidade Administrativa*: má gestão pública: corrupção: ineficiência. São Paulo: Thomson Reuters Brasil, 2018. p. 330.

[4] Emerson Alves e Rogério Garcia anotam que o preceito legal estabelece uma presunção *iuris tantum* de ilegitimidade do patrimônio adquirido de modo incompatível com os rendimentos percebidos em razão do exercício do cargo, emprego ou função pública (ALVES, Emerson; GARCIA, Rogério Pacheco. *Improbidade Administrativa*. São Paulo: Saraiva, 2014. p. 491).

[5] Lenio Streck anunciou a dupla face do princípio da proporcionalidade da pena no bojo do direito penal. A incidência do princípio não busca somente evitar excessos da hipertrofia da punição, enquanto garantia do indivíduo contra o Estado (garantismo negativo). Objetiva-se, outrossim, um imperativo de tutela jurídica contra o Estado, como garantia social, em ver a proteção eficiente dos valores erigidos pela Constituição da República, em um garantismo positivo. Trata-se de tese acolhida pela 2ª Turma do Supremo Tribunal Federal, no julgamento do Habeas Corpus 104410-RS que julgou constitucional a criminalização do porte de arma de fogo, enquanto crime de perigo abstrato, por considerar que a "tipificação de condutas que geram perigo em abstrato, muitas vezes, acaba sendo a melhor alternativa ou a medida mais eficaz para a proteção de bens jurídico-penais supraindividuais ou de caráter coletivo" Nesse sentido: STRECK, Lenio Luiz. A dupla

Do contrário, seria atípica a conduta do agente público que gastar recursos de origem ilícita com a finalidade de usufruir de serviços diversos para si ou para terceiros, ostentando, todavia, crescimento patrimonial compatível com a remuneração advinda de sua atividade, apesar de ofender a honestidade remuneratória e funcional para o desempenho da função pública exigida pela Constituição da República.

Wolgran Junqueira Ferreira afirma que a improbidade administrativa não se limita à desproporção entre o patrimônio do agente público e sua remuneração, mas também a "sinais exteriores de riqueza", exemplificadas com viagens ao exterior com a família, hospedagens em hotéis luxuosos, dentre outras aquisições de bens,[6] sendo tais fatores suficientes para deflagrar a apuração de eventual conduta ilícita do sujeito.

Para fins da incidência do artigo 9º, inciso VII da Lei Federal nº 8.429/1992, será necessário identificar o elemento subjetivo, o dolo do agente. José Roberto Pimenta Oliveira pontifica que a agressão ao bem jurídico delimita subjetivamente o tipo, de tal forma que, nas condutas relacionadas ao enriquecimento ilícito, somente a conduta dolosa é compatível com a agressão ao bem jurídico tutelado. No enriquecimento ilícito, o bem juridicamente tutelado é a honestidade, a honra subjetiva e objetiva da Administração Pública, subdividida a honestidade em funcional, remuneratória e institucional.[7]

No âmbito da repressão ao aumento desproporcional do patrimônio do agente público em relação à sua contraprestação, o bem jurídico tutelado é distinto daquele que rege a cabeça do artigo 9º, autônomo em relação ao tipo prescrito no inciso VII da Lei Federal nº 8.429/1992.[8] Assim, a configuração do enriquecimento ilícito por

---

face do princípio da proporcionalidade: da proibição de excesso ("übermassverbot") à proibição de proteção deficiente ("untermassverbot") ou como não há blindagem contra normas inconstitucionais. *Revista da Ajuris*, a. XXXII, n. 97, 2005 *apud*. SANTIN, Valter Foleto; SOUZA, Renee Ó; PIEDADE, Antonio Sergio Cordeiro. Aplicação das penas da Lei de Improbidade Administrativa à luz do princípio da proteção deficiente: a integridade na proteção da improbidade administrativa. *Revista Jurídica da Escola Superior do Ministério Público de São Paulo*, a. 6, v. 12, p 88-112, jul./dez. 2017.

[6] FERREIRA, Wolgran Junqueira. *Enriquecimento ilícito dos servidores públicos no exercício da função*. Bauru: EDIPRO, 1994. p. 110.

[7] OLIVEIRA, José Roberto Pimenta. *Improbidade Administrativa e sua Autonomia Constitucional*. Belo Horizonte: Fórum, 2009. p. 241.

[8] Para um maior aprofundamento das diferenças e semelhantes entre os tipos, propõe-se a leitura de: GOMES, Denis Dela Vedova. *Enriquecimento ilícito por patrimônio incompatível de Agentes Públicos no Direito Sancionador Anticorrupção*. (Orientador: José Roberto Pimenta Oliveira). Dissertação (Mestrado em Direito) – Pontifícia Universidade Católica, São Paulo, 2020.

aumento patrimonial desproporcional à remuneração (inciso VII) prescinde da demonstração da vontade de praticar atos de corrupção em contraprestação a subornos recebidos, já que tais atos não compõem o plano prescritor do tipo, diferentemente do *caput* do artigo 9º.[9]

Assim, de acordo com Rodrigo Fernando Machado Alves, o dolo do enriquecimento ilícito por patrimônio incompatível está na intenção de se "realizar depósitos, saques, transferências e outras movimentações significativas de renda incompatíveis com os vencimentos que possui".[10] Endossando a opinião anterior, o mesmo autor afirma que o tipo "não individualiza a conduta corrupta em si, mas das consequências de sua realização".[11]

Destarte, Emerson Alves e Rogério Garcia lecionam que a configuração do enriquecimento ilícito por aumento patrimonial desproporcional à remuneração é composta por três elementos explícitos e um implícito. O primeiro elemento explícito diz respeito ao enriquecimento do agente, exteriorizado por meio da evolução patrimonial. O segundo, temporal, relacionado ao aumento patrimonial correspondente ao período em que o agente público ocupe cargo, mandato, função, emprego ou atividade nas entidades elencadas no artigo 1º da Lei Federal nº 8.429/1992. O terceiro elemento é a ausência de justa causa, isto é, da existência de outras fontes de renda lícitas que justifiquem o acréscimo patrimonial. Ao seu turno, o elemento implícito decorre do nexo causal entre o enriquecimento do agente e o exercício de sua atividade pública, de modo que o enriquecimento do agente público se afigura como indício demonstrador da ilicitude daquela.[12]

---

[9]   Considerado as limitações impostas a este trabalho, basta verificar que a tipificação do *caput* do artigo 9º se refere à obtenção de uma vantagem patrimonial (logo, tipo material) por ação comissiva "auferir, mediante a prática de ato doloso (...) em razão do exercício de cargo (...)", o que impõe a identificação do ato que gerou o acréscimo patrimonial, enquanto que a figura do inciso VII do artigo 9º da lei se refere à aquisição de bens em valor desproporcional à evolução do patrimônio ou à renda do agente público, prescindindo, pois, do conhecimento de qual ato tenha gerado o patrimônio incompatível.

[10] ALVES, Rodrigo Fernando Machado. Desafios do combate à corrupção pela identificação do enriquecimento ilícito dos Agentes Públicos Federais no Brasil. Combate à Corrupção na Administração Pública – Diálogos Interinstitucionais. *Publicações da Escola da AGU*, Brasília, v. 12, n. 02, p. 173-190, mai./ago. 2020. Disponível em: https://seer.agu.gov.br/index.php/EAGU. Acesso em 17 nov. 20.

[11] ALVES, Rodrigo Fernando Machado. Desafios do combate à corrupção pela identificação do enriquecimento ilícito dos Agentes Públicos Federais no Brasil. Combate à Corrupção na Administração Pública – Diálogos Interinstitucionais. *Publicações da Escola da AGU*, Brasília, v. 12, n. 02, p. 173-190, mai./ago. 2020. Disponível em: https://seer.agu.gov.br/index.php/EAGU. Acesso em 17 nov. 20.

[12] ALVES, Emerson; GARCIA, Rogério Pacheco. *Improbidade Administrativa*. São Paulo: Saraiva, 2014. p. 390.

Tal elemento tido pelos doutrinadores como implícito, tornou-se explícito pelas modificações introduzidas pela Lei Federal nº 14.230/ 2021, através da introdução expressa do elemento circunstancial "em razão deles", até então inexistente.

Esse elemento anteriormente tido como implícito mostra-se essencial para a própria incidência da Lei Federal nº 8.429/1992, na medida em que, se o patrimônio desproporcional advier de condutas ilícitas que não tenham qualquer vinculação com o exercício do cargo, emprego ou função pública, sequer haveria de se cogitar a proteção à probidade administrativa.

Fábio Osório Medina, ao avaliar a estrutura normativa da conduta no âmbito da lei geral de improbidade administrativa, assevera que o comportamento reprimido deve "manter conexão profunda", direta ou indiretamente, com o exercício das funções, isto é, praticados ou omitidos em razão das funções, de tal modo que as "condutas privadas consideradas puramente incompatíveis com a dignidade do cargo não podem configurar ato de improbidade administrativa".[13]

O autor menciona o exemplo de um agente público que pratique um ato de sonegação fiscal ou homicídio na sua vida privada, concluindo que tais condutas não podem ser tuteladas pelo sistema de responsabilidade da improbidade administrativa, embora não se afaste a possibilidade de que, por decorrência daqueles ilícitos praticados em sua vida privada, o agente público venha a sofrer efeitos indiretos da condenação, como a perda do cargo público ou a suspensão de direitos políticos. Tais efeitos, entretanto, decorrem da aplicação de outros sistemas de responsabilidade, como o de responsabilidade penal ou disciplinar, e não propriamente do sistema de responsabilidade por improbidade administrativa, diante da ausência da conduta imputável ao exercício funcional.[14]

Com efeito, os atos da vida privada do agente público no tocante à gestão das finanças pessoais não são alcançados pela projeção do bem jurídico tutelado pela improbidade administrativa, tendo em vista sua missão de proteger o exercício adequado, legítimo e honesto das atribuições públicas imputadas por lei ao indivíduo investido no mandato, cargo, emprego ou função pública.

---

[13] OSÓRIO. Fábio Medina. *Teoria da Improbidade Administrativa*: má gestão pública: corrupção: ineficiência. São Paulo: Thomson Reuters Brasil, 2018. p. 248.

[14] OSÓRIO. Fábio Medina. *Teoria da Improbidade Administrativa*: má gestão pública: corrupção: ineficiência. São Paulo: Thomson Reuters Brasil, 2018. p. 248.

O exame jurídico dos atos de improbidade administrativa deve estar inserido no contexto sistêmico e autônomo presidido pelo artigo 37, parágrafo 4º da Constituição da República, o que não elide sejam requeridas as instâncias vocacionadas à repressão e à reparação de eventuais danos praticados por quaisquer indivíduos, sejam agentes públicos ou não, que atentem contra o bem jurídico neles tutelados.

Admitir o contrário, isto é, a sujeição às sanções da improbidade administrativa em decorrência de atos próprios da vida privada do sujeito ativo, sem qualquer relação com o exercício das competências públicas que são protegidas pelo bem jurídico, significaria atrair o regime de responsabilidade objetiva ao enriquecimento ilícito do agente público,[15] na medida que um ato de apropriação indébita (apropriação de prêmio de loteria cuja aposta tenha sido coletiva), por exemplo, seria incapaz de causar ofensa à dignidade, à honestidade na condução das competências públicas de cargo, emprego ou função, justificadora da incidência da Lei Federal nº 8.429/1992.

Portanto, entendemos salutar a modificação introduzida no artigo 9º, inciso VII da Lei Federal nº 8.429/1992, pela Lei Federal nº 14.230/2021, para assegurar que o aumento patrimonial deve estar relacionado ao exercício de cargo, emprego ou função pública, ainda que desconhecido o ato específico que o tenha provocado.

3 Garantia ao contraditório e à presunção de inocência

A presunção de inocência é direito humano fundamental reconhecido no artigo 9º da Declaração Universal dos Direitos do Homem e do Cidadão de 1789 e no artigo 12 da Declaração Universal dos Direitos Humanos de 1948. Na Constituição da República Brasileira, o postulado vem prescrito no artigo 5º, inciso LVII.

Consoante leciona Marcelo Novelino, a presunção de inocência está baseada na consideração de que os atos pessoais, como regra geral, são pautados pela razão, de acordo com os valores, princípios e regras agasalhados pelo ordenamento jurídico. Enquanto não se formar a convicção, por meio de provas admitidas pelo ordenamento e de uma decisão fundamentada, de que o sujeito tenha se comportado em

---

[15] PRADO, Francisco Octávio de Almeida. *Improbidade administrativa*. São Paulo: Malheiros, 2001. p 84.

dissonância com esse padrão, ele não pode ser tratado como ofensor à paz social.[16]

O princípio da culpabilidade é pressuposto da responsabilidade, fundamentando a aplicação de qualquer gravame imposto ao indivíduo pelo Estado, no que se incluem as pessoas físicas ou jurídicas. Fábio Osório Medina ensina que, apesar de não estar expressamente previsto na Constituição da República, a culpabilidade deflui do princípio do devido processo legal substancial e da presunção de inocência, viabilizando o exercício da defesa do acusado dentro das margens da legalidade, sendo plenamente aplicável no bojo das infrações administrativas.[17]

Por outro lado, Wallace Paiva Martins Júnior entende que o tipo legal em questão autoriza a inversão do ônus da prova da imputação da prática do ato de improbidade administrativa por evolução desproporcional do patrimônio com a renda do agente público. Em sua interpretação, bastaria a prova de que o agente público exerce alguma função pública e que, durante o exercício e em razão dele, adquiriu bens ou valores incompatíveis e desproporcionais à evolução de seu patrimônio ou renda. A imputação será feita pela confrontação dos fatos com as declarações patrimoniais efetuadas pelo próprio sujeito ativo, conforme estipulado pelo artigo 13 da Lei nº 8.429/1992 e pela Lei nº 8.730/1993, de modo que sempre caberá a ele provar a origem lícita dos recursos empregados na aquisição. Por tal razão, considera o inciso VII como norma residual para punição do enriquecimento ilícito, o que satisfaria o ideário de repressão à imoralidade administrativa.[18] Em síntese, pelo pensamento do autor, a existência de acervo patrimonial incompatível com a declaração de bens efetivada pelo agente público traria uma hipótese de presunção relativa de improbidade administrativa.

Referida intepretação, apesar de trazer significativos avanços ao combate do enriquecimento ilícito, garantiria efetividade à acusação na busca da punição por atos de improbidade administrativa desse jaez. Sabe-se que o enriquecimento ilícito de agentes públicos pode ganhar sofisticados contornos jurídicos, com constante emprego de simulação

---

[16] NOVELINO, Marcelo. *Curso de Direito Constitucional*. Salvador: JusPodivm, 2015. p. 455.

[17] OSÓRIO, Fábio Medina. *Direito Administrativo Sancionador*. São Paulo: Thomson Reuters. Brasil, 2018. p. 366.

[18] MARTINS JÚNIOR, Wallace Paiva. *Probidade Administrativa*. São Paulo: Saraiva, 2009. p. 242.

de atos jurídicos, por vezes acompanhados de engenhosa trama de dissimulação por meio de aquisições em nomes de terceiros, inclusive com emprego de empresas sediadas em paraísos fiscais, dificultando a obtenção das provas diretas capazes de carrear a imputação, o que, sem dúvida, seria a justa causa para a inversão do ônus da prova.

Nesse campo, merece registro que o Brasil é signatário da Convenção Interamericana contra a Corrupção, cujo artigo IX proclama aos Estados que adotem medidas necessárias para tipificar como delito em sua legislação o "enriquecimento ilícito", ou seja, o aumento do patrimônio de um funcionário público que exceda de modo significativo sua renda legítima durante o exercício de suas funções e que não possa ser razoavelmente justificado. De modo semelhante, a Convenção das Nações Unidas contra a corrupção, em seu artigo 20, estabelece que deve ser qualificado como delito o enriquecimento ilícito, entendido como o incremento significativo do patrimônio de um funcionário público relativo aos seus ingressos legítimos que não possa ser razoavelmente justificado.

Em nenhuma dessas convenções internacionais há qualquer requisito que determine ao órgão acusatório comprovar a imputação a partir de outro elemento que não o acréscimo patrimonial injustificado.

Conquanto as convenções internacionais prevejam a necessidade de adoção de mecanismos legais por cada Estado Parte para a repressão do enriquecimento ilícito, como medida apta à prevenção e ao combate à corrupção,[19] suas disposições devem ser lidas sob o prisma dos direitos consagrados na Constituição da República, amparados pela incidência dos princípios do Direito Administrativo Sancionador. Nesse viés, não se pode negar que referida interpretação indiscriminadamente considerada tem um considerável potencial de colidir com uma aplicação mais tonificada do princípio da presunção da inocência.

Nesse desiderato, apoia-se na observação de Francisco Octávio de Almeida Prado para quem a inversão do ônus da prova da acusação do agente público envolve uma presunção de enriquecimento e, portanto, de culpa, o que, além de violar o princípio da presunção de inocência,

---

[19] Não se olvide que a própria Convenção de Mérida prevê, em seu artigo 30, item 9, uma cláusula de soberania, respeitando-se, pois, a disciplina interna da matéria por cada Estado signatário na instrumentalização dos mecanismos destinados à consecução de seus propósitos, circunstância que torna maleável seus preceitos frente à ordem jurídica interna de cada Estado Membro.

prescindiria da apuração do elemento volitivo doloso inerente à figura típica, equiparando o tipo à responsabilidade objetiva.[20]

De forma similar, Marino Pazzaglini Filho pontifica que o autor da imputação tem o ônus de especificar e provar o ato de improbidade causador do enriquecimento indevido do agente público,[21] já que o fato de determinado agente público não auferir renda suficiente para ter o que tem, não leva, necessariamente, à ocorrência de ato de improbidade administrativa.

Destarte, nos parece mais efetiva a interpretação que exija que o órgão acusador disponha de elementos prévios indiciários do enriquecimento ilícito de um agente público viabilizando que o acusado busque demonstrar sua inocência a partir de um conjunto probatório previamente delimitado, capaz de evidenciar não apenas a sua evolução patrimonial desproporcional aos rendimentos auferidos e declarados, como também que tal acréscimo tenha correlação com o exercício da sua função pública, o que poderá ser ilustrado tanto por meio de requisitos temporais como por evidências de transações com terceiros em situações de conflito de interesse, dentre outros.

Portanto, parece-nos que a aplicação da concordância prática entre os princípios da culpabilidade e da moralidade administrativa convergem na necessidade de que o órgão de repressão estatal incremente medidas preventivas e de inteligência preliminares para acompanhar a evolução patrimonial dos agentes públicos, a fim de que, a partir de eventuais alertas ou achados apurados, dê justa causa à sua imputação.

4 Declaração de bens e direitos e a sindicância patrimonial

Para que seja atingida a proposta anterior, é indispensável aprimorar os mecanismos de alimentação e acompanhamento da declaração anual de bens e rendas prevista no artigo 13 da Lei Federal nº 8.429/1992. A Lei Federal nº 14.230/2021 modificou ligeiramente

---

[20] PRADO, Francisco Octávio de Almeida. *Improbidade administrativa*. São Paulo: Malheiros, 2001. p. 85.

[21] PAZZAGLINI FILHO, Marino. *Lei de improbidade administrativa comentada*: aspectos constitucionais, administrativos, civis, criminais, processuais e de responsabilidade fiscal. São Paulo: Atlas, 2018. p. 181.

as regras sobre a declaração de bens, uniformizando-a através da entrega, ao tomar posse, e anualmente, da Declaração de Imposto de Renda e Proventos de qualquer natureza da pessoa física (DIRPF), em substituição da declaração de bens imóveis, móveis, semoventes, dinheiro, títulos, ações e qualquer outra espécie de bens ou valores patrimoniais, cujo conteúdo ficava a critério de cada ente federativo.[22] Digno de nota que o parágrafo 3º do artigo 13 suavizou a sanção àquele que deixar de prestar as informações, impondo-se a este apenas a pena de demissão.

Primeiramente, convém registrar tratar-se de norma de alcance nacional, uma vez que regulamenta procedimento indispensável à aplicação do artigo 9º, inciso VII da Lei Federal nº 8.429/1992, integrada ao sistema de improbidade administrativa autônomo, versado no artigo 37, parágrafo 5º da Constituição da República.[23]

O Escritório das Nações Unidas sobre Drogas e Crimes (UNODC), ao elaborar um estudo relacionado às medidas de implementação da Convenção de Mérida, considerou que um efeito semelhante – embora não equivalente – à criminalização do enriquecimento ilícito para o combate à corrupção, poderia ser alcançado por meio da criação de um sistema de controle rigoroso e funcional sobre a receita e ativos de agentes público.[24]

Todavia, nesse tópico, entende-se que a modificação foi tímida. Consoante pudemos afirmar, a declaração de bens e direitos tem como finalidade indicar a formação e o desenvolvimento patrimonial do agente público, viabilizando o controle da honestidade remuneratória

---

[22] "Art. 13. A posse e o exercício de agente público ficam condicionados à apresentação de Declaração de Imposto de Renda e Proventos de qualquer natureza, que tenha sido apresentada à Secretaria da Receita Federal, a fim de ser arquivada no serviço de pessoal competente.
§1º A declaração de bens será anualmente atualizada e na data em que o agente público deixar o exercício do mandato, cargo, emprego ou função.
§2º Será punido com a pena de demissão, sem prejuízo de outras sanções cabíveis, o agente público que se recusar a prestar declaração dos bens, dentro do prazo determinado, ou que a prestar falsa".

[23] OLIVEIRA, José Roberto Pimenta. *Improbidade Administrativa e sua Autonomia Constitucional.* Belo Horizonte: Fórum, 2009. p. 193.

[24] ORGANIZAÇÃO DAS NAÇÕES UNIDAS. *State of Implementation of The United Nations Convention Against Corruption. Criminalization, Law Enforcement and International Cooperation.* Escritório das Nações Unidas sobre Drogas e Crimes (UNODC). Viena, 2017. p. 51-56. Disponível em: https://www.unodc.org/documents/treaties/UNCAC/COSP/session7/V.17-04679_E-book.pdf. Acesso em 31 out. 2020.

do servidor,[25] instrumentalizando a persecução punitiva em caso de constatação de violação a tal honestidade.

Rodrigo Fernando Machado Alves afirma que a análise da desproporção de ativos e passivos com a renda declarada é feita pela variação do valor patrimonial disponível ou pelo quociente de movimentação financeira, avaliados por meio de uma investigação das movimentações financeiras individuais e gerais, confrontados com eventuais sinais exteriores de riqueza. O autor anota que não há um parâmetro exato que permita afirmar objetivamente a irrazoabilidade da renda. A ausência da definição de um elemento objetivo é proposital, já que a definição de um "padrão em termos absolutos poderia passar mensagem ao sistema de tolerância a um certo nível de corrupção".[26]

Percebe-se que a declaração de bens e direitos é a fonte primária de informações necessárias para se verificar a existência ou não de uma evolução desproporcional do patrimônio do agente público. Não obstante, a avaliação preliminar quanto à licitude ou não dessa progressão deverá ser apurada no âmbito administrativo, a fim de qualificar a justa causa de eventual enriquecimento ilícito. A sindicância patrimonial terá como finalidade indicar a formação e o desenvolvimento patrimonial do agente público, viabilizando o controle da sua honestidade remuneratória com a garantia do contraditório prévio.

Infelizmente, a Lei Federal nº 14.230/2021 deixou de prever expressamente a sindicância patrimonial como ferramenta fundamental para apuração da evolução patrimonial capaz de configurar o ato de improbidade administrativa ora comentado. Todavia, é possível, até o momento, aplicar o procedimento previsto no âmbito da União Federal, no Decreto nº 5.483/2005, regulamentado pelos artigos 26 a 29 da Instrução normativa nº 14, de 14 de novembro de 2018, no Decreto nº 58.276, de 7 de agosto de 2012, no Estado de São Paulo, e no artigo 135 da Lei do Município de São Paulo nº 15.764/2013.

Persistem dúvidas e debates sobre a legalidade ou a constitucionalidade de algumas facetas do procedimento. Nessa esteira, cite-se

---

[25] GOMES, Denis Dela Vedova. *Enriquecimento ilícito por patrimônio incompatível de Agentes Públicos no Direito Sancionador Anticorrupção.* (Orientador: José Roberto Pimenta Oliveira). Dissertação (Mestrado em Direito) – Pontifícia Universidade Católica, São Paulo, 2020.

[26] ALVES, Rodrigo Fernando Machado. Desafios do combate à corrupção pela identificação do enriquecimento ilícito dos Agentes Públicos Federais no Brasil. Combate à corrupção na Administração Pública – Diálogos Interinstitucionais. *Publicações da Escola da AGU,* Brasília, v. 12, n. 02, p. 173-190, mai./ago. 2020. Disponível em: https://seer.agu.gov.br/index.php/EAGU. Acesso em 17 nov. 20.

Mauro Roberto Gomes de Mattos, para quem a sindicância patrimonial seria inconstitucional por violação da reserva legal do procedimento e por seu caráter sigiloso,[27] como também dúvidas acerca de ofensas ao direito à privacidade ou ao direito de não autoincriminação[28] que poderiam ter sido estudadas e tratadas pela reforma legislativa ora efetivada.

De todo modo, crê-se que tais objeções possam ser superadas à luz da disciplina normativa existente, sobretudo, mas não limitada, a adequada articulação das Leis Federais nºs 8.112/1990, 9.784/1999 e 12.527/2011,[29] de tal forma a priorizar a sindicância patrimonial como instrumento destinado a prestigiar o devido processo legal substantivo e a culpabilidade do sindicado, evitando-se uma imputação de enriquecimento ilícito por aumento patrimonial desproporcional à remuneração pautada em presunções ou ilações desprovidas de base fática, poupando o constrangimento que o mero ajuizamento de uma ação civil de improbidade administrativa infundada pode causar ao agente público.[30]

5 Conclusão

A Lei Federal nº 14.230/2021 impôs diversas alterações no regime de responsabilidade por improbidade administrativa. A ilegalidade capaz de atrair a responsabilidade por improbidade administrativa deve ser qualificada. Entretanto, em diversas situações previstas na Lei Federal nº 8.429/1992, a produção de um ato ilegal poderia ser qualificada como ímprobo, generalizando a incidência da lei cujas penas são razoavelmente gravosas ao agente público.

---

[27] MATTOS, Mauro Roberto Gomes de. *Tratado de Direito Administrativo Disciplinar*. Rio de Janeiro: Forense, 2010. p. 537; MATTOS, Mauro Roberto Gomes de. Inconstitucionalidade da sindicância patrimonial. *Revista Jus Navigandi*, Teresina, a. 23, n. 5557, 18 set. 2018. Disponível em: https://jus.com.br/artigos/68470. Acesso em 13 set. 2020.

[28] GOMES, Denis Dela Vedova. *Enriquecimento ilícito por patrimônio incompatível de Agentes Públicos no Direito Sancionador Anticorrupção*. (Orientador: José Roberto Pimenta Oliveira). Dissertação (Mestrado em Direito) – Pontifícia Universidade Católica de São Paulo, 2020.

[29] O maior tratamento da matéria pode ser conferido em GOMES, Denis Dela Vedova. *Enriquecimento ilícito por patrimônio incompatível de Agentes Públicos no Direito Sancionador Anticorrupção*. (Orientador: José Roberto Pimenta Oliveira). Dissertação (Mestrado em Direito) – Pontifícia Universidade Católica, São Paulo, 2020.

[30] GOMES, Denis Dela Vedova. *Enriquecimento ilícito por patrimônio incompatível de Agentes Públicos no Direito Sancionador Anticorrupção*. (Orientador: José Roberto Pimenta Oliveira). Dissertação (Mestrado em Direito) – Pontifícia Universidade Católica, São Paulo, 2020.

A reforma em questão visou equacionar pontos da Lei Federal nº 8.429/1992 cuja aplicação gerava insegurança jurídica, o que se nota pelos diversos limites e requisitos à caracterização do ato, dentre os quais a tipificação da improbidade administrativa apenas relativamente às condutas dolosas.

No que tange especificamente à tipificação do enriquecimento ilícito por aumento patrimonial desproporcional à remuneração de agente público, a Lei Federal nº 14.230/2021 incluiu adequadamente um elemento normativo circunstancial, destinado a vincular a aquisição de patrimônio a descoberto ao exercício de cargo, emprego ou função pública, de tal forma a limitar a incidência do ilícito às hipóteses em que o enriquecimento derive da condição pública do acusado. Excluem-se de sua incidência, portanto, causas de enriquecimento estranhas ao exercício da função pública (genericamente considerada) e que prescindem de tutela qualificada da probidade e dessa esfera de responsabilidade.

Em relação à possibilidade de demonstração, pelo acusado, da origem lícita dos recursos, crê-se que a previsão incluída ao fim do artigo 9º, inciso VII da Lei Federal nº 8.429/1992 foi desnecessária, haja vista que deriva do exercício do direito fundamental ao devido processo legal e de seu corolário, o direito ao contraditório.

Por fim, no tocante à previsão do artigo 13 da Lei Federal nº 8.429/1992, acredita-se que a reforma legislativa foi insuficiente. Isso porque, apesar de uniformizar o instrumento pelo qual as informações devam ser prestadas, a declaração de imposto de renda e proventos de qualquer natureza que tenha sido apresentada à Secretaria Especial da Receita Federal do Brasil deixou de determinar a criação de um sistema mais efetivo de prevenção ao enriquecimento ilícito a partir das informações extraídas da referida declaração, como determinam a Convenção de Mérida e a Convenção Interamericana contra a Corrupção (artigo III, 4).

Além disso, percebe-se que a reforma legislativa deixou de tratar da sindicância patrimonial de modo a afastar as críticas e dúvidas que recaem sobre sua aplicação a partir dos diversos diplomas regulamentares aplicáveis. A proteção eficiente da probidade administrativa sobre a renda e o patrimônio de agentes públicos, ora aprimorada pela Lei Federal nº 14.230/2021, depende de instrumentos jurídicos e institucionais de prevenção, detecção e apuração do enriquecimento ilícito, o que deve ser feito em âmbito administrativo pelos órgãos de controle interno e externo em razão de sua não definitividade e de intercambialidade entre os diversos atores capazes de influenciar positivamente na coleta de provas.

Referências

ALVES, Emerson; GARCIA, Rogério Pacheco. *Improbidade Administrativa*. São Paulo: Saraiva, 2014.

ALVES, Rodrigo Fernando Machado. Desafios do combate a corrupção pela identificação do enriquecimento ilícito dos Agentes Públicos Federais no Brasil. Combate a Corrupção na Administração Pública – Diálogos Interinstitucionais. *Publicações da Escola da AGU*, Brasília, v. 12, n. 02, p. 173-190, mai./ago. 2020. Disponível em: https://seer.agu.gov.br/index.php/EAGU. Acesso em 17 nov. 20.

FERREIRA FILHO, Manoel Gonçalves. Corrupção e democracia. *Revista de Direito Administrativo*, Rio de Janeiro, v. 226, p. 213-218, out. 2001. Disponível em: http://bibliotecadigital.fgv.br/ojs/index.php/rda/article/view/47241. Acesso em 03 mar. 2020.

FERREIRA, Wolgran Junqueira. *Enriquecimento ilícito dos servidores públicos no exercício da função*. Bauru: EDIPRO, 1994.

GOMES, Denis Dela Vedova. *Enriquecimento ilícito por patrimônio incompatível de Agentes Públicos no Direito Sancionador Anticorrupção*. (Orientador: José Roberto Pimenta Oliveira). Dissertação (Mestrado em Direito) – Pontifícia Universidade Católica, São Paulo, 2020.

MARTINS JÚNIOR, Wallace Paiva. *Probidade Administrativa*. São Paulo: Saraiva, 2009.

MATTOS, Mauro Roberto Gomes de. *Tratado de Direito Administrativo Disciplinar*. Rio de Janeiro: Forense, 2010.

MATTOS, Mauro Roberto Gomes de. Inconstitucionalidade da sindicância patrimonial. *Revista Jus Navigandi*, Teresina, a. 23, n. 5557, 18 set. 2018. Disponível em: https://jus.com.br/artigos/68470. Acesso em 13 set. 2020.

MAURO, Paolo. Corruption and Growth. *The Quarterly Journal of Economics*, v. 110, Issue 3, p. 681-712, aug. 1995.

NOVELINO, Marcelo. *Curso de Direito Constitucional*. Salvador: JusPodivm, 2015.

OLIVEIRA, José Roberto Pimenta. *Improbidade Administrativa e sua Autonomia Constitucional*. Belo Horizonte: Fórum, 2009.

OLIVEIRA, Juliana Magalhães Ferreira *et al*. Combate à Corrupção: uma análise de Impacto Legislativo das propostas do Ministério Público. *Núcleo de Estudos e Pesquisas do Senado Federal*, ago. 2016 (Texto para Discussão nº 205). Disponível em: www.senado.leg.br/estudos. Acesso em 07 mar. 2020.

ORGANIZAÇÃO DAS NAÇÕES UNIDAS. *State of Implementation of The United Nations Convention Against Corruption. Criminalization, Law Enforcement and International Cooperation*. Escritório das Nações Unidas sobre Drogas e Crimes (UNODC). Viena, 2017. Disponível em: https://www.unodc.org/documents/treaties/UNCAC/COSP/session7/V.17-04679_E-book.pdf. Acesso em 31 out. 2020.

OSÓRIO, Fabio Medina. *Direito Administrativo Sancionador*. São Paulo: Thomson Reuters. Brasil, 2018.

OSÓRIO, Fabio Medina. *Teoria da Improbidade Administrativa*: má gestão pública: corrupção: ineficiência. São Paulo: Thomson Reuters Brasil, 2018.

PAZZAGLINI FILHO, Marino. *Lei de improbidade administrativa comentada*: aspectos constitucionais, administrativos, civis, criminais, processuais e de responsabilidade *fiscal*. São Paulo: Atlas, 2018.

PRADO, Francisco Octávio de Almeida. *Improbidade administrativa*. São Paulo: Malheiros, 2001.

SANTIN, Valter Foleto; SOUZA, Renee Ó; PIEDADE, Antonio Sergio Cordeiro. Aplicação das penas da Lei de Improbidade Administrativa à luz do princípio da proteção deficiente: a integridade na proteção da improbidade administrativa. *Revista Jurídica da Escola Superior do Ministério Público de São Paulo*, a. 6, v. 12, p 88-112, jul./dez. 2017.

STRECK, Lenio Luiz. A dupla face do princípio da proporcionalidade: da proibição de excesso ("übermassverbot") à proibição de proteção deficiente ("untermassverbot") ou como não há blindagem contra normas inconstitucionais. *Revista da Ajuris*, a. XXXII, n. 97, 2005.

Informação bibliográfica deste texto, conforme a NBR 6023:2018 da Associação Brasileira de Normas Técnicas (ABNT):

GOMES, Denis Dela Vedova. As alterações promovidas pela Lei Federal nº 14.230/2021 sobre o enriquecimento ilícito por patrimônio desproporcional à remuneração de agente público. *In*: CORONA, Maria Lia Porto; CASTRO, Sérgio Pessoa de Paula; RAHIM, Fabiola Marquetti Sanches (Coords.). *Anotações sobre a Lei de Improbidade Administrativa*. Belo Horizonte: Fórum, 2022. p. 53-69. ISBN 978-65-5518-378-8.

GARANTISMO, PRAGMATISMO E A NOVA LEI DE IMPROBIDADE ADMINISTRATIVA: O QUE DEVERIA RETROAGIR E POR QUÊ?

FABIOLA MARQUETTI SANCHES RAHIM

CAIO GAMA MASCARENHAS

Introdução

Motivada por uma crise política e jurídica, a Lei nº 8.429/1992 (Lei de Improbidade Administrativa – LIA), um dos principais instrumentos normativos de combate à corrupção e à má gestão, sofreu profundas alterações pela Lei nº 14.230/2021. O Projeto de Lei que deu origem à reforma (PL nº 10.887/2018) possuía, em sua exposição de motivos, preocupações com ajuizamentos temerários de ações civis públicas por atos de improbidade administrativa. Isto porquanto muitas ações foram ajuizadas em razão de o legitimado ativo possuir uma interpretação acerca de princípios e regras "destoante da jurisprudência dominante ou em desconformidade com outra interpretação igualmente razoável, quer seja dos setores de controles internos da administração, quer dos Tribunais de Contas".

Cuida-se de preocupação importante, pois não há método objetivo para medir o estigma decorrente de uma condenação de agente público, seja no âmbito criminal ou no âmbito da improbidade administrativa. Segundo Fernando Gaspar Neisser, há indícios claros de que, ao menos aos olhos da sociedade, "crime" e "improbidade" são termos que ostentam praticamente o mesmo caráter infamante.[1]

Segundo Fábio Medina Osório, ressalta-se um notório cenário de ambiguidade, insegurança e falta de critérios uniformes no manejo da ação de improbidade administrativa. Prossegue defendendo que o problema dos espaços discricionários na interpretação das normas sancionatórias é a abertura de uma margem ao arbítrio de uma lógica não jurídica de apreciação dos fatos e pressupostos de responsabilidade.[2]

No mesmo sentido, há quem defenda que, na falta de uma orientação precisa quanto à definição constitucional de "moralidade administrativa" ou "improbidade", "a tentação *é* quase irrefreável para que se preencha os conceitos com valores subjetivos, tornando pública a moralidade que *é* apenas do julgador".[3] Exemplos de excessos acusatórios são fáceis de serem encontrados em ações de improbidade administrativa, tais como: prefeito réu em razão de edital de licitação não publicado em jornal de grande circulação, mas publicado no diário oficial;[4] prefeito réu por modificar sua agenda oficial para dar trote em comentarista de rádio[5] etc.

Com o escopo de corrigir esse desvirtuamento da lei de improbidade, mas proteger a honra institucional no setor público e a coisa pública, a Lei de Improbidade Administrativa sofreu uma reforma estrutural. Dentre as mudanças mais notáveis, encontram-se a revogação da improbidade culposa (art. 1º, §§1º, 2º e 3º, e art. 10) e a limitação da incidência do art. 11 da Lei de Improbidade.

O espírito da Lei nº 14.230/2021 foi de corrigir distorções. Segundo a exposição de motivos do projeto de lei que a antecedeu (PL nº 10.887/2018), existem atos administrativos que são meramente irregulares, jamais atos de improbidade administrativa. Adicionalmente, existem os atos de improbidade de baixo poder ofensivo. Desta maneira,

---

[1] NEISSER, Fernando Gaspar; SALVADOR NETTO, Alamiro Velludo. *A responsabilidade subjetiva na improbidade administrativa*: um debate pela perspectiva penal. Tese de Doutorado. Universidade de São Paulo, São Paulo, 2018. p. 260.

[2] OSÓRIO, Fábio Medina. Conceito de improbidade administrativa. *JUS*, Belo Horizonte, a. 43, n. 26, p. 23-51, jan./jun. 2012. p. 23-27.

[3] NEISSER, Fernando Gaspar; SALVADOR NETTO, Alamiro Velludo. *A responsabilidade subjetiva na improbidade administrativa*: um debate pela perspectiva penal. Tese de Doutorado. Universidade de São Paulo, São Paulo, 2018. p. 254.

[4] Julgado do STJ. REsp nº 414.697/RO, Rel. Min Hermann Benjamin, j. 25.10.2010.

[5] TJSP. 4ª Câmara Seção de Direito Público, Apelação nº 1031940-45.2016.8.26.0053, julgado em 13 de agosto de 2018.

foi feita uma readequação das sanções previstas de forma proporcional à ofensa perpetrada, inclusive nos casos de atos de improbidade criminais (aqueles do art. 9º, os quais tratam de enriquecimento ilícito).

O que acontece com aqueles que foram condenados conforme os tipos e critérios revogados de improbidade administrativa? Embora a Lei nº 14.230/2021 seja expressa em afirmar que somente surte efeitos a partir da data de sua publicação (26.10.2021), o Tribunal de Justiça de São Paulo passou a aplicar, retroativamente, as disposições mais benéficas aos acusados da Nova Lei aos casos em curso.[6] Há, até o momento, uma expectativa de que o Supremo Tribunal Federal e o Superior Tribunal de Justiça julguem eventualmente essa questão controvertida em razão de outros precedentes sobre direito administrativo sancionatório.

O presente trabalho faz uma breve revisão e reflexão sobre alguns conceitos, teorias e julgados que tratam sobre improbidade administrativa. Em especial, abordam-se os seguintes pontos: noções de improbidade administrativa e a Lei Federal nº 14.230/2021; possibilidade de retroatividade das normas mais benéficas no campo da improbidade; e os limites e possibilidades da retroatividade da Nova Lei.

A pesquisa é teórica, utilizando-se de materiais bibliográficos, com o amparo na doutrina e na jurisprudência. As fontes de dados são, basicamente, livros, teses, dissertações, jurisprudência e artigos de revistas. A pesquisa documental e o método dedutivo-indutivo serão a marca da atuação.

1 Noções de improbidade administrativa e a Lei Federal nº 14.230/2021

No que consiste a improbidade administrativa? Por que ela deve ser combatida?

O §4º do artigo 37 da Constituição determina que: "Os atos de improbidade administrativa importarão a suspensão dos direitos políticos, a perda da função pública, a indisponibilidade dos bens e o ressarcimento ao erário, na forma e gradação previstas em lei, sem prejuízo da ação penal cabível".

---

[6] Números dos autos em que se encontram os julgados: 0006089-24.2008.8.26.0272, 2112338-48.2021.8.26.0000, 1009601-46.2019.8.26.0099, 2054263-16.2021.8.26.0000, 1001594-31.2019.8.26.0369, 2252253-15.2021.8.26.0000, 2171166-37.2021.8.26.0000 e 1000554-80.2019.8.26.0638.

Começa-se pela noção de probidade. Diogo de Figueiredo Moreira Neto conceitua que o dever constitucional de probidade (ou de probidade administrativa) cuida da "particularização do dever *ético* geral de conduzir-se honestamente (*honeste vivere*)". O dever ético, segundo o autor, é um dever comum, que assume maior rigor quando se trata de servidor público, que terá bens públicos e o erário estatal sob sua guarda e a seu uso. Finaliza o autor, instruindo que a honestidade funcional "se impõe sob todos os aspectos e a cada instante, jamais devendo aproveitar-se o servidor das prerrogativas funcionais e das atribuições em que está investido para obter vantagens para si próprio ou para terceiros, a que pretenda favorecer".[7] Carmen Lúcia Antunes Rocha ensina que a noção de probidade "conta com um fundamento não apenas moral genérico, mas com a base de moral jurídica, vale dizer, planta-se ela nos princípios gerais de direito".[8]

Segundo Fábio Medina Osório, o conceito de "improbidade administrativa" está ligado a dois pilares fundamentais da ética pública na pós-modernidade: as noções de grave ineficiência funcional e grave desonestidade. Defende que, na raiz etimológica da expressão, reside a proteção da honra institucional no setor público, havendo uma relação estreita entre o dever de probidade e os direitos fundamentais conectados ao princípio da boa governança pública. O combate à improbidade, conforme o autor, protege direitos fundamentais ligados às políticas públicas honestas e eficientes. A definição de ato de improbidade administrativa desenhada no art. 37, §4º, da CF, e delimitada pela Lei nº 8.429/1992, seria:

> [...] a má gestão pública gravemente desonesta ou gravemente inefi-
> ciente, por ações ou omissões, dolosas ou culposas, de agentes públicos
> no exercício de suas funções ou em razão delas, com ou sem a parti-
> cipação dos particulares, observados os pressupostos gerais de configu-
> ração típica e de imputação. A improbidade *é* espécie do gênero "má
> gestão pública".[9]

---

[7] MOREIRA NETO, Diogo de Figueiredo. *Curso de direito administrativo*: parte introdutória, parte geral e parte especial. 16. ed. rev. e atual. Rio de Janeiro: Forense, 2014. p. 446-447.

[8] ROCHA, Cármen Lúcia Antunes. Improbidade administrativa e finanças públicas. *Boletim de Direito Administrativo*, dez. 2000. p. 920.

[9] OSÓRIO, Fábio Medina. Conceito de improbidade administrativa. *JUS*, Belo Horizonte, a. 43, n. 26, p. 23-51, jan./jun. 2012. p. 24-49.

A improbidade não se confunde com corrupção. A corrupção é espécie do gênero "improbidade", enquanto que esta é espécie do gênero "má gestão pública". Fernando Gaspar Neisser explica que são elementos essenciais para a definição da corrupção: (1) a existência de uma vantagem indevida (não necessariamente financeira); (2) a presença de ao menos um agente público envolvido; (3) que os interesses próprios deste agente tenham sido perseguidos, em detrimento do interesse público, e; (4) que este agente detenha competência funcional para praticar ou deixar de praticar o ato em questão.[10] Ressalta-se que a Lei nº 8.429/1992 não contém apenas os atos de corrupção pública, também entendida pela doutrina como uso de poderes públicos para fins privados, mas também tipifica distorções inerentes à desorganização administrativa, ao desgoverno e à ineficiência endêmica.[11]

Ultrapassadas essas noções iniciais, pergunta-se: Qual é a natureza jurídica da lei de improbidade administrativa e de suas sanções? Onde se encontra essa categoria de ilícito?

1.1 Natureza jurídica

A improbidade administrativa, depois de passar por alongadas discussões tanto na Assembleia Nacional Constituinte, quanto no decorrer do processo legislativo, nunca foi objeto de consenso ou uniformidade acerca da natureza do instituto, se civil ou penal.[12] Essa falta de consenso posteriormente se espraiou na doutrina, que se tornou bastante heterogênea quando dispõe sobre a natureza da ação de improbidade administrativa.

Segundo Alexandre de Aragão, por exemplo, o que impede de reconhecer a natureza penal da ação de improbidade administrativa é a parte final do §4º do art. 37, CF ("sem prejuízo da ação penal cabível"). Defende igualmente que, em razão de ser processada perante o Judiciário, também não é um processo administrativo.[13]

---

[10] NEISSER, Fernando Gaspar; SALVADOR NETTO, Alamiro Velludo. *A responsabilidade subjetiva na improbidade administrativa*: um debate pela perspectiva penal. Tese de Doutorado. Universidade de São Paulo, São Paulo, 2018. p. 253.

[11] OSÓRIO, Fábio Medina. Conceito de improbidade administrativa. *JUS*, Belo Horizonte, a. 43, n. 26, p. 23-51, jan./jun. 2012. p. 25.

[12] NEISSER, Fernando Gaspar; SALVADOR NETTO, Alamiro Velludo. *A responsabilidade subjetiva na improbidade administrativa*: um debate pela perspectiva penal. Tese de Doutorado. Universidade de São Paulo, São Paulo, 2018. p. 254.

[13] ARAGÃO, Alexandre Santos de. *Curso de Direito administrativo*. 2. ed. rev., atual. e ampl. Rio de Janeiro: Forense, 2013. p. 1165.

Percebe-se que a doutrina oscila com considerável hibridez entre a natureza cível e a natureza administrativa[14] da ação de improbidade. A maioria da doutrina defende a natureza cível, havendo quem ressalte, dentro dela, um maior teor político,[15] penal[16] ou cível.[17] Não se encontra, no entanto, quem defenda uma natureza "pura" da ação de improbidade em qualquer sentido.

O Supremo Tribunal Federal, contudo, pacificou o tema no julgamento da ADI nº 2.797/DF, ao declarar a inconstitucionalidade do §2º do art. 84 do CPP/41, acrescido pela Lei nº 10.628/2002. Tal lei previa que a ação de improbidade seria proposta perante o tribunal competente para processar e julgar criminalmente o funcionário ou a autoridade na hipótese de prerrogativa de foro em razão do exercício de função pública. Conforme a Suprema Corte, por se tratar de ato de improbidade administrativa, deveria a ação ser ajuizada perante magistrado de primeiro grau em razão da sua natureza cível, precedente que tem apoio majoritário dos juristas.

Pacificada a natureza cível da ação de improbidade administrativa (embora com reconhecidos traços políticos e penais), a Lei Federal nº 14.230/2021 trouxe um dispositivo que faz, no mínimo, reavaliar a minoritária corrente administrativista da ação de improbidade administrativa defendida por Fábio Medina Osório. Trata-se do §4º adicionado ao art. 1º da Lei nº 8.429/1992, que dispõe: "Aplicam-se ao sistema da improbidade disciplinado nesta Lei os princípios constitucionais do direito administrativo sancionador".

---

[14] Natureza administrativa, embora julgada pelo Poder Judiciário: OSÓRIO, Fábio Medina. Conceito de improbidade administrativa. *JUS*, Belo Horizonte, a. 43, n. 26, p. 23-51, jan./jun. 2012. p. 48-49.

[15] Natureza cível e política: WALD, Arnoldo; MENDES, Gilmar Ferreira. Competência para Julgar a Improbidade Administrativa. *Revista de Informação Legislativa*, n. 138, p. 213-214, abr./jun. 1998. p. 28-51; NEVES, Daniel Amorim Assumpção; OLIVEIRA, Rafael Carvalho Rezende. *Manual de Improbidade Administrativa*: Direito material e processual. 6. ed. Rio de Janeiro: Método, 2018. p. 106-107.

[16] Natureza cível com fortes aspectos penais: JUSTEN FILHO, Marçal. *Curso de Direito Administrativo*. 10. ed. rev. São Paulo: Revista dos Tribunais, 2014. p. 1087; NEISSER, Fernando Gaspar; SALVADOR NETTO, Alamiro Velludo. *A responsabilidade subjetiva na improbidade administrativa*: um debate pela perspectiva penal. Tese de Doutorado. Universidade de São Paulo, São Paulo, 2018. p. 258; e AGRA, Walber de Moura. *Comentários sobre a Lei de Improbidade Administrativa*. 2. ed. Belo Horizonte: Fórum, 2019. p. 150.

[17] Natureza predominantemente cível: MORAES, Alexandre de. *Constituição do Brasil interpretada*. 2. ed. São Paulo: Atlas, 2003; GARCIA, Emerson; ALVES, Rogério Pacheco. *Improbidade administrativa*. Rio de Janeiro: Lumen Juris, 2010. p. 525; MARTINS JÚNIOR, Wallace Paiva. *Probidade administrativa*. 4. ed. São Paulo: Saraiva, 2009. p. 329; CARVALHO, Matheus. *Manual de Direito administrativo*. 3. ed. rev. ampl. e atual. Salvador: JusPodvim, 2016. p. 936.

Segundo Fábio Medina Osório, a improbidade é uma categoria de ilícito que traduz o último instrumento punitivo no Direito Administrativo Sancionador brasileiro. Segundo o autor, a configuração da improbidade exige a violação de deveres públicos em níveis especialmente altos e intensos, de modo que o agente ímprobo deve ser afastado da Administração Pública por perder a "honra de servir ao coletivo" ou "como mínimo, impondo-lhe sanção que vá além da mera reparação de danos".[18]

1.2 A Nova Lei de Improbidade e os princípios constitucionais do direito administrativo sancionador: quais princípios?

Percebe-se que Medina Osório insere a condenação de atos de improbidade administrativa dentro do sistema de sanções administrativas, mesmo considerando que seja ato emanado do Poder Judiciário. O fator de distinção, dentro da sua linha, não é o órgão competente para processar e punir, mas a área do Direito Material que disciplina as infrações e sanções descritas. Segundo seu entendimento, a sanção administrativa seria

> (...) um mal ou castigo, porque tem efeitos aflitivos, com alcance geral e potencialmente pro futuro, imposto pela Administração Pública, materialmente considerada, pelo Judiciário ou por corporações de direito público, a um administrado, jurisdicionado, agente público, pessoa física ou jurídica, sujeitos ou não a especiais relações de sujeição com o Estado, como consequência de uma conduta ilegal, tipificada em norma proibitiva, com uma finalidade repressora ou disciplinar, no âmbito de aplicação formal e material do Direito Administrativo.[19]

A posição de Osório de colocar a improbidade administrativa como ilícito administrativo é contestada pela doutrina. Há quem defenda que somente a Administração Pública pode aplicar a sanção administrativa, não havendo como ignorar o fato de o Poder Judiciário

---

[18] OSÓRIO, Fábio Medina. Conceito de improbidade administrativa. *JUS*, Belo Horizonte, a. 43, n. 26, p. 23-51, jan./jun. 2012. p. 48-49.

[19] OSÓRIO, Fábio Medina. *Direito administrativo sancionador*. 5. ed. São Paulo: Revista dos Tribunais, 2015. p. 106-107.

processar e julgar os atos de improbidade administrativa.[20] Contudo, após a exigência expressa de interpretar a Lei de Improbidade Administrativa conforme os "princípios constitucionais do direito administrativo sancionador" (§4º do art. 1º da Lei nº 8.429/1992), reconhece-se que essa discussão não possui efeitos práticos.

A dificuldade, no entanto, é saber quais são esses princípios, os quais não foram especificados pelo legislador no §4º do art. 1º da Lei de Improbidade Administrativa. Percebe-se que há uma corrente garantista e uma corrente pragmática quando se analisa a doutrina do Direito Administrativo Sancionador.

A *corrente garantista* pode ser melhor explicitada pela obra de Alice Voronoff, chamada "Direito administrativo sancionador no Brasil: justificação, interpretação e aplicação". Analisando a obra de Medina Osório e de outros administrativistas sobre Direito Administrativo Sancionador, Voronoff lista as seguintes características: (1) discurso teórico que prega a transposição de garantias e princípios do direito penal ao direito administrativo sancionador, havendo forte influência por autores do direito espanhol (García de Enterría e Tomás-Rámon Fernández), notadamente ao interpretar o art. 25 da Constituição Espanhola de 1978;[21] (2) enfoque usualmente conceitual e formalista, porquanto tais obras priorizam temas como a definição da sanção administrativa, sua anatomia, princípios aplicáveis e causas de exclusão da punição; (3) filiação teórica dos autores administrativistas à tese do *ius puniendi* único do Estado, para dela se extrair a distinção apenas formal entre ilícitos e sanções penais e administrativos; (4) um desacordo semântico e teórico importante em torno da definição de sanção administrativa (como um *mal*, um *castigo*, uma *medida*

---

[20] É a posição, por exemplo, de Fernando Gaspar Neisser (NEISSER, Fernando Gaspar; SALVADOR NETTO, Alamiro Velludo. *A responsabilidade subjetiva na improbidade administrativa*: um debate pela perspectiva penal. Tese de Doutorado. Universidade de São Paulo, São Paulo, 2018. p. 256). Alice Voronoff, embora não faça menção direta aos atos de improbidade, exclui do âmbito de incidência do Direito Administrativo Sancionador os ilícitos julgados pelo Poder Judiciário. Segundo a autora: "Para além das diferenças mais evidentes derivadas do aspecto funcional estático (ou seja, do fato de se tratar de competência da Administração Pública, e não do Poder Judiciário), há exigências atreladas ao aspecto funcional dinâmico que tornam o exercício do *ius puniendi* pela Administração peculiar em relação ao penal" (VORONOFF, Alice. *Direito Administrativo sancionador no Brasil*. 1. ed. Belo Horizonte: Fórum, 2018. p. 119).

[21] De acordo com o art. 25 da Constituição Espanhola de 1978: 1. Ninguém pode ser condenado ou sancionado por ações ou omissões, caso não se configurem como delito, falta ou infração administrativa, no momento de sua produção, de acordo com a legislação vigente naquele instante.

aflitiva, uma *situação desfavorável*); do que seja ou não objeto do direito administrativo sancionador (como as medidas ressarcitórias e de poder de polícia); e dos fins perquiridos pelas sanções nessa seara (*preventivos, ressarcitórios, punitivos, repressivos, disciplinares*). O indivíduo e o desvalor ético-social de sua ação são o foco dessa corrente.[22] Justamente por não criarem uma linha rígida entre a sanção administrativa e a sanção penal, os adeptos dessa corrente tendem a transpor garantias e princípios do direito penal a outras áreas do direito público com muita naturalidade.

É possível visualizar que a corrente garantista privilegiaria princípios como: (a) legalidade (art. 5º, II e XXXIX); (b) tipicidade da infração (art. 37); (c) princípio da irretroatividade, salvo para beneficiar o réu (art. 5º, XL); (d) pessoalidade da pena (art. 5º, XLV); (e) individualização da pena (art. 5º, XLVI); (f) presunção de inocência (art. 5º, LVII), (g) devido processo legal (art. 5º, LIV); (h) contraditório e ampla defesa (art. 5º, LV); i) razoabilidade e proporcionalidade (art. 1º e art. 5º, LIV).[23]

A *corrente pragmática* pode ser vista a partir de uma análise externa à obra de Alice Voronoff, corrente em que essa autora pode ser inserida. A matriz dessa corrente não se localiza no direito europeu, mas no direito estadunidense, influenciado pela Escola Econômica de Chicago e a Escola de Virgínia, notadamente por autores como Ronald Coase, Guido Calabresi, Gary Becker e Richard A. Posner. Cuida-se de um direito público pragmático, empirista e descrente na centralidade do direito como chave de interpretação da vida econômica, política e social.[24] Essa corrente não se despe totalmente de princípios, conceitos,

---

[22] Segundo a autora, fazem parte da corrente de autores de Direito Administrativo que defendem o *ius puniendi* único do Estado: Heraldo Garcia Vitta, Regis Fernandes de Oliveira, Daniel Ferreira, Rafael Munhoz de Mello e Fábio Medina Osório. (VORONOFF, Alice. *Direito Administrativo sancionador no Brasil*. 1. ed. Belo Horizonte: Fórum, 2018. p. 53-80; 312).

[23] Nesse sentido: OSÓRIO, Fábio Medina. Conceito de improbidade administrativa. *JUS*, Belo Horizonte, a. 43, n. 26, p. 23-51, jan./jun. 2012. p. 43; JUSTEN FILHO, Marçal. *Reforma da lei de improbidade administrativa comentada e comparada*: Lei nº 14.230, de 25 de outubro de 2021. 1. ed. Rio de Janeiro: Forense, 2022. (Versão eletrônica não paginada); e NEVES, Daniel Amorim Assumpção; OLIVEIRA, Rafael Carvalho Rezende. *Comentários à reforma da lei de improbidade administrativa*: Lei nº 14.230, de 25.10.2021 comentada artigo por artigo. 1. ed. Rio de Janeiro: Forense, 2021. v. 1, p. 144.

[24] Cuida-se de um novo estilo do direito administrativo brasileiro, segundo José Vicente Santos de Mendonça. Fonte: MENDONÇA, José Vicente Santos de. A verdadeira mudança de paradigmas do direito administrativo brasileiro: do estilo tradicional ao novo estilo. *Revista de Direito Administrativo*, v. 265, p. 179-198, 2014.

categorizações típicas do Direito Público, nem rejeita por completo os institutos do Direito Penal – ela apenas não lhes dá o mesmo protagonismo da corrente garantista.

O diferencial dessa corrente diz respeito ao esforço de justificar as sanções administrativas não com base no indivíduo punido nem em valores ético-sociais, mas sim nos objetivos traçados pela Administração pública e nos resultados esperados em determinado setor. Escolhe-se o esquema sancionatório que evita de forma mais eficiente os impactos contrários aos objetivos de interesse público definidos no ordenamento jurídico. Dá-se muita importância ao aspecto econômico do esquema sancionatório, visando produzir incentivos que, consideradas as peculiaridades de cada setor de sua aplicação, promovam a conformação das condutas esperadas e desejadas pelo ordenamento jurídico.[25] Os estudiosos que se encontram nessa corrente geralmente utilizam estudos empíricos para justificar e criticar determinados esquemas punitivos no Direito Público.[26]

Possivelmente, a corrente pragmática privilegiaria valores referentes aos resultados das políticas públicas, como, por exemplo: (a) os objetivos fundamentais da República (art. 3º), ao buscar desestimular comportamentos contrários a uma política pública (ex.: desenvolvimento nacional e erradicação da pobreza); (b) eficiência (art. 37),

---

[25] Segundo Alice Voronoff, há diferenças estruturais entre a sanção penal e a sanção administrativa: "As estruturas normativas em cada um desses campos são claramente distintas. No direito penal, o indivíduo e o desvalor ético-social de sua ação são o foco. Daí o manejo de uma técnica legislativa pautada neles; direta e individualizada. Já no direito administrativo, lida-se com esquemas sancionatórios que precisam ser dinâmicos. Eles geralmente respondem a demandas variáveis e urgentes da sociedade, em regra dissociadas de um juízo de desvalor ético-social (como as exigências sanitárias e de segurança a serem observadas por supermercados e lanchonetes e a forma de ocupação das calçadas da cidade). As infrações e sanções devem ser vistas como técnicas de regulação voltadas a promover a adequação da conduta dos particulares. Já no direito administrativo, lida-se com esquemas sancionatórios que precisam ser dinâmicos. no direito administrativo sancionador, especialmente no campo da regulação econômico-social, os tipos são usualmente indiretos, i.e., fixados por remissão a outros atos normativos" (VORONOFF, Alice. *Direito Administrativo sancionador no Brasil*. 1. ed. Belo Horizonte: Fórum, 2018. p. 218-219).

[26] Textos dessa linha de argumentação: MENDONÇA, José Vicente Santos de; CANETTI, Rafaela Coutinho. Corrupção para além da punição: aportes da economia comportamental. *Revista de Direito Econômico e Socioambiental*, v. 10, p. 104-125, 2019; SUNDFELD, Carlos Ari; KANAYAMA, Ricardo Alberto. A promessa que a Lei de Improbidade Administrativa não foi capaz de cumprir. *Escola da AGU – Direito, Gestão e Democracia*, v. 12, p. 409-426, 2020; VORONOFF, Alice. *Direito Administrativo sancionador no Brasil*. 1. ed. Belo Horizonte: Fórum, 2018; VORONOFF, Alice Bernardo. Direito administrativo sancionador: um olhar pragmático a partir das contribuições da análise econômica do direito. *Revista de Direito Administrativo*, v. 278, p. 107-140, 2019.

avaliando o custo-benefício do esquema sancionatório em face de outras alternativas; e (c) princípios gerais da ordem econômica do art. 170 (ex.: defesa do consumidor). Princípios constitucionais implícitos como segurança jurídica e proteção da confiança legítima também poderiam ser considerados.[27]

Percebe-se, logo, a abstração da norma que prevê a observância dos "princípios constitucionais do direito administrativo sancionador". Antes de abordar a possibilidade de as normas benéficas da Lei nº 14.230/2021 retroagirem em favor dos acusados, deve-se alertar para utilização indiscriminada das doutrinas de Direito Administrativo Sancionatório. Isso porque não existe um consenso doutrinário sobre qual seria o objeto e a função dessa área de estudo, podendo abranger quaisquer áreas do direito que envolvam sanções punitivas não penais impostas pelo Poder Estatal: tributário, financeiro, regulação, trânsito, meio ambiente, licitações e contratações públicas etc.

É evidente que a improbidade administrativa não deve seguir a mesma moldura normativa do direito ambiental e do direito de trânsito, cujas normas possuem justicativas em estudos de biologia (entre outros) e em engenharia de trânsito, respectivamente. Autores de diferentes correntes de direito administrativo sancionador reconhecem essas diferenças ao mencionarem as distinções de relações jurídicas envolvidas.[28] Segundo Voronoff, "há dúvidas quanto à possibilidade de se encontrar unidade nessa heterogeneidade".[29] Deve-se, portanto, dar a maior deferência possível às regras e princípios próprios de cada setor regulado, evitando-se a insegurança jurídica e a incoerência sistêmica.

---

[27] Considerando esses princípios como "subprincípios" do Estado de Direito, o STF limitou o poder punitivo do Tribunal de Contas da União, fixando a seguinte tese: "Em atenção aos princípios da segurança jurídica e da confiança legítima, os Tribunais de Contas estão sujeitos ao prazo de 5 (cinco) anos para o julgamento da legalidade do ato de concessão inicial de aposentadoria, reforma ou pensão, a contar da chegada do processo à respectiva Corte de Contas" (RE nº 636553, Relator(a): GILMAR MENDES, Tribunal Pleno, julgado em 19.02.2020 em regime de repercussão geral, p. 26.05.2020).

[28] Fábio Medina Osório defende que os princípios protetivos devem incidir de maneiras distintas, conforme a relação jurídica em jogo, havendo oscilações de tratamento conforme as garantias e direitos em jogo (OSÓRIO, Fábio Medina. *Direito administrativo sancionador.* 5. ed. São Paulo: Revista dos Tribunais, 2015. p. 219-220). Alice Voronoff, por sua vez, defende a institucionalização de modelos dinâmicos de sanção adaptados às relações administrativas tratadas (VORONOFF, Alice. *Direito Administrativo sancionador no Brasil.* 1. ed. Belo Horizonte: Fórum, 2018. p. 315).

[29] VORONOFF, Alice. *Direito Administrativo sancionador no Brasil.* 1. ed. Belo Horizonte: Fórum, 2018. p. 47.

2 É possível a retroatividade das normas mais benéficas no campo da improbidade?

A Constituição Federal determina uma regra geral que proíbe o efeito retroativo da lei nova. O art. 5º, inc. XXXVI, fixa que "a lei não prejudicará o direito adquirido, o ato jurídico perfeito e a coisa julgada". Segundo Marçal Justen Filho, a vedação à retroatividade da lei nova é uma decorrência da própria legalidade. A qualificação jurídica da conduta toma como parâmetro a legislação vigente à época, ressaltando que alterações subsequentes não podem disciplinar os fatos pretéritos, sob pena de destruição da ordem jurídica.[30] Entretanto, o art. 5º, inc. XL, da CF/88, determina que "a lei penal não retroagirá, salvo para beneficiar o réu".

Defende-se que a retroatividade benéfica das normas da Nova Lei de Improbidade Administrativa encontraria argumentos garantistas e pragmáticos, conforme será analisado a seguir. Citam-se, primeiramente, os argumentos contrários a tal interpretação.

Segundo a orientação nº 12/5ª da 5ª Câmara de Coordenação e Revisão do Ministério Público Federal, há razões de cunho substancial e formal para não aceitar retroatividade automática de novas normas mais benéficas.[31]

A razão substancial seria que a retroatividade automática de novas normas mais benéficas seria obstada pela "vedação ao retrocesso no enfrentamento de condutas ímprobas ou práticas corruptivas" e atentaria "ao princípio da moralidade administrativa", que são valores tutelados pelo §4º do art. 37 da Constituição.

A razão formal diria respeito ao silêncio da Lei nº 14.230/2021 em relação à retroatividade de suas normas, exigindo "a continuidade típica do ilícito, seja na própria Lei nº 8.429, seja à luz do artigo 37 – §4º da CF".

Outros argumentos contrários dizem respeito à tese da não retroatividade benéfica no direito administrativo sancionador em si,

---

[30] JUSTEN FILHO, Marçal. *Reforma da lei de improbidade administrativa comentada e comparada*: Lei nº 14.230, de 25 de outubro de 2021. 1. ed. Rio de Janeiro: Forense, 2022. (Obra eletrônica não paginada).

[31] BRASIL. Ministério Público Federal. 5ª Câmara de Coordenação e Revisão – Combate à Corrupção. *Orientação nº 12/5ª CCR*. Assunto: Diretrizes iniciais sobre a Lei nº 14.230, de 25 de outubro de 2021, que alterou a Lei nº 8.429, de 2 de junho de 1992, que dispõe sobre improbidade administrativa. Brasília, 12 de novembro de 2021.

defuida por Rafael Munhoz de Mello[32] e pela Advocacia-Geral da União.[33] No caso, esses posicionamentos se alinham à razão formal citada pela orientação do MPF, fundamentando-se em uma leitura literal do art. 6º da Lei de Introdução às Normas do Direito Brasileiro (LINDB)[34] para defender a incidência, sem exceções, do princípio *tempus regit actum*.

2.1 Retroatividade benéfica e Direito Penal

Percebe-se que a orientação do Ministério Público Federal trata o combate de atos de improbidade e atos de corrupção de forma indistinta, utilizando-se igualmente do princípio da moralidade administrativa como preceito que afastaria a retroatividade benéfica. No entanto, o conceito técnico de corrupção necessariamente exige a presença, dentre outros fatores, de: (1) existência de uma vantagem indevida; e que (2) esta vantagem esteja relacionada à busca de interesses próprios do agente que comete o ato ilícito. A presença de atos de corrupção somente é percebida no art. 9º da Lei de Improbidade Administrativa (tipos de enriquecimento ilícito), cujo *caput* descreve ato doloso que busca obter "qualquer tipo de vantagem patrimonial indevida". Nota-se que algumas sanções para atos de enriquecimento ilícito se tornaram ainda mais severas com a Nova Lei (art. 12, I).[35]

---

[32] MELLO, Rafael Munhoz de. *Princípios Constitucionais de Direito Administrativo Sancionador.* São Paulo: Malheiros, 2017. p. 155.

[33] Advocacia-Geral da União, Parecer nº 028/2015/DEPCONSU/PGF.

[34] Art. 6º da Lei de Introdução de Normas de Direito Brasileiro: "A Lei em vigor terá efeito imediato e geral, respeitados o ato jurídico perfeito, o direito adquirido e a coisa julgada".

[35] Fazendo uma comparação, percebe-se que somente a multa civil se tornou mais branda. As restrições de direito se tornaram mais severas. Inciso revogado do art. 12: "I – na hipótese do art. 9º, perda dos bens ou valores acrescidos ilicitamente ao patrimônio, ressarcimento integral do dano, quando houver, perda da função pública, *suspensão dos direitos políticos de oito a dez anos*, pagamento de multa civil de até três vezes o valor do acréscimo patrimonial e proibição de contratar com o Poder Público ou receber benefícios ou incentivos fiscais ou creditícios, direta ou indiretamente, ainda que por intermédio de pessoa jurídica da qual seja sócio majoritário, pelo prazo de dez anos; [...]". Inciso novo do art. 12: "I – na hipótese do art. 9º desta Lei, perda dos bens ou valores acrescidos ilicitamente ao patrimônio, perda da função pública, *suspensão dos direitos políticos até 14 (catorze) anos*, pagamento de multa civil equivalente ao valor do acréscimo patrimonial e proibição de contratar com o poder público ou de receber benefícios ou incentivos fiscais ou creditícios, direta ou indiretamente, ainda que por intermédio de pessoa jurídica da qual seja sócio majoritário, pelo prazo não superior *a 14 (catorze) anos*; [...]". Adverte-se que o ressarcimento ainda é previsto na Nova Lei em diversos dispositivos, como o próprio art. 18.

As mudanças mais significativas foram a retirada da modalidade culposa no artigo 10 (atos de lesão ao erário) e a limitação do alcance do artigo 11 (atos atentatórios aos princípios), que não preveem atos de corrupção.

No tocante ao argumento formal de omissão legislativa e *tempus regit actum* (art. 6º da LINDB), cabe ressaltar que as sanções de improbidade administrativa são muito próximas das sanções criminais, motivo pelo qual requer-se igualmente uma aproximação das garantias do direito penal. Crime e improbidade são fenômenos jurídicos consideravelmente próximos.[36] Nesse sentido, a retroatividade de norma sancionatória benéfica prevista no artigo 9º do Pacto de São José de Costa Rica não diferencia entre condenações penais e condenações de outra natureza.[37]

Os tipos de sanções previstos na Lei nº 8.429/1992 possuem mais aderência ao Direito Penal do que à prática vista no Direito Civil. Segundo Fernando Gaspar Neisser,

> se não se pode dizer que todas as sanções criminais encontram paralelo no caso das improbidades administrativas, em razão da ausência de previsão da pena privativa de liberdade, em sentido contrário há plena correlação: determinação do ressarcimento dos danos, perda de bens objeto do ilícito, multa, proibição de exercer direitos, perda de cargo ou mandato, suspensão de direitos políticos e inelegibilidade – todas as sanções vinculadas às improbidades administrativas – podem ser aplicadas em uma ação penal.[38]

---

[36] Segundo Fernando Gaspar Neisser: "Crime e improbidade são fenômenos jurídicos impressionantemente próximos. Assim, as âncoras fincadas fazem concluir que o modelo intermediário da improbidade administrativa há de estar tão próximo quanto possível daquele próprio do Direito Penal. A ancoragem do modelo intermediário em ponto mais próximo ao Direito Penal representa a adoção de um conjunto de garantias do qual não se pode abrir mão em um Estado Democrático de Direito". (NEISSER, Fernando Gaspar; SALVADOR NETTO, Alamiro Velludo. *A responsabilidade subjetiva na improbidade administrativa*: um debate pela perspectiva penal. Tese de Doutorado. Universidade de São Paulo, São Paulo, 2018. p. 260).

[37] Segundo o artigo 9º do Pacto de São José de Costa Rica (promulgado pelo Decreto nº 678/1992): "Ninguém pode ser condenado por ações ou omissões que, no momento em que forem cometidas, não sejam delituosas, de acordo com o direito aplicável. Tampouco se pode impor pena mais grave que a aplicável no momento da perpetração do delito. Se depois da perpetração do delito a lei dispuser a imposição de pena mais leve, o delinquente será por isso beneficiado".

[38] NEISSER, Fernando Gaspar; SALVADOR NETTO, Alamiro Velludo. *A responsabilidade subjetiva na improbidade administrativa*: um debate pela perspectiva penal. Tese de Doutorado. Universidade de São Paulo, São Paulo, 2018. p. 259.

Há alguns tipos sancionatórios que reforçariam os argumentos dos administrativistas que defendem o *ius puniendi* único do Estado, ou seja, o argumento segundo o qual a diferença entre a sanção penal e a sanção administrativa é mera escolha do legislador.

Cita-se, por exemplo, o revogado inciso II do art.11 da Lei nº 8.429/2012, que tipificava como ato e improbidade administrativa: "Retardar ou deixar de praticar, indevidamente, ato de ofício". Compara-se agora com a hipótese descrita no crime de prevaricação do artigo 319 do Código Penal: "Retardar ou deixar de praticar, indevidamente, ato de ofício, ou praticá-lo contra disposição expressa de lei, para satisfazer interesse ou sentimento pessoal". A primeira parte da hipótese descrita no tipo penal é idêntica àquela do tipo de improbidade. Por último, observa-se a infração administrativa descrita no inciso IV do art. 117 da Lei nº 8.112/1990 (Estatuto dos Servidores Federais): "Ao servidor é proibido [...] opor resistência injustificada ao andamento de documento e processo ou execução de serviço". Um tipo infracional bastante semelhante aos anteriores.[39]

É necessário que sejam comparadas as sanções do tipo de improbidade com o tipo penal e com a infração disciplinar. Adverte-se que o ressarcimento do dano é uma consequência da ilicitude de determinado ato, independe da configuração do ato de improbidade (art. 21 da Lei nº 8.429/1992) e possui fundamento diverso (§5º da Constituição). Logo, o ressarcimento é uma consequência possível do ato de improbidade e não uma sanção. Citam-se as possíveis sanções e consequências:

---

[39] Percebe-se que o resultado imediato de "opor recusa injustificada" é "retardar ou deixar de praticar indevidamente", enquanto que "andamento de documento e processo ou execução de serviço" deve ser entendido como "ato de ofício" de competência do servidor público. Daí parte a semelhança.

Sanções e consequências para "retardar ou deixar de praticar, indevidamente, ato de ofício"	
Improbidade Artigo 11, II (revogado), da Lei nº 8.429/2012 Elemento subjetivo Dolo (Dolo genérico – STJ)[40]	Ressarcimento integral do dano, se houver, perda da função pública, suspensão dos direitos políticos de três a cinco anos, pagamento de multa civil de até cem vezes o valor da remuneração percebida pelo agente e proibição de contratar com o Poder Público ou receber benefícios ou incentivos fiscais ou creditícios, direta ou indiretamente, ainda que por intermédio de pessoa jurídica da qual seja sócio majoritário, pelo prazo de três anos. (art. 12, I, da Lei nº 8.429/2012 – revogado).
Crime Artigo 319 do Código Penal Elemento subjetivo Dolo específico (art. 18, I, do Código Penal)	– Ressarcimento integral do dano, se houver (art. 91, I, do Código Penal) – Detenção, de três meses a um ano, e multa (art. 319 do Código Penal). – Suspensão de direitos políticos de três meses a um ano (artigo 15, III, da Constituição)
Sanção disciplinar federal Artigo 117, IV da Lei nº 8.112/1990 Elemento subjetivo Dolo ou culpa	– Ressarcimento integral do dano, se houver (arts. 121 e seguintes da Lei nº 8.112/1990) – Advertência em regra (art. 129 da Lei nº 8.112/1990), salvo reincidência ou necessidade de punição mais grave (art. 130)

Fonte: Elaborado pelos Autores.

---

[40] Nos casos do artigo 11 da Lei de Improbidade, a Primeira Seção do Superior Tribunal de Justiça unificou a tese de que o elemento subjetivo necessário para caracterizar a improbidade é o dolo genérico, ou seja, a vontade de realizar ato que atente contra os princípios da administração pública. Assim, não era necessária a presença de dolo específico, com a comprovação da intenção do agente (REsp nº 951.389/SC, Rel. Ministro Herman Benjamin, Primeira Seção, julgado em 09.06.2010, DJe 04.05.2011). O dolo genérico foi expressamente afastado pelo §2º do art. 1º da Lei de Improbidade, adicionado pela Lei nº 14.230/2021. Segundo o novo dispositivo: "Considera-se dolo a vontade livre e consciente de alcançar o resultado ilícito tipificado nos arts. 9º, 10 e 11 desta Lei, não bastando a voluntariedade do agente".

Nota-se, logo, que as sanções mais gravosas são aquelas impostas pelo dispositivo revogado da Lei de Improbidade, não obstante o tipo penal preveja pena privativa de liberdade. Primeiro: o elemento subjetivo do tipo revogado de improbidade (dolo genérico) era menos rigoroso que o do tipo penal (dolo específico). Por outro lado, somente o regime de improbidade administrativa não prevê benefícios aos infratores primários ou não reincidentes específicos, sendo que essa qualidade pode manter o apenado longe do cárcere,[41] principalmente no caso de crime com pena branda como o de prevaricação. É provável ainda que o condenado por prevaricação sequer cumpra pena privativa de liberdade. Segundo: a suspensão dos direitos políticos é bem menos gravosa na condenação criminal. Terceiro: não há previsão de proibição de contratar com o Poder Público ou receber benefícios ou incentivos fiscais ou creditícios para o crime de prevaricação. Por último, deve-se ressaltar que há um distanciamento claro de intensidade da punição em relação ao tipo infracional disciplinar da Lei Federal nº 8.112/1990.

Percebe-se a abstração e a moldura aberta da hipótese de improbidade fundada em "retardar ou deixar de praticar, indevidamente, ato de ofício", fornecendo espaço para ampla interpretação por parte dos órgãos de fiscalização. No caso dos tipos revogados dos artigo 11 da Lei de Improbidade, há razão para Fábio Medina Osório afirmar que "as sanções aplicadas seriam muito próximas do Direito Penal", enquanto que "os poderes das instituições fiscalizadoras aparentemente seriam do mesmo porte daquelas que julgam crimes de responsabilidade, no que diz respeito à extensão política e discricionária".[42] Não são, portanto, infundadas as tentativas de aproximação de tratamento entre normas de improbidade administrativa e normas de direito penal.

Na doutrina administrativista ecoam vozes em favor da retroatividade benéfica da Lei nº 14.230/2021, cujos argumentos são explicitamente retirados de normas de Direito Penal.[43] Em relação à

---

[41] A pena para o crime de prevaricação não supera o teto de um ano de detenção e pode ser executada em regime aberto (§2º, 'c', art. 44, do CP). Deve-se considerar ainda que, no Código Penal, o réu primário possui uma série de benefícios, que vai desde o regime de cumprimento (art. 33) à obtenção de benefícios como redução de pena (§2º do art. 155), substituição por pena restritiva de direito (art. 44), suspensão condicional da pena (art. 77, I), livramento condicional (art. 83) etc.

[42] OSÓRIO, Fábio Medina. Conceito de improbidade administrativa. *JUS*, Belo Horizonte, a. 43, n. 26, p. 23-51, jan./jun. 2012. p. 29.

[43] Nesse sentido, estão Fábio Medina Osório, Rafael Carvalho de Oliveira e Marçal Justen Filho: JUSTEN FILHO, Marçal. *Reforma da lei de improbidade administrativa comentada e*

jurisprudência, há um considerável número de precedentes do Superior Tribunal de Justiça aplicando a retroatividade benéfica de leis de normas punitivas fundamentadas no Direito Administrativo Sancionador.[44] O Ministro Alexandre de Morais expressamente admitiu a aplicação do direito administrativo sancionador nas ações de improbidade no julgamento de admissão de repercussão geral no recurso extraordinário com agravo nº 1.175.650/PR.[45]

Em relação à omissão legislativa, ressalta-se que a própria Comissão de Constituição, Justiça e Cidadania (CCJ) do Senado Federal resguardou especificamente a questão da retroatividade das novas normas ao rejeitar a emenda nº 40.[46] Resta saber quais são os argumentos pragmáticos para a retroatividade benéfica das normas.

2.2 Segurança jurídica e Administração Pública

Embora não trate especificamente de improbidade administrativa em sua obra, Alice Voronoff é contra a transposição de forma acrítica de garantias penais para o âmbito do poder sancionatório da Administração Pública. A autora critica a aplicação automática do princípio da retroatividade da lei penal mais benéfica (art. 5º, inciso XL)

---

comparada: Lei nº 14.230, de 25 de outubro de 2021. 1. ed. Rio de Janeiro: Forense, 2022; NEVES, Daniel Amorim Assumpção; OLIVEIRA, Rafael Carvalho Rezende. *Comentários à reforma da lei de improbidade administrativa*: Lei nº 14.230, de 25.10.2021 comentada artigo por artigo. 1. ed. Rio de Janeiro: Forense, 2021. v. 1; OSÓRIO, Fábio Medina. Retroatividade da Nova Lei de Improbidade Administrativa. *Migalhas*, 01 nov. 2021. Disponível em: https://www.migalhas.com.br/depeso/354112/retroatividade-da-nova-lei-de-improbidade-administrativa. Acesso em 15 nov. 2021.

[44] RMS nº 24.559/PR, Rel. Ministro Napoleão Nunes Maia Filho, Quinta Turma, julgado em 03.12.2009, *DJe* 01.02.2010; RMS nº 37.031/SP, Rel. Ministra Regina Helena Costa, primeira turma, julgado em 08.02.2018, *DJe* 20.02.2018; REsp nº 1402893/MG, Rel. Ministro Sérgio Kukina, primeira turma, julgado em 11.04.2019, *DJe* 22.04.2019; REsp nº 1153083/MT, Rel. Ministro Sérgio Kukina, Rel. p/ Acórdão Ministra Regina Helena Costa, primeira turma, julgado em 06.11.2014, *DJe* 19.11.2014.

[45] Segundo o seu voto: "É fato que o direito penal e o direito administrativo sancionador (que, registre-se, abarca a Improbidade Administrativa) têm enfrentado, nas últimas décadas, importante influência do direito comparado por intermédio da admissão de inúmeros institutos fundamentais ao enfrentamento da corrupção: colaboração premiada; acordo de leniência; infiltração de agente público; flagrante retardado e entre outros".

[46] Segundo o relator do PL: "A Emenda nº 40, do Senador Dário Berger, propõe a inclusão de artigo, onde couber, no Projeto de Lei nº 2.505, de 2021, para que as alterações dadas pela presente proposição se apliquem desde logo em benefício dos réus. Rendendo homenagens ao Senador Dário Berger, deixo de acolher a proposta tendo em vista que já é consolidada a orientação de longa data do Superior Tribunal de Justiça, na linha de que, 'considerando os princípios do Direito Sancionador, a *novatio legis in mellius* deve retroagir para favorecer o apenado'".

ao campo administrativo, porquanto não estariam presentes as razões humanitárias que justificariam, no direito penal, um regramento geral nesse sentido. Em sua visão, a segurança jurídica poderia justificar o afastamento de regimes sancionatórios circunstancialmente mais gravosos, mas não a garantia oriunda do direito penal.[47]

Considerando que o indivíduo sujeito à punição não é mais o foco, seria tratada a segurança jurídica de quê exatamente? A segurança jurídica para a Administração Pública ou, em outras palavras, a segurança e estabilidade dos atos administrativos e atos de gestão em geral?

A Lei de Improbidade Administrativa, em sua redação original (Lei nº 8.429/1992), possuía a expectativa de virar o jogo na luta contra a corrupção e a má gestão, conferindo grande discricionariedade aos órgãos de acusação e aos órgãos julgadores, por meio de tipificação flexível de infrações e imposição de sanções. Com pouca efetividade na busca pela gestão pública honesta e eficiente, o efeito da lei foi o de paralisar a Administração Pública (o famoso "apagão das canetas") com gestores primando por sua segurança pessoal e decidindo pouco. Segundo Carlos Ari Sundfeld e Ricardo Kanayama, entre 2010 e 2015, impressionantes 27% dos orçamentos dos municípios do Estado de São Paulo ficaram sem execução.[48]

Eduardo Jordão destaca uma situação de "administrador assombrado pelo controlador", "gestores perplexos" e "direito administrativo do inimigo". Aponta ainda as decorrências preocupantes deste cenário: (i) a resistência da mão de obra mais qualificada de atuar no setor público; (ii) a atração para esses postos principalmente de indivíduos propensos a riscos; (iii) a resistência dos gestores a inovações e a atuações que fujam do cotidiano burocrático, entre outras.[49]

Destaca-se a pesquisa realizada por Ricardo Kanayama, que fez um diagnóstico de 353 acórdãos proferidos pelo Tribunal de Justiça de São Paulo (TJSP), em sede de ações de improbidade administrativa,

---

[47] No caso, a autora tratava de sanções cabíveis aos agentes econômicos do segmento de saúde suplementar regulamentadas por Medida Provisória (Medida Provisória nº 2.177-44/2001). Fonte: VORONOFF, Alice. *Direito Administrativo sancionador no Brasil*. 1. ed. Belo Horizonte: Fórum, 2018. p. 237.

[48] SUNDFELD, Carlos Ari; KANAYAMA, Ricardo Alberto. A promessa que a Lei de Improbidade Administrativa não foi capaz de cumprir. *Escola da AGU – Direito, Gestão e Democracia*, v. 12, p. 409-426, 2020. p. 412.

[49] JORDÃO, Eduardo. Art. 22 da LINDB-Acabou o romance: reforço do pragmatismo no direito público brasileiro. *Revista de Direito Administrativo*, p. 63-92, 2018. p. 69.

entre o período de 26 de outubro de 2017 a 25 de outubro de 2018. Destacam-se algumas conclusões a que chegaram o autor: (1) O artigo 11 da LIA é um "tipo curinga" de improbidade, sendo usado quando não há prova do enriquecimento ilícito nem do dano ao erário; (2) houve um alto número de decisões condenatórias que usaram os princípios de maneira genérica, isto é, que afirmaram, genericamente, que a conduta do agente havia violado os princípios da Administração; e (3) a forte presença de raciocínios que se equiparam à presunção de dolo na conduta, aproximando-se, assim, do que seria a responsabilização objetiva do agente público.[50]

Segundo levantamento de 11.607 processos de improbidade administrativa com condenação transitada em julgado feito pelo Instituto "Não aceito corrupção" de maio de 1995 a julho de 2016, as proporções de condenações são: (1) 96,2% diziam respeito às administrações públicas municipais contra 2,7% no âmbito estadual e 1,1% no âmbito federal; (2) 46,2% baseadas no art. 11 da LIA (violação aos princípios), 43,4% baseadas no art. 10 da LIA (lesão ao erário) e 10,4% baseadas no art. 9 da LIA (enriquecimento ilícito).[51] Nota-se a maior intensidade das condenações em desfavor principalmente de prefeitos municipais, que são justamente aqueles mais próximos da população e, consequentemente, os mais aptos a identificarem os problemas locais.

O fundamento para aplicar a norma ulterior menos gravosa estaria fundado na segurança jurídica e uniformidade de tratamento dos gestores que realizaram condutas atípicas, antes ou depois da Lei nº 14.230/2021. Cuida-se de readequar a realidade político-administrativa com os novos parâmetros adotados pelo direito público sancionador – agora mais criterioso e cauteloso com as normas de improbidade administrativa.

Superadas as questões referentes à justificativa, resta perquirir agora sobre quais normas benéficas devem retroagi e como.

---

[50] KANAYAMA, Ricardo Alberto. *Improbidade por violação aos princípios da administração pública*: um diagnóstico da fundamentação das decisões do Tribunal de Justiça de São Paulo. Dissertação (Mestrado em Direito e Desenvolvimento) – Fundação Getúlio Vargas: São Paulo, 2020. p. 221.

[51] INSTITUTO NÃO ACEITO CORRUPÇÃO. *Radiografia das condenações por improbidade administrativa*. 2017. Disponível em: https://www.naoaceitocorrupcao.org.br/_files/ugd/b2b717_af196f5ba95c431c99663a9fc01df625.pdf. Acesso em 13 fev. 2022.

3 O que retroage e como?

Um primeiro cuidado que deve ser ressaltado: o *pedido de reparação de danos contra atos que causam prejuízo ao erário independe da ocorrência da improbidade,* tendo inclusive embasamento normativo independente, como: imprescritibilidade (§5º do art. 37 da CF); ação de regresso (§5º do art. 37 da CF); defesa do patrimônio público (art. 5º, LXXIII, e art. 129, III, da CF); dolo e culpa (art. 186 do Código Civil) etc. Não houve qualquer prejuízo ao dever de indenizar com a nova lei de improbidade administrativa, na medida em que se trata de recomposição patrimonial do Erário, sem que haja natureza sancionatória.[52]

Adverte-se que a improbidade administrativa não possui natureza jurídica de norma penal, sendo a retroatividade da norma mais benéfica neste campo apenas uma construção doutrinária que pode ou não ser confirmada pelos tribunais superiores, sem que haja previsão normativa expressa na Nova Lei de Improbidade. Em razão disso, a construção de esquemas de retroatividade deve ser vista com cautela, independentemente de se assumir uma visão garantista ou pragmática. Tendo isso em mente, deve-se inicialmente separar os dispositivos de natureza processual daqueles de direito material.

3.1 Normas processuais, legitimidade ativa e prescrição

Os dispositivos de natureza processual não se aplicam retroativamente, mas incidem de modo imediato, atingindo os processos em curso. Os eventos processuais consumados não são afetados pela

---

[52] Nesse sentido, João Trindade Cavalcante Filho explica: "Assim, por exemplo, têm eficácia retroativa normas que definem os tipos de improbidade de forma mais fechada, que abrandam sanções, mas não quaisquer regras sobre ressarcimento ao Erário: é que essa medida não tem natureza sancionadora, mas sim de recomposição patrimonial do Estado (indenização); não sendo sanção, regras novas, ainda que para flexibilização do ressarcimento, não significam devolução de valores recolhidos/devolvidos aos cofres públicos" (CAVALCANTE FILHO, João Trindade. *Retroatividade da Reforma da Lei de Improbidade Administrativa (Lei nº 14.230, de 25 de outubro de 2021).* Brasília: Núcleo de Estudos e Pesquisas/CONLEG/Senado, nov. 2021. p. 19. Fernando Gaspar Neisser explica sobre a improcedência da ação de improbidade culposa: "Quando ocorrer o dano ao erário por conduta realizada com culpa inconsciente, é possível a responsabilização civil. Tem-se a improcedência do pedido do autor no que toca à declaração da ocorrência de ato de improbidade administrativa, mas julga-se procedente a parte relativa à determinação da recomposição do erário público" (NEISSER, Fernando Gaspar; SALVADOR NETTO, Alamiro Velludo. *A responsabilidade subjetiva na improbidade administrativa*: um debate pela perspectiva penal. Tese de Doutorado. Universidade de São Paulo, São Paulo, 2018. p. 266).

superveniência da nova Lei, mas esta alcança os atos e fatos processuais a serem verificados em data posterior à sua vigência.[53]

A *legitimidade ativa* para propositura da ação de improbidade, por exemplo, passou a ser exclusiva do Ministério Público, segundo o artigo 17 da Lei nº 8.429/1992. O art. 3º da Lei nº 14.230/2021, por sua vez, prevê que o Ministério Público possui o prazo de 1 (um) ano, a partir da publicação da Lei, para se manifestar nas ações ajuizadas pela Fazenda Pública, sob pena de extinção sem resolução do mérito. A constitucionalidade de tais normas, entretanto, está sendo discutida no âmbito das ADIs nºs 7042/DF e 7043/DF, cuja análise já escaparia do âmbito desse texto.[54]

Já no início de 2022, entretanto, fora concedida parcialmente cautelar pelo Ministro Alexandre de Moraes, *ad referendum* do Plenário da Suprema Corte, para, até julgamento final de mérito: (A) conceder interpretação conforme a Constituição Federal ao caput e §§6º-A, 10-C e 14, do artigo 17 da Lei nº 8.429/1992, com a redação dada pela Lei nº 14.230/2021, no sentido da existência de legitimidade ativa concorrente entre o Ministério Público e as pessoas jurídicas interessadas para a propositura da ação por ato de improbidade administrativa; (B) suspender os efeitos do §20, do artigo 17 da Lei nº 8.429/1992, com a redação dada pela Lei nº 14.230/2021, em relação a ambas as Ações Diretas de Inconstitucionalidade (7042 e 7043); (C) suspender os efeitos do artigo 3º da Lei nº 14.230/2021.

Segundo o Ministro, não é constitucional a previsão de que só o Ministério Público, de forma exclusiva, possa propor esse tipo de ação. Sustentou ainda que impedir que outras instâncias da administração pública proponham ações de improbidade significa conceder "uma espécie de monopólio absoluto do combate à corrupção ao Ministério Público, não autorizado, entretanto, pela Constituição Federal".

Sem entrar no mérito da constitucionalidade, e para a hipótese dessa medida liminar deixar de ser confirmada pelo Plenário do Supremo Tribunal Federal, pondera-se acerca dessa possibilidade de extinção sem resolução do mérito. Inicialmente se adverte que

---

[53] VORONOFF, Alice. *Direito Administrativo sancionador no Brasil.* 1. ed. Belo Horizonte: Fórum, 2018.

[54] A discussão demanda maior aprofundamento, mas se concorda aqui com a inconstitucionalidade da legitimidade exclusiva do Ministério Público, cuja fundamentação gira em torno das seguintes violações: violação ao princípio da vedação ao retrocesso social, ao direito fundamental da probidade administrativa (art. 37, §4º), aos princípios da administração pública (art. 37), do Pacto Federativo (art. 23, I, e arts. 25 e 30).

esse raciocínio aplica-se somente aos casos baseados em ação de improbidade contra pessoas físicas. Ações que pedem sanções contra pessoas jurídicas por atos ímprobos ainda conservam a legitimidade ativa dos entes públicos por conta do art. 19 da Lei Anticorrupção (Lei Federal nº 12.846/2013).[55] Tal lei não foi modificada pela Lei nº 14.230/2021.

No caso das ações ajuizadas contra pessoas físicas, a extinção da ação só poderia acontecer em relação aos pedidos de cominação de sanções previstas no art. 12 da Lei nº 8.429/1992 (suspensão de direitos políticos, multa, perda do cargo etc.), mas não em relação ao pedido de reparação de danos. O STJ, em sentido parecido, já entendeu pelo prosseguimento da demanda para pleitear o ressarcimento do dano ao erário, ainda que sejam declaradas prescritas as demais sanções previstas no art. 12 da Lei nº 8.429/1992 (REsp nº 1899407/DF, Tema Repetitivo 1089).

A *extinção da etapa de defesa preliminar* (nova redação do art. 17) igualmente não se aplica de forma retroativa, desconstituindo a manifestação defensiva já apresentada, porquanto se trata de modificação meramente processual. Tal regra aplica-se, contudo, de forma imediata, mesmo aos processos instaurados antes da Lei nº 14.230/2021, em que não houve ainda a abertura do prazo para essa defesa preliminar.[56]

Os *novos prazos de prescrição e de prescrição intercorrente* adicionadas ao art. 23 da Nova Lei também não retroagem, surtindo efeitos somente a partir da publicação da lei. Não podem, portanto, atingir, retrospectivamente, processos e investigações de atos de improbidade anteriores à Lei.[57] Aplica-se aqui, por analogia, o entendimento do

---

[55] Segundo a norma: "Art. 19. Em razão da prática de atos previstos no art. 5º desta Lei, a União, os Estados, o Distrito Federal e os Municípios, por meio das respectivas Advocacias Públicas ou órgãos de representação judicial, ou equivalentes, e o Ministério Público, poderão ajuizar ação com vistas à aplicação das seguintes sanções às pessoas jurídicas infratoras [...]".

[56] CAVALCANTE FILHO, João Trindade. *Retroatividade da Reforma da Lei de Improbidade Administrativa (Lei nº 14.230, de 25 de outubro de 2021)*. Brasília: Núcleo de Estudos e Pesquisas/CONLEG/Senado, nov. 2021. p. 19.

[57] Art. 23. A ação para a aplicação das sanções previstas nesta Lei prescreve em 8 (oito) anos, contados a partir da ocorrência do fato ou, no caso de infrações permanentes, do dia em que cessou a permanência. [...] §4º O prazo da prescrição referido no caput deste artigo interrompe-se: I – pelo ajuizamento da ação de improbidade administrativa; II – pela publicação da sentença condenatória; III – pela publicação de decisão ou acórdão de Tribunal de Justiça ou Tribunal Regional Federal que confirma sentença condenatória ou que reforma sentença de improcedência; IV – pela publicação de decisão ou acórdão do Superior Tribunal de Justiça que confirma acórdão condenatório ou que reforma acórdão de improcedência; V – pela publicação de decisão ou acórdão do Supremo Tribunal

Supremo Tribunal Federal segundo o qual a lei que estabelece novos prazos prescricionais não poderia retroagir para atingir pretensões materiais já ajuizadas.[58]

3.2 Normas materiais e alteração dos elementos constitutivos do tipo

Segundo Marçal Justen Filho, verifica-se a consagração de norma sancionatória mais benéfica nos casos em que a lei nova altera os elementos constitutivos do tipo ou introduz exigências adicionais para a configuração da ilicitude, especificamente para excluir a ilicitude de certas condutas. A regra superveniente aplica-se de modo retroativo, para alcançar condutas que, até então, eram reputadas como ilícitas. Tais condutas perdem o seu cunho de tipicidade e não mais comportam o tratamento punitivo anteriormente cominado.[59]

Houve alteração do tipo nos seguintes casos: (1) na expressa revogação da improbidade culposa (art. 1º, §§1º, 2º e 3º, e *caput* do art. 10), havendo supressão parcial do elemento subjetivo do tipo; e (2) na limitação da incidência do art. 11 da Lei de Improbidade, transformando as condutas possíveis de enquadramento típico em rol taxativo e não mais um rol meramente exemplificativo, com a revogação inclusive de alguns incisos. Assim como nos casos dos incisos revogados, quem foi condenado com base na aplicação autônoma do *caput* do art. 11 da Lei antiga (condenação por violação a princípios) deve ser atingido pela retroatividade benéfica, salvo se o fato objeto da condenação estiver descrito num dos novos incisos do art. 11 da Nova Lei.[60]

Federal que confirma acórdão condenatório ou que reforma acórdão de improcedência. §5º Interrompida a prescrição, o prazo recomeça a correr do dia da interrupção, pela metade do prazo previsto no caput deste artigo. [...]. §8º O juiz ou o tribunal, depois de ouvido o Ministério Público, deverá, de ofício ou a requerimento da parte interessada, reconhecer a prescrição intercorrente da pretensão sancionadora e decretá-la de imediato, caso, entre os marcos interruptivos referidos no §4º, transcorra o prazo previsto no §5º deste artigo.

[58] Recurso Extraordinário nº 566.621/RS, Relatora a Ministra Ellen Gracie, *DJe* de 11.10.11. No mesmo sentido: ACO nº 1.532/SC – Rel. Min. Luiz Fux, *DJe* de 16.05.14; RE nº 720.520/PR–AgR, Min. Roberto Barroso, *DJe* de 1º.08.14; RE nº 732.369/RS–AgR, Rel. Min. Celso de Mello, *DJe* 27.02.13.

[59] JUSTEN FILHO, Marçal. *Reforma da lei de improbidade administrativa comentada e comparada*: Lei nº 14.230, de 25 de outubro de 2021. 1. ed. Rio de Janeiro: Forense, 2022. (Obra eletrônica não paginada)

[60] Nesse sentido: CAVALCANTE FILHO, João Trindade. *Retroatividade da Reforma da Lei de Improbidade Administrativa (Lei nº 14.230, de 25 de outubro de 2021)*. Brasília: Núcleo de Estudos e Pesquisas/CONLEG/Senado, nov. 2021. p. 20.

Há uma terceira hipótese defendida por Rafael Carvalho Oliveira e Daniel Assumpção Neves que diz respeito à revogação do "dolo genérico" e à instituição do dolo específico. Isso, porquanto agora o dolo é considerado como "vontade livre e consciente de alcançar o resultado ilícito", "não bastando a voluntariedade do agente" (§2º do art. 1º da LIA). Essa modificação legislativa foi feita para rebater a tese do STJ, segundo a qual bastava a voluntariedade do agente (dolo genérico) para configurar o elemento subjetivo.[61]

É possível que a norma do dolo específico seja aplicada aos processos em andamento, desde que a fase processual possibilite esse tipo de dilação probatória. Não parece razoável, entretanto, que essa norma deva retroagir para atingir indiscriminadamente condenações baseadas em dolo genérico pelas seguintes razões: (a) não houve uma supressão do elemento subjetivo, visto que o dolo sempre foi exigido nos atos de improbidade enquanto elemento subjetivo do tipo; (b) o chamado "dolo genérico" é fruto de uma construção jurisprudencial do Superior Tribunal de Justiça (REsp nº 951.389/SC) e não de criação legislativa; (c) o dolo específico tratado no Código Penal é distinto, pois integra o texto descritivo de cada tipo criminal com uma finalidade específica diferente;[62] (d) o §2º do art. 1º da LIA mais se aproxima de uma diretriz interpretativa do que de um elemento subjetivo do tipo, a exemplo dos artigos 22 e 28 da LINDB (adicionados pela Lei nº 13.655, de 2018);[63] (d) sendo norma interpretativa que inova e supera posição jurisprudencial, não deve retroagir por ofensa ao princípio da segurança jurídica, conforme já entendeu o Supremo em caso análogo (RE nº 566621); e (e) mesmo se assim não fosse, a aferição de dolo genérico ou dolo específico em cada processo demandaria ampla análise probatória e rediscussão da justiça de cada condenação, o que

---

[61] NEVES, Daniel Amorim Assumpção; OLIVEIRA, Rafael Carvalho Rezende. *Comentários à reforma da lei de improbidade administrativa*: Lei nº 14.230, de 25.10.2021 comentada artigo por artigo. 1. ed. Rio de Janeiro: Forense, 2021. v. 1. (Obra eletrônica não paginada).

[62] Conforme Rogerio Greco, o "dolo específico" seria aquele em que no tipo penal podia ser identificado o que denominamos de "especial fim de agir" (GRECO, Rogério. *Código penal comentado*. 12. ed. rev., ampl. e atual. Niterói: Impetus, 2018. p. 112). Exemplos: "Art. 206. Recrutar trabalhadores, mediante fraude, *com o fim de levá-los para território estrangeiro*"; "Art. 159 – Sequestrar pessoa *com o fim de obter, para si ou para outrem, qualquer vantagem, como condição ou preço do resgate*".

[63] Por exemplo, o §1º do art. 22 da LINDB requer que a interpretação sobre regularidade de conduta considere "circunstâncias práticas que houverem imposto, limitado ou condicionado a ação do agente". O artigo 28, por sua vez, determina que o agente público responderá pessoalmente por suas decisões ou opiniões técnicas em caso de dolo ou "erro grosseiro", ou seja, um critério mais rigoroso que a mera culpa.

ultrapassaria o objetivo de mera readequação da realidade político-administrativa aos novos tipos infracionais previstos da LIA.

3.3 Como e até que ponto as sanções devem ser revertidas? A proposta de retroatividade mínima

João Trindade Cavalcante Filho enumera alguns pressupostos para a aplicação retroativa: (1) é preciso que seja norma de direito material referente à sanção punitiva (não se aplica, logo, ao pedido de indenização ao erário); (2) é necessário que a sanção não se tenha exaurido, com sua execução por completo (ex.: uma suspensão dos direitos políticos cujo prazo já transcorreu por inteiro); e (3) é imprescindível que a norma nova seja benéfica ao réu acusado ou condenado.[64]

Outra ressalva que poderia ser somada a esses critérios diz respeito à independência de instâncias. O novo rol das sanções previstas para a improbidade do art. 11 (atentado aos princípios da Administração Pública) não prevê mais a sanção de perda do cargo (art. 12, III), mas nada impede que o réu seja demitido por meio de processo administrativo disciplinar pelos mesmos fatos.

Um fator importante a ser observado diz respeito ao estágio do processo. Quem eventualmente estiver sendo processado por tipos de improbidade administrativa revogados deve ser alcançado pela retroatividade benéfica, porquanto se trata de questão de ordem pública a ser conhecida em qualquer momento do processo. Contudo, na hipótese de trânsito em julgado na condenação, o raciocínio deve ser distinto. Neste último caso, é possível que muitos efeitos da condenação já tenham se exaurido ou não possam ser desfeitos por questões de segurança jurídica, entre outras questões. A razão disso é que se fala aqui em *retroatividade mínima* somente, que respeita os efeitos de direito já produzidos pela situação jurídica sob a lei anterior, somente alcançando os efeitos futuros de fatos passados. Não se desconstitui a coisa julgada, mas somente alguns efeitos pendentes dela após o advento da Nova Lei.[65]

---

[64] CAVALCANTE FILHO, João Trindade. *Retroatividade da Reforma da Lei de Improbidade Administrativa (Lei nº 14.230, de 25 de outubro de 2021)*. Brasília: Núcleo de Estudos e Pesquisas/CONLEG/Senado, nov. 2021. p. 19-20.

[65] Sobre a retroatividade máxima, média e mínima, Luís Fernando Barroso explica (ADI nº 1220/DF): O tema do direito adquirido é geralmente tratado de forma conexa à ideia de

Em relação às sanções de suspensão de direitos políticos, proibição de contratar com o poder público e proibição de recebimento de benefícios ou incentivos fiscais ou creditícios, deve-se considerar que a retroatividade atingirá essas restrições de direitos, mas somente surtirá efeitos prospectivos. O condenado poderá se candidatar a cargos eletivos, contratar com o Poder Público e receber incentivos financeiros novamente, mas não poderá reestabelecer os vínculos de direito público eventualmente rompidos com a condenação no passado. Não poderá, igualmente, requerer ressarcimento em razão da perda desses vínculos.

O que dizer da multa civil inscrita em dívida ativa oriunda de condenação transitada em julgado? Deve a dívida ser extinta em razão da revogação do tipo infracional que lhe deu origem?

Defende-se que não. Embora a multa inscrita em dívida ativa seja decorrência de condenação judicial, ela tem natureza de multa não tributária. O Superior Tribunal de Justiça tem reiteradamente decidido que às multas administrativas é inaplicável a disciplina jurídica do Código Tributário Nacional, referente à retroatividade de lei mais benéfica (art. 106 do CTN).[66] Ressalta-se que, mesmo no âmbito penal, há uma separação entre a responsabilidade patrimonial (multa penal) e a responsabilidade criminal do infrator, passando a dívida de valor do apenado a seguir "as normas relativas à dívida ativa da Fazenda Pública" (art. 51 do Código Penal). Nesse sentido, o Supremo Tribunal Federal entende, por exemplo, que o indulto da pena privativa de liberdade não alcança a pena de multa que tenha sido objeto de parcelamento espontaneamente assumido pelo sentenciado.[67]

---

graus de retroatividade. Seguindo essa lógica, a retroatividade máxima ocorre "quando a lei nova abrange a coisa julgada (sentença irrecorrível) ou os fatos jurídicos consumados"; a retroatividade média se dá "quando a lei nova atinge os direitos exigíveis, mas não realizados antes de sua vigência"; a retroatividade mínima sucede "quando a lei nova atinge apenas os efeitos dos fatos anteriores, verificados após a sua entrada em vigor".

[66] AgInt no AgInt no AREsp nº 1701937/SP, Rel. Ministro Sérgio Kukina, Primeira Turma, julgado em 03.05.2021, DJe 06.05.2021; STJ. AgInt no REsp nº 1.796.106/PR, Rel. Ministro Sérgio Kukina, Primeira Turma, DJe de 01.07.2019; AgInt no REsp nº 1954631/SP, Rel. Ministra Regina Helena Costa, Primeira Turma, julgado em 27.09.2021, DJe 08.10.2021; REsp nº 1.176.900/SP, Rel. Ministra Eliana Calmon, Segunda Turma, julgado em 20.04.2010, DJe 3.5.2010; STJ. AgRg no REsp nº 761.191/RS, Rel. Ministro Mauro Campbell Marques, Segunda Turma, DJe de 27.05.2009.

[67] EP 11 IndCom-AgR, Relator(a): Roberto Barroso, Tribunal Pleno, julgado em 08.11.2017, DJe-291 15.12.2017; e EP 21 AgR-segundo, Relator(a): Roberto Barroso, Tribunal Pleno, julgado em 27.09.2019, DJe-245 08.11.2019.

4 Como se alega retroatividade benéfica quando há coisa julgada?

Nos casos em curso, basta uma petição comum para requerer a aplicação retroativa das normas benéficas da Nova Lei – em qualquer grau e perante qualquer juízo em que se encontre o feito. O problema diz respeito à coisa julgada.

Alguns autores aventam possibilidades: (a) sendo questão de ordem pública, bastaria uma simples petição intercorrente realizada diretamente ao juízo do cumprimento de sentença ou reconhecimento de ofício pelo juízo, por aplicação analógica da Súmula nº 611 do STF: "Transitada em julgado a sentença condenatória, compete ao juízo das execuções a aplicação de lei mais benigna";[68] (b) propositura de ação rescisória dentro do prazo decadencial de 2 (anos) do trânsito em julgado, fundada no art. 966, V, do CPC/2015;[69] (c) se já esgotado o prazo da rescisória, ajuizamento de ação declaratória de nulidade absoluta insanável (*querela nullitatis*).[70]

Entende-se que a opção de simples petição em sede de cumprimento de sentença alegando a questão de ordem pública (art. 518 do CPC/2015)[71] é a mais viável para resolver a proposta de retroatividade mínima da Lei nº 14.230/2021. Isso em razão de a Nova Lei mais benéfica não constituir vício apto a desconstituir a coisa julgada nas ações de improbidade. Não se pode falar em ação rescisória por violação de lei se a norma vigente à época era válida e foi regularmente aplicada.[72] Igualmente, não se pode falar em *querela nullitatis*, porquanto os vícios

---

[68] CAVALCANTE FILHO, João Trindade. *Retroatividade da Reforma da Lei de Improbidade Administrativa (Lei nº 14.230, de 25 de outubro de 2021)*. Brasília: Núcleo de Estudos e Pesquisas/CONLEG/Senado, nov. 2021. p. 21-22.

[69] NEVES, Daniel Amorim Assumpção; OLIVEIRA, Rafael Carvalho Rezende. *Comentários à reforma da lei de improbidade administrativa*: Lei nº 14.230, de 25.10.2021 comentada artigo por artigo. 1. ed. Rio de Janeiro: Forense, 2021. v. 1. (Obra eletrônica não paginada). Daniel Amorim Assumpção Neves e Rafael Carvalho defendem a ação rescisória como instrumento único nesse caso. João Trindade ainda defende a *querela nullitatis* como instrumento subsidiário.

[70] CAVALCANTE FILHO, João Trindade. *Retroatividade da Reforma da Lei de Improbidade Administrativa (Lei nº 14.230, de 25 de outubro de 2021)*. Brasília: Núcleo de Estudos e Pesquisas/CONLEG/Senado, nov. 2021. p. 21-22.

[71] Segundo a norma: "Art. 518. Todas as questões relativas à validade do procedimento de cumprimento da sentença e dos atos executivos subsequentes poderão ser arguidas pelo executado nos próprios autos e nestes serão decididas pelo juiz".

[72] STJ. AgInt na AR nº 6.382/DF, Rel. Ministro Antonio Carlos Ferreira, Segunda Seção, julgado em 22.09.2021, *DJe* 27.09.2021.

passíveis de serem alegados por esse instrumento processual dizem respeito aos pressupostos processuais de existência do processo.[73]

Conclusão

A compreensão do combate à improbidade administrativa passa pelas noções de grave ineficiência funcional, grave desonestidade e proteção da honra institucional no setor público. Independentemente de ser utilizada uma visão consequencialista ou outra focada em garantias penais, o fundamento do combate à corrupção e à improbidade administrativa é voltado à realização dos direitos fundamentais dos administrados. A retroatividade benéfica das normas da Lei nº 14.230/2021 busca readequar a realidade político-administrativa aos novos parâmetros adotados pelo legislador, mas sem olvidar da proteção da honra institucional no setor público. Por essa razão, defende-se a retroatividade mínima das novas normas, que respeita os efeitos de direito já produzidos pela situação jurídica sob a lei anterior, somente alcançando os efeitos futuros de fatos passados.

Referências

AGRA, Walber de Moura. *Comentários sobre a Lei de Improbidade Administrativa*. 2. ed. Belo Horizonte: Fórum, 2019.

AMORIM JÚNIOR, Silvio Roberto Oliveira de. *Improbidade Administrativa*. 2. ed. Belo Horizonte: Fórum, 2018.

ARAGÃO, Alexandre Santos de. *Curso de Direito administrativo*. 2. ed. rev., atual. e ampl. Rio de Janeiro: Forense, 2013.

BRASIL. Ministério Público Federal. 5ª Câmara de Coordenação e Revisão – Combate à Corrupção. *Orientação nº 12/5ª CCR*. Assunto: Diretrizes iniciais sobre a Lei nº 14.230, de 25 de outubro de 2021, que alterou a Lei nº 8.429, de 2 de junho de 1992, que dispõe sobre improbidade administrativa. Brasília, 12 de novembro de 2021.

CARVALHO, Matheus. *Manual de Direito administrativo*. 3. ed. rev. ampl. e atual. Salvador: JusPodvim, 2016.

CAVALCANTE FILHO, João Trindade. *Retroatividade da Reforma da Lei de Improbidade Administrativa (Lei nº 14.230, de 25 de outubro de 2021)*. Brasília: Núcleo de Estudos e Pesquisas/CONLEG/Senado, nov. 2021.

---

[73] STJ. AgInt no REsp nº 1796526/RJ, Rel. Ministra Nancy Andrighi, Terceira Turma, julgado em 24.08.2020, *DJe* 27.08.2020.

GARCIA, Emerson; ALVES, Rogério Pacheco. *Improbidade administrativa*. Rio de Janeiro: Lumen Juris, 2010.

GRECO, Rogério. *Código penal comentado*. 12. ed. rev., ampl. e atual. Niterói: Impetus, 2018.

INSTITUTO NÃO ACEITO CORRUPÇÃO. *Radiografia das condenações por improbidade administrativa*. 2017. Disponível em: https://www.naoaceitocorrupcao.org.br/_files/ugd/b2b717_af196f5ba95c431c99663a9fc01df625.pdf. Acesso em 13 fev. 2022.

JORDÃO, Eduardo. Art. 22 da LINDB-Acabou o romance: reforço do pragmatismo no direito público brasileiro. *Revista de Direito Administrativo*, p. 63-92, 2018.

JUSTEN FILHO, Marçal. *Curso de Direito Administrativo*. 10. ed. rev. São Paulo: Revista dos Tribunais, 2014.

JUSTEN FILHO, Marçal. *Reforma da lei de improbidade administrativa comentada e comparada*: Lei nº 14.230, de 25 de outubro de 2021. 1. ed. Rio de Janeiro: Forense, 2022.

KANAYAMA, Ricardo Alberto. *Improbidade por violação aos princípios da administração pública*: um diagnóstico da fundamentação das decisões do Tribunal de Justiça de São Paulo. Dissertação (Mestrado em Direito e Desenvolvimento) – Fundação Getúlio Vargas: São Paulo, 2020.

MARTINS JÚNIOR, Wallace Paiva. *Probidade administrativa*. 4. ed. São Paulo: Saraiva, 2009.

MELLO, Rafael Munhoz de. *Princípios Constitucionais de Direito Administrativo Sancionador*. São Paulo: Malheiros, 2017.

MENDONÇA, José Vicente Santos de. A verdadeira mudança de paradigmas do direito administrativo brasileiro: do estilo tradicional ao novo estilo. *Revista de Direito Administrativo*, v. 265, p. 179-198, 2014.

MENDONÇA, José Vicente Santos de; CANETTI, Rafaela Coutinho. Corrupção para além da punição: aportes da economia comportamental. *Revista de Direito Econômico e Socioambiental*, v. 10, p. 104-125, 2019.

MORAES, Alexandre de. *Constituição do Brasil interpretada*. 2. ed. São Paulo: Atlas, 2003.

MOREIRA NETO, Diogo de Figueiredo. *Curso de direito administrativo*: parte introdutória, parte geral e parte especial. 16. ed. rev. e atual. Rio de Janeiro: Forense, 2014.

NEISSER, Fernando Gaspar; SALVADOR NETTO, Alamiro Velludo. *A responsabilidade subjetiva na improbidade administrativa*: um debate pela perspectiva penal. Tese de Doutorado. Universidade de São Paulo, São Paulo, 2018.

NEVES, Daniel Amorim Assumpção; OLIVEIRA, Rafael Carvalho Rezende. *Manual de Improbidade Administrativa*: Direito material e processual. 6. ed. Rio de Janeiro: Método, 2018.

NEVES, Daniel Amorim Assumpção; OLIVEIRA, Rafael Carvalho Rezende. *Comentários à reforma da lei de improbidade administrativa*: Lei nº 14.230, de 25.10.2021 comentada artigo por artigo. 1. ed. Rio de Janeiro: Forense, 2021. v. 1.

OSÓRIO, Fábio Medina. Conceito de improbidade administrativa. *JUS*, Belo Horizonte, a. 43, n. 26, p. 23-51, jan./jun. 2012.

OSÓRIO, Fábio Medina. *Direito administrativo sancionador*. 5. ed. São Paulo: Revista dos Tribunais, 2015.

OSÓRIO, Fábio Medina. Retroatividade da Nova Lei de Improbidade Administrativa. *Migalhas*, 01 nov. 2021. Disponível em: https://www.migalhas.com.br/depeso/354112/retroatividade-da-nova-lei-de-improbidade-administrativa. Acesso em 15 nov. 2021.

ROCHA, Cármen Lúcia Antunes. Improbidade administrativa e finanças públicas. *Boletim de Direito Administrativo*, dez. 2000.

SUNDFELD, Carlos Ari; KANAYAMA, Ricardo Alberto. A promessa que a Lei de Improbidade Administrativa não foi capaz de cumprir. *Escola da AGU – Direito, Gestão e Democracia*, v. 12, p. 409-426, 2020.

WALD, Arnoldo; MENDES, Gilmar Ferreira. Competência para Julgar a Improbidade Administrativa. *Revista de Informação Legislativa*, n. 138, p. 213-214, abr./jun. 1998.

VORONOFF, Alice. *Direito Administrativo sancionador no Brasil*. 1. ed. Belo Horizonte: Fórum, 2018.

VORONOFF, Alice Bernardo. Direito administrativo sancionador: um olhar pragmático a partir das contribuições da análise econômica do direito. *Revista de Direito Administrativo*, v. 278, p. 107-140, 2019.

Informação bibliográfica deste texto, conforme a NBR 6023:2018 da Associação Brasileira de Normas Técnicas (ABNT):

RAHIM, Fabiola Marquetti Sanches; MASCARENHAS, Caio Gama. Garantismo, pragmatismo e a Nova Lei de Improbidade Administrativa: o que deveria retroagir e por quê? *In*: CORONA, Maria Lia Porto; CASTRO, Sérgio Pessoa de Paula; RAHIM, Fabiola Marquetti Sanches (Coords.). *Anotações sobre a Lei de Improbidade Administrativa*. Belo Horizonte: Fórum, 2022. p. 71-101. ISBN 978-65-5518-378-8.

O RESSARCIMENTO INTEGRAL DO DANO E A COLABORAÇÃO PROBATÓRIA NO ACORDO DE NÃO PERSECUÇÃO CIVIL (ANPC)

JULIZAR BARBOSA TRINDADE JÚNIOR

Introdução

O presente estudo tem por objeto abordar aspectos relevantes do Acordo de Não Persecução Civil (ANPC), instituto que agora se encontra regido pelo artigo 17-B da Lei nº 8.429/1992, incluído pela recente Lei nº 14.230, de 25 de outubro de 2021.

Para tanto, serão desenhadas no tópico 1 as principais modificações – no plano legislativo e no plano fático – que levaram à revogação, em dezembro de 2019, da vedação então constante da redação inicial do §1º do artigo 17 da Lei nº 8.429/1992,[1] a partir de quando, enfim, passou a ser *expressamente* admitida a consensualidade no âmbito da Lei da Improbidade Administrativa (LIA).

Após, no tópico 2, serão apresentadas considerações específicas sobre o ANPC, como a exigência de justificação do acordo em face do interesse público, a sua natureza jurídica e o seu caráter marcadamente discricionário.

---

[1] Art. 17. (...). §1º É vedada a transação, acordo ou conciliação nas ações de que trata o *caput*.

Advirta-se desde já que não haveria aqui espaço para esgotar todos os questionamentos que ainda assombram o acordo de não persecução civil. Afinal, são muitos e são complexos.[2] Fez-se necessário, portanto, um corte metodológico.

Assim, e na sequência, as linhas do tópico 3 serão especificamente dedicadas às questões da (i) (im)prescindibilidade do ressarcimento integral do dano e (ii) da necessidade, ou não, da colaboração probatória como *requisitos* para a celebração de um ANPC.

Ao final, o leitor poderá encontrar as conclusões deste artigo.

Antes de iniciar, uma observação não pode deixar de ser registrada: os tópicos a seguir têm por único objetivo *contribuir* para a discussão e o desenvolvimento de soluções mais efetivas e adequadas no domínio da improbidade administrativa.

Reconhece-se que, por tratar-se o acordo de não persecução civil de um instituto (muito) novo e ainda em fase de consolidação, parte das ideias aqui transportadas poderão ser afetadas pelas legislações futuras ou mesmo pelo sucesso ou insucesso das experiências práticas.

No entanto, a consensualidade é um caminho sem volta na solução dos conflitos de interesse, seja no domínio das relações entre particulares, seja nas relações com o Poder Público. Daí, pois, a importância de debater o tema.

1 A sanção no domínio da improbidade administrativa: da unilateralidade à consensualidade

Junho de 1992. É publicada a Lei nº 8.429, a Lei de Improbidade Administrativa. O seu artigo 17, §1º, expressa ser *vedada* qualquer transação, acordo ou conciliação nas ações a serem propostas pelo Ministério Público ou pela pessoa jurídica interessada. Era impensável, pois, que o *ius puniendi* estatal pudesse ser objeto de qualquer negociação.

---

[2] Apenas de exemplo, poder-se-ia citar (i) os possíveis momentos de celebração do acordo; (ii) a participação da pessoa jurídica lesada e dos Tribunais de Contas; (iii) a celebração do ajuste com apenas parcelas dos responsáveis pelo ilícito; (iv) a negociação da sanção de suspensão dos direitos políticos e (v) de perda da função pública; (vi) a homologação interna do acordo pelo órgão superior do Ministério Público; (vii) o controle judicial; (viii) a prescrição; (ix) a extinção e a suspensão da ação de improbidade administrativa em função do ajuste celebrado; (x) a exigência da confissão etc.

Dezembro de 2019. É publicada a Lei nº 13.964, a Lei Anticrime (ou Pacote anticrime). Revoga-se o artigo 17, §1º, da Lei nº 8.429/1992. Estabelece-se que as ações de improbidade administrativa "admitem a celebração de acordo de não persecução cível".[3]

Entre uma data e outra, essa mudança – radical, à primeira vista – foi, na verdade, sendo aos poucos construída, seja no plano da realidade empírica, seja no correlato plano normativo.

No campo normativo, pode-se dizer que o caminho para a consensualidade teve como um de seus primeiros passos a previsão da figura do compromisso de ajustamento de conduta no Estatuto da Criança e do Adolescente (artigo 211 da Lei nº 8.069/1990). Após, com a superveniência do Código de Defesa do Consumidor (Lei nº 8.078/1990), esses compromissos de ajustamento foram incluídos na Lei nº 7.347/1985, a Lei da Ação Civil Pública (artigo 5º, §6º).

Vale ser também citada a Lei nº 10.149/2000, que inseriu o artigo 35-B na Lei nº 8.884/1994, bem como a Lei nº 12.529/2011, que veio a dispor sobre acordos de leniência e compromissos de cessação de conduta.

Irrecusável ainda mencionar que o artigo 36, §4º, da Lei nº 13.140/2015 (Lei da Mediação) já havia previsto a autocomposição mesmo para as questões submetidas a ações de improbidade administrativa.[4]

O próprio CPC de 2015, diga-se, é especialmente dedicado a estimular a consensualidade em diversos de seus dispositivos, como se verifica, exemplificativamente, dos seus artigos 3º, 6º, 139, V, 165, 174, 190, 221 e 334.

A Lei de Introdução às normas do Direito Brasileiro (LINDB), por sua vez, expressou, no seu artigo 26, incluído pela Lei nº 13.655/2018,

---

[3] A Lei nº 13.964/2019 utilizou-se do termo *acordo de não persecução cível*, ao passo que a Lei nº 14.230/2021 emprega agora o nome *acordo de não persecução civil*. Acredita-se que, nada obstante a opção que veio a ser adotada pelo legislador, mas considerando a amplitude e a natureza das cominações que podem ser pactuadas e excluídas num ANPC (não necessariamente *civis*), mais adequado seria a manutenção do termo *cível*, o qual, ademais, melhor se contrapõe ao campo "penal".

[4] Ao comentar o referido dispositivo, Luciano de Souza Godoy assim registrava, muito antes da Lei nº 13.964/2019: "(...) certo é que a nova Lei da Mediação trouxe expressamente a possibilidade de composição, acordo, transação e mediação no âmbito das ações de improbidade administrativa, revogando implicitamente o artigo 17, §1º, da Lei nº 8.429/1992". (GODOY, Luciano de Souza. *Acordo e mediação na ação de improbidade administrativa*. 03 ago. 2015. Disponível em: https://www.jota.info/opiniao-e-analise/artigos/acordo-e-mediacao-na-acao-de-improbidade-administrativa-03082015. Acesso em 20 fev. 2022).

a possibilidade de celebração de compromisso com os interessados para eliminar irregularidade e situação contenciosa na aplicação do "direito público".[5]

Ainda nesse ambiente normativo, não se pode deixar de destacar o papel de diversos acordos e convenções internacionais para o fortalecimento da ideia de ajustes e concertações no âmbito punitivo estatal, como a Convenção das Nações Unidas contra a Corrupção e a Convenção das Nações Unidas contra o Crime Transnacional.

De todo o modo, entende-se que a Lei nº 12.846/2013 (Lei Anticorrupção), ao disciplinar o acordo de leniência em seus artigos 16 e 17, é o ponto inaugural da consensualidade no setor da improbidade administrativa.[6]

Não por outra razão, já seria defensável entender que a Lei Anticorrupção (LAC) teria revogado a própria proibição do então §1º do artigo 17 da Lei nº 8.429/1992, na medida em que ambas as normas, LIA e LAC, encontram-se no mesmo campo punitivo da improbidade administrativa.[7] Bem por isso, é fato que compromissos já vinham sendo pactuados pelo Ministério Público, inclusive com base em expressa resolução do CNMP (Resolução nº 179, de 26 de julho de 2017, artigo 1º, §2º).

Esse conjunto de diretrizes normativas direcionadas à consensualidade, evidentemente, representou uma significativa e profunda inovação no *ius puniendi* estatal, no qual se inclui o Direito Administrativo Sancionador.

De outro lado, a ideia de que a consensualidade era incompatível com a tutela da probidade administrativa foi sendo particularmente desafiada pela adoção de métodos consensuais no próprio campo do Direito Penal, reconhecidamente uma modalidade mais gravosa de punição.

---

[5] MOTTA, Fabrício; NOHARA, Irene Patrícia. *LINDB no Direito Público*: Lei nº 13.655/2018. São Paulo: Thomson Reuters Brasil, 2019.

[6] OLIVEIRA, José Roberto Pimenta; GROTTI, Dinorá Adelaide Musetti. Direito administrativo sancionador brasileiro: breve evolução, identidade, abrangência e funcionalidades. *Int. Público – IP*, Belo Horizonte, a. 22, n. 120, p. 83-126, mar./abr. 2020. p. 99.

[7] OLIVEIRA, José Roberto Pimenta. Desafios e avanços na prevenção e no combate à corrupção, na atuação cível do Ministério Público Federal, nos 30 anos da Constituição Federal. *In*: HIROSE, Regina Tamami (Coord.). *Carreiras típicas de Estado. Desafios e avanços na prevenção e no combate à corrupção*. Belo Horizonte: Fórum, 2019. p. 197-198 *apud*. LANE, Renata. *Acordos no domínio da improbidade administrativa*. 256f. Dissertação (Mestrado em Direito) – Programa de Estudos Pós-Graduados em Direito, Pontifícia Universidade Católica de São Paulo, São Paulo, 2020.

Veja-se que, desde a Lei nº 9.099/1995, inúmeros delitos contra a Administração Pública já admitiam a transação penal ou a suspensão condicional do processo. Mas, em especial, deve-se aqui destacar a figura da colaboração premiada, na forma regida pelo artigo 4º da Lei nº 12.850/2013, a Lei do Crime Organizado.[8]

Esse descompasso, por assim dizer, revelava-se de forma mais clara quando um mesmo fato sujeitava-se a sancionamentos tanto na esfera criminal quanto na esfera administrativa. Como já questionava a doutrina, como poderia haver um acordo no âmbito penal, no qual o colaborador obtinha até mesmo o perdão judicial por seus crimes, e não reconhecer a possibilidade da celebração de ajustes na improbidade?[9]

Com efeito, em dadas situações, os mesmos fatos permitiam que pessoas jurídicas celebrassem acordo de leniência (Lei nº 12.846/2013) e que pessoas físicas efetivassem colaboração premiada (Lei nº 12.850/2012), sem que houvesse, contudo, qualquer alternativa – ao menos na literalidade da Lei nº 8.429/1992 – à judicialização da ação civil de improbidade administrativa.

Soava no mínimo *incoerente* que, no Brasil, fosse mitigado em algumas hipóteses o princípio da obrigatoriedade da ação penal mediante a utilização de acordos, mas, contraditoriamente, não se permita a composição com os investigados pela prática de ato de improbidade administrativa.[10]

A modificação promovida na LIA pela Lei nº 13.964/2019, portanto, insere-se nesse contexto *legislativo* de expansão da consensualidade.[11]

---

[8] Pode-se mencionar a presença da colaboração premiada, ainda que com certas variações, já na Lei dos Crimes contra o Sistema financeiro Nacional (Lei nº 7.492/1986), na Lei dos Crimes contra a Ordem Tributária, Econômica e contra as Relações de Consumo (Lei nº 8.137/1990), na Lei de Lavagem de Capitais (Lei nº 9.613/1998), na Lei de Proteção a Vítimas e Testemunhas (Lei nº 9.807/1999) e na Lei Antitóxicos (Lei nº 11.343/2006).

[9] ROCHA, Marcelo Dantas; ZAGANELLI, Margareth Vetis. *O ajustamento de conduta em atos de improbidade administrativa*: anacronismos na vedação da transação na lei brasileira. 2017. Disponível em: http://www.cadernosdedereitoactual.es/ojs/index.php/cadernos/article/view/221/137. Acesso em 20 fev. 2022.

[10] SANTOS, Christiano Jorge; MARQUES, Silvio Antônio. Pacote anticrime (Lei nº 13.964/2019) e acordo de não persecução cível na fase pré-processual: entre o dogmatismo e o pragmatismo. *Revista de Processo, Revista dos Tribunais online*, v. 303, p. 291-314, mai. 2020.

[11] O próprio Conselho Nacional do Ministério Público, em 26 de julho de 2017, já havia editado a Resolução CNMP 179, cujo artigo 1º, §2º, permitia "o compromisso de ajustamento de conduta nas hipóteses configuradoras de improbidade administrativa". Essa postura do CNMP autorizou que também os Ministérios Públicos dos Estados regulamentassem a consensualidade no âmbito da improbidade administrativa, ainda antes do Pacote anticrime. Vale citar, de exemplo, as seguintes normatizações: Resolução COPJ 006/2014 (MPES), Resolução CSMP 002/2017 (MPAP), Resolução CSMP 01/2017

Já no plano da *realidade empírica*, essa virada de chave espelhou a incapacidade ou, ao menos, a insuficiência do modelo tradicional de sancionamento, a exigir a experimentação e a utilização de novas técnicas para um combate mais efetivo da prática de ilícitos e para uma solução mais célere e econômica dos conflitos dela decorrentes.[12]

Seja por razões de ineficiência das estruturas estatais, seja em razão da sofisticação e da complexidade de determinadas organizações dedicadas à ilicitude, *negociar* passou a ser a única forma de se descobrir a extensão de certas práticas ilícitas, de punir, de ressarcir danos e de fazer cessar condutas indesejáveis.

Impensável em 1992, a pactuação entre o particular e o Poder Público revelou-se então não apenas recomendável, mas *imprescindível* no enfrentamento de determinadas infrações. É aqui ilustrativo o dilema apresentado por Maurício Zockun e Gabriel Morettini e Castella: "'Negociar e punir' ou 'não negociar e aceitar um crescimento da impunidade resultante da fraqueza probatória de processos acusatórios baseados em técnicas tradicionais de instrução'".[13]

Como também já apontavam Eduardo Cambi e Cláudio Smirne Diniz, o debate do tema deve considerar a dificuldade de produção de provas em atos genericamente conceituados como de corrupção, dificuldade que decorre, dentre outros fatores, da sofisticação do processo de apropriação privada de bens públicos, assim como do fato de que, comumente, corruptor e corrupto são igualmente beneficiados e, assim, protegem-se mutuamente. É nesse contexto que a colaboração do agente se revela de fundamental importância, na medida em que permite ao ente sancionador uma visão interna da estrutura organizada para a prática dos ilícitos, "o que engloba a hierarquização, a operacionalização, a destinação dos bens e os meios utilizados para a lavagem de ativos".[14]

(MPPR), Resolução CSMP 03/2017 (MPMG), Resolução CPJ 019/2018 (MPPB), Resolução CPJ 09/2018 (MPGO), Provimento PGJ 58/2018 (MPRS), Resolução CSMP 005/2018 (MPTO), Resolução CPJ 06/2019 (MPMS), Resolução CPJ 008/2019 (MPRN), Resolução CPMP 75/2019 (MPPA), Resolução CPJ 06/2019 (MPRP) e Resolução CPJ 11/2019 (MPAL).

[12] Cf. art. 5º, LXXVIII, da CF.

[13] ZOCKUN, Maurício; MORETTINI E CASTELLA, Gabriel. Programas de leniência e integridade como novos instrumentos no Direito Administrativo Sancionador hodierno. *In*: OLIVEIRA, José Roberto Pimenta (Coord.). *Direito Administrativo Sancionador. Estudos em homenagem ao Professor Emérito da PUC/SP Celso Antônio Bandeira de Mello*. São Paulo: Malheiros, 2019. p. 419.

[14] DINIZ, Cláudio Smirne; CAMBI, Eduardo. Solução extrajudicial de conflitos na proteção do patrimônio público e da probidade administrativa. *Revista dos Tribunais*, v. 994, p. 49-69, ago. 2018.

Não é sem razão, portanto, que a legislação veio a admitir o acordo de não persecução civil.

Trata-se de uma *evolução* na forma de sancionar e que pode ser considerada uma mudança de direção do Poder Público em face da crise de impunidade e do aperfeiçoamento das organizações dedicadas às práticas ilícitas.

É que, a partir do momento em que se admite e se legitima a possibilidade de negociação entre o ente sancionador e um dos participantes da ilicitude, coloca-se em permanente risco a própria relação de confiança entre os infratores, condição essencial para a formação e a estruturação de qualquer organização criminosa. Como destaca Renata Lane, esse elemento de desestabilização é fundamental num cenário em que os atos ilícitos são, no mais das vezes, praticados na clandestinidade e por uma pluralidade de autores, como ocorre na formação de cartéis, corrupção de agentes estatais e tramas em contratos públicos.[15]

No tema, Paulo César Rodrigues expõe que, historicamente, a ideia geral de delação sempre esteve associada à falta de lealdade e à fraqueza moral. A desconstrução desse imaginário, no entanto, somente veio com a compreensão de que, quem colabora com o Estado, mais do que traindo seus antigos parceiros de ilicitudes, está a colaborar com sociedade.[16]

Por outro lado, busca-se pela negociação aumentar o grau de cumprimento das sanções, comumente prejudicado por demorados e infindáveis trâmites processuais, especialmente nas ações de improbidade administrativa. Inegável, ademais, é a sensação de impunidade que decorre de litígios que se estendem por anos a fio.

Merece aqui registro o resultado da pesquisa da série "Justiça Pesquisa" do CNJ, concluída em 2014 e intitulada "Lei de improbidade administrativa: obstáculos à plena efetividade do combate aos atos de improbidade". Com base em dados empíricos colhidos junto a tribunais das cinco regiões do país, concluíram os pesquisadores,

---

[15] LANE, Renata. *Acordos no domínio da improbidade administrativa*. 256f. Dissertação (Mestrado em Direito) – Programa de Estudos Pós-Graduados em Direito, Pontifícia Universidade Católica de São Paulo, São Paulo, 2020. p. 112.

[16] RODRIGUES, Paulo Cesar Villela Souto Lopes. O papel do juiz no acordo de colaboração premiada como espécie do gênero negócio jurídico processual e as inovações do Pacote anticrime. *In*: DUTRA, Bruna Martins Amorim; AKERMAN, William (Org.). *Pacote anticrime*: análise crítica à luz da Constituição Federal. São Paulo: Thomson Reuters, 2020. p. 492.

em relação à efetividade das decisões condenatórias, que "as ações de improbidade administrativa não têm um fim, ou pelo menos uma parte considerável tem tramitação durante décadas, o que reflete no baixo índice de ressarcimentos". A par disso, a pesquisa constata uma grave insuficiência da via da ação de improbidade administrativa como método único de solução de conflitos, o que, na prática, em nada altera a situação de impunidade.[17]

O caminho para a consensualidade, portanto, tem o objetivo de possibilitar a descoberta do ilícito e o respectivo sancionamento de forma mais rápida, menos dispendiosa e mais eficiente do que se verifica no sistema punitivo tradicional.[18]

É nesse contexto que se faz possível entender que a novidade do acordo de não persecução civil tem por escopo aprimorar o procedimento de apuração e de sancionamento dos atos de improbidade administrativa. E a positivação da transação na Lei nº 8.429/1992, como aponta Fábio Medina Osório, além de conferir incontestável segurança jurídica, poderá permitir "que esquemas deletérios ao erário sejam descobertos, medida que, em última instância, caminha na contramão da impunidade".[19]

Resulta do quanto anteriormente exposto que a consensualidade ingressou sem volta no Direito Administrativo Sancionador e, no particular, tornou-se um importante método de resposta à improbidade administrativa.

Mas a consensualidade impacta, inegavelmente! E traz também desafios.

Impacta, porque representa a superação da ideia da impossibilidade de negociação com o Poder Público ou de que a pena deve ser sempre imposta, de forma unilateral e automática, como se a sanção

---

[17] BRASIL. Conselho Nacional de Justiça. Justiça Pesquisa. *Lei de Improbidade Administrativa*: obstáculos à plena efetividade do combate aos atos de improbidade. (Coordenação Luiz Manoel Gomes Júnior, equipe Gregório Assagra de Almeida *et al.*). Brasília: Conselho Nacional de Justiça, 2015. p. 85. Disponível em: https://www.cnj.jus.br/wp-content/uplo ads/2011/02/1ef013e1f4a64696eeb89f0fbf3c1597.pdf. Acesso em 20 fev. 2022.

[18] Nesse sentido, cf. LANE, Renata. *Acordos no domínio da improbidade administrativa*. 256f. Dissertação (Mestrado em Direito) – Programa de Estudos Pós-Graduados em Direito, Pontifícia Universidade Católica de São Paulo, São Paulo, 2020. p. 119.

[19] OSÓRIO, Fábio Medina. *Natureza jurídica do instituto de não persecução cível previsto na Lei de Improbidade Administrativa e seus reflexos na Lei de Improbidade Empresarial*. 10 mar. 2020. Disponível em: https://migalhas.uol.com.br/depeso/321402/natureza-juridica-do-instituto-da-nao-persecucao-civel-previsto-na-lei-de-improbidade-administrativa-e-seus-reflexos-na-lei-de-improbidade-empresarial. Acesso em 20 fev. 2022.

fosse uma finalidade em si mesma.[20] E transporta desafios, porque permite um novo padrão de atuação do ente legitimado, do qual passa a ser exigida a tarefa de ponderar as opções que melhor possam materializar o interesse público.

A correta visualização do tema, portanto, reclama entender que se busca por meio da consensualidade também atingir o interesse público, bem como que, em determinadas situações, a negociação com o infrator será, especialmente numa visão *pragmática*, essencial para que a fiscalização e o sancionamento sejam verdadeiramente efetivos, céleres, menos custosos e adequados. Enfim, *eficientes*, conforme exige o próprio artigo 37, *caput*, da Constituição Federal.

Naturalmente, essa alternativa – alternativa ao sistema tradicional de punição automática e unilateral – deverá permitir ao ente sancionador acordar a substituição, a atenuação ou mesmo a remissão de sanções àquele que se dispõe a colaborar.

Entretanto, e como observa Rafaela Canetti, se é essencial que a adesão ao instituto seja atraente ao particular, as benesses concedidas não podem ser tão generosas a ponto de não desestimular a prática de infrações ou de permitir que a prática delitiva, seguida de um acordo, torne-se banal ou mesmo lucrativa.[21]

Haverá aqui, pois, sempre um difícil equilíbrio: as vantagens representadas pelos acordos não podem ir ao ponto de fazer com que o ilícito tenha valido a pena, mas há que se evitar que os institutos consensuais fiquem desprovidos de qualquer atratividade.

2 Considerações sobre o acordo de não persecução civil (ANPC)

Ao final de dezembro de 2019, a Lei nº 13.964/2019 (Pacote anticrime) conferiu nova redação ao então §1º do artigo 17 da LIA (que vedava a transação, o acordo ou a conciliação na ação de improbidade

---

[20] Como ensina Alice Voronoff, a sanção administrativa "não é uma simples consequência que possa ser como uma finalidade em si mesma, mas é um instrumento a serviço de valores e objetivos caros à sociedade". Importante também registrar que a autora destaca, além do caráter instrumental, a função prospectiva e conformadora (de condutas) da sanção administrativa. (VORONOFF, Alice. *Direito administrativo sancionador no Brasil*: justificação, interpretação e aplicação. Belo Horizonte: Fórum, 2018. p. 104).

[21] CANETTI, Rafaela Coutinho. *Acordo de leniência*: fundamentos do instituto e os problemas de seu transplante ao ordenamento jurídico brasileiro. Belo Horizonte: Fórum, 2018. p. 49-50.

administrativa) para expressamente admitir a celebração do chamado "acordo de não persecução cível".

Como dito, a Lei nº 12.846/2013 já previa explicitamente a possibilidade de celebração de acordos de leniência que envolvessem atos de improbidade. Com isso, autorizadas vozes, como, por exemplo, Fábio Medina Osório,[22] entendiam que a proibição da redação original da Lei de Improbidade Administrativa teria sido afetada.

É de interesse anotar que Eduardo Cambi e Cláudio Smirne Diniz expressavam que os princípios constitucionais da eficiência e da duração razoável do processo também já permitiriam, independentemente de qualquer alteração legislativa, uma releitura da vedação constante do então artigo 17, §1º, da LIA.[23]

De modo semelhante, Fernando da Fonseca Gajardoni anota que a autocomposição já seria cabível, no âmbito da improbidade administrativa da Lei nº 8.429/1992, ao menos desde o advento do artigo 16 da Lei nº 12.846/2013, que previu o acordo de leniência, ou da Resolução CNMP 179/2017. Todavia, o próprio autor observa que a vedação que existia e resistia na redação originária do artigo 17, §1º, ensejava enormes dúvidas, "deixando considerável risco de anulação das avenças pelo Poder Judiciário, sob o argumento de que a LIA vedava, expressamente, a autocomposição".[24]

O fato é que, até a superveniência da Lei nº 13.964/2019, não havia consenso sobre a possibilidade de acordos de não persecução no campo próprio da improbidade administrativa da Lei nº 8.429/1992, o que inegavelmente transportava certa dose de desconfiança e de insegurança jurídica. Por essa razão, mesmo os defensores da revogação tácita do §1º do artigo 17 da LIA não negavam a pertinência de uma revogação expressa.[25]

---

[22] OSÓRIO, Fábio Medina. *Natureza jurídica do instituto de não persecução cível previsto na Lei de Improbidade Administrativa e seus reflexos na Lei de Improbidade Empresarial*. 10 mar. 2020. Disponível em: https://migalhas.uol.com.br/depeso/321402/natureza-juridica-do-instituto-da-nao-persecucao-civel-previsto-na-lei-de-improbidade-administrativa-e-seus-reflexos-na-lei-de-improbidade-empresarial. Acesso em 20 fev. 2022.

[23] DINIZ, Cláudio Smirne; CAMBI, Eduardo. Solução extrajudicial de conflitos na proteção do patrimônio público e da probidade administrativa. *Revista dos Tribunais*, v. 994, p. 49-69, ago. 2018.

[24] GAJARDONI, Fernando da Fonseca *et al*. *Comentários à Lei de Improbidade Administrativa*. 4. ed. São Paulo: Revista dos Tribunais, 2020. p. 459-460.

[25] VORONOFF, Alice *et al*. Improbidade administrativa e consensualidade. *Jota*, 08 nov. 2019. Disponível em: https://www.jota.info/opiniao-e-analise/colunas/tribuna-da-advocacia-publica/improbidade-administrativa-e-consensualidade-08112019. Acesso em 20 fev. 2022.

É certo também que sempre houve, na doutrina e na jurisprudência,[26] manifestações veementemente contrárias à admissibilidade de qualquer ajuste na seara da improbidade administrativa. Contra a possibilidade de transacionar sobres as sanções, Marcos Roberto Funari e Motauri Ciocchetti de Souza, por exemplo, apontavam que a exegese a ser extraída da norma, quanto à improbidade administrativa, jamais poderia derivar por caminhos que levassem a uma autêntica "negociação sancionatória" com agentes ímprobos.[27]

De modo geral, as críticas à adoção de métodos consensuais no âmbito da Administração Pública baseiam-se sobretudo nos princípios da supremacia e da indisponibilidade do interesse público.[28]

Isso porque, ao deixar de aplicar uma sanção administrativa em prol de uma solução consensual, o agente público estaria dispondo do seu dever de punir e de sua competência sancionatória, o que seria de todo inadmissível. Era a ideia de que a consensualidade significaria necessariamente ir de encontro ao interesse público.

Contudo, e como visto, entender que não se pode dispor do interesse público não significa a impossibilidade de transacionar os meios de atingi-lo.[29] É dizer: não será necessário desconstruir a noção de interesse público para que a consensualidade tenha seu espaço.[30] Muito pelo contrário!

---

[26] Cf., por exemplo, STJ. AgInt no REsp nº 1.654.462/MT, Relator Ministro Sérgio Kukina.

[27] FUNARI, Marcos Roberto; SOUZA, Motauri Ciocchetti de. Composição civil em improbidade administrativa. *Revista de Processo*, v. 291, p. 287-307, mai. 2019.

[28] Não se desconhecem as recorrentes críticas formuladas à ideia de "interesse público". Nesse sentido, cf., por exemplo, Daniel Sarmento (SARMENTO, Daniel. *Interesses Públicos versus Interesses Privados*: desconstruindo o princípio da supremacia do interesse público. 3. tir. Rio de Janeiro: Lumen Juris, 2010), Juliana Bonacorsi de Palma (PALMA, Juliana Bonacorsi de. *Sanção e acordo na Administração Pública*. São Paulo: Malheiros, 2015) e Victor Carvalho Pessoa de Barros e Silva (BARROS E SILVA, Victor Carvalho Pessoa de. *Acordos administrativos substitutivos de sanção*. 135f. Dissertação (Mestrado em Direito). Programa de Estudos Pós-Graduados em Direito, Pontifícia Universidade Católica de São Paulo, São Paulo, 2019). Nada obstante, e conforme anota Márcia Pelegrini, "a proteção do interesse público é o papel justificador da existência do Estado na busca das garantias constitucionalmente protegidas, tendo a fundamental missão de reduzir as desigualdades e promover a paz social, sendo, portanto, seu conteúdo, ainda que indeterminado e mutável, extraível do sistema positivo, sendo traço do Estado Social de Direito". (PELEGRINI, Márcia. A consensualidade como método alternativo para o exercício da competência punitiva dos Tribunais de Contas. In: OLIVEIRA, José Roberto Pimenta (Coord.). *Direito Administrativo Sancionador. Estudos em homenagem ao Professor Emérito da PUC/SP Celso Antônio Bandeira de Mello*. São Paulo: Malheiros, 2019. p. 397).

[29] Cf. RE nº 253885, Relatora Ministra Ellen Gracie, Primeira Turma, julgado em 04.06.2002, DJ 21.06.2002.

[30] LANE, Renata. *Acordos no domínio da improbidade administrativa*. 256f. Dissertação (Mestrado em Direito) – Programa de Estudos Pós-Graduados em Direito, Pontifícia Universidade Católica de São Paulo, São Paulo, 2020. p. 55.

Nessa perspectiva, o ato consensual corresponde ao próprio processo de satisfação do interesse público, sobretudo em razão dos possíveis efeitos positivos do acordo, como a efetividade, a economia de tempo e de custos e a maior adequação de uma solução negociada ante as especificidades da situação concreta.[31]

Demais disso, a consensualidade não impõe a prevalência do interesse privado sobre o interesse público. Diversamente, em muitas situações somente a consensualidade poderá atingir o interesse público de modo efetivo.[32]

Por essa razão, a opção pela consensualidade deve exigir a devida justificação da autoridade competente, justificação que não pode ser genérica nem abstrata, mas que, ao contrário, deverá sempre explicitar por que os ganhos advindos com a transação superam, no caso concreto, os resultados que se poderia esperar de uma atuação sancionatória tradicional. Como sintetiza Márcia Pelegrini:

> A Administração Pública pode e deve assumir formas consensuais de solucionar conflitos, desde que o faça de forma motivada, conferindo tratamento isonômico, não negando a alguns o que coloca à disposição de outros em situação assemelhada, que observe o princípio da moralidade, dê ampla e plena publicidade e honre com os compromissos assumidos, conferindo segurança jurídica.
>
> Daí a relevância da detalhada justificativa da adoção dos meios consensuais, demonstrando os benefícios em detrimento dos custos de uma longa investigação, onde o particular deverá arcar com o ônus imposto, ainda que com restrições em sua esfera de direitos, não podendo resultar em mero perdão, prêmio ou benefício, mas convergência de vontades direcionadas a interesses que trarão benefícios a ambos. O particular, pelas suas próprias razões e dentro de sua liberdade de transacionar, e a Administração Pública, perseguindo o interesse público com a utilização de instrumentais disponibilizados como meios de alcance dos bens juridicamente protegidos e cumprimento de suas funções.[33]

---

[31] PALMA, Juliana Bonacorsi de. *Sanção e acordo na Administração Pública*. São Paulo: Malheiros, 2015. p. 171-172.

[32] Na Nota Técnica nº 02/2020-PGJ/CAOPP do MP de São Paulo consta expressamente como requisito do ANPC: "Constatação, no caso concreto, de que a resolução consensual é mais vantajosa ao interesse público do que o ajuizamento da ação civil por ato de improbidade administrativa ou seu prosseguimento (art. 2º da Res. nº 1.193/2020-CPJ)", especialmente considerando, dentre outros fatores, "a possibilidade de duração razoável do processo, a efetividade das sanções aplicáveis e a maior abrangência de responsabilização de agentes públicos, de terceiros envolvidos no ilícito ou que dele tenham auferido vantagem indevida de qualquer natureza".

[33] PELEGRINI, Márcia. A consensualidade como método alternativo para o exercício da competência punitiva dos Tribunais de Contas. *In*: OLIVEIRA, José Roberto Pimenta

Em conclusão, constata-se que as restrições à negociação envolvendo a Administração Pública cederam espaço e a legislação foi acolhendo a possibilidade. E, desde a Lei nº 13.964/2019, a questão atinente à *impossibilidade* de acordos no campo da improbidade veio a ser definitivamente superada.

Agora, a Lei nº 14.230/2021 não só consolida a autorização legislativa dos acordos no terreno da improbidade administrativa, mas também avança no trato dos seus requisitos e condições (artigo 17-B da LIA).

Todavia, e nada obstante os acréscimos transportados ao regramento legal do tema, o fato é que inúmeras questões ainda permanecem em aberto, tais como a rigidez das exigências do ressarcimento integral do dano e da colaboração probatória, que serão analisadas no tópico a seguir.

Antes, contudo, registre-se que, quanto à natureza jurídica do acordo, trata-se de um *negócio jurídico* destinado à solução alternativa de conflitos entre o ente legitimado para propor a ação de improbidade administrativa e os agentes investigados ou demandados pela prática ilícita.[34]

A pactuação do acordo, por isso, dependerá de uma manifestação livre e consciente da vontade, no sentido de que não podem as partes estar obrigadas a propor ou a aceitar qualquer ajuste.

É importante destacar, ademais, que o acordo de não persecução cível não se confunde com o negócio jurídico processual atípico que veio a ser previsto no CPC de 2015. Como registra Fábio Medina Osório:

> A natureza de direito material dos acordos de não persecução é também incontestável, uma vez que têm como consequência direta a revisão (ou até mesmo a extinção) da punibilidade, em diversos aspectos, tais como multas, direitos políticos, proibição de contratar com a Administração, dentre outros. A própria colaboração premiada, como demonstramos, é instituto de finalidades processuais, mas de consequências jurídicas de natureza material, o que adquire maior peso na configuração de sua natureza jurídica. A essência do instituto é calculada em razão dos efeitos que produz e do regime jurídico que atrai.

(Coord.). *Direito Administrativo Sancionador. Estudos em homenagem ao Professor Emérito da PUC/SP Celso Antônio Bandeira de Mello.* São Paulo: Malheiros, 2019. p. 410.

[34] SANTOS, Christiano Jorge; MARQUES, Silvio Antônio. Pacote anticrime (Lei nº 13.964/2019) e acordo de não persecução cível na fase pré-processual: entre o dogmatismo e o pragmatismo. *Revista de Processo, Revista dos Tribunais online*, v. 303, p. 291-314, mai. 2020.

O fato de ostentar funcionalidades processuais, ou ser celebrada num processo, não torna a colaboração premiada, ou o termo de ajustamento de conduta, numa ferramenta de direito processual. Os destinatários desses instrumentos pretendem negociar o quê? O objeto da negociação é, fundamentalmente, o direito material, e não o direito processual. O centro das negociações reside no campo do direito material.[35]

Inegavelmente, as consequências de uma eventual exclusão (num acordo *substitutivo*) ou aceitação do cumprimento voluntário (num acordo *sancionatório*) de qualquer das sanções previstas na LIA são de natureza material.[36]

Mas essa conclusão, claro, não impede que negócios jurídicos processuais – respeitantes a mudanças no procedimento ou a ônus, poderes, faculdades e deveres *processuais* – sejam celebrados no curso de uma ação civil de improbidade, a fim de que o procedimento venha a ser adaptado ou flexibilizado em face do que restou *materialmente* acordado no ANPC.

Sob outro aspecto, há certo consenso de que o ANPC não representa um direito subjetivo do investigado ou demandado.[37] Como assinala Juliana de Palma, não há para o particular um direito à celebração do pacto.[38]

Entretanto, e como ressalva Renata Lane, a discricionariedade na celebração de acordos pela Administração não prescinde da análise

---

[35] OSÓRIO, Fábio Medina. *Natureza jurídica do instituto de não persecução cível previsto na Lei de Improbidade Administrativa e seus reflexos na Lei de Improbidade Empresarial*. 10 mar. 2020. Disponível em: https://migalhas.uol.com.br/depeso/321402/natureza-juridica-do-instituto-da-nao-persecucao-civel-previsto-na-lei-de-improbidade-administrativa-e-seus-reflexos-na-lei-de-improbidade-empresarial. Acesso em 20 fev. 2022.

[36] BRANDÃO, Nuno; CANOTILHO, J.J Gomes. Colaboração premiada: reflexões críticas sobre os acordos fundantes da Operação Lava Jato. *Revista Brasileira de Ciências Criminais*, São Paulo: RT, v. 133, a. 25. p. 133-171, jul. 2017.

[37] SANTOS, Christiano Jorge; MARQUES, Silvio Antônio. Pacote anticrime (Lei nº 13.964/ 2019) e acordo de não persecução cível na fase pré-processual: entre o dogmatismo e o pragmatismo. *Revista de Processo, Revista dos Tribunais online*, v. 303, p. 291-314, mai. 2020. Na jurisprudência, conferir: STJ. AgInt no RtPaut no AgInt no RE nos EDcl no AgInt no AREsp nº 1.341.323/RS, Relatora Ministra Maria Thereza de Assis Moura, *DJe* 07.05.2020.

[38] PALMA, Juliana Bonacorsi de. *Sanção e acordo na Administração Pública*. São Paulo: Malheiros, 2015. p. 285. Vale, contudo, o registro da opinião divergente, *quanto ao acordo de leniência*, de Maurício Zockun e Gabriel Morettini e Castella. (ZOCKUN, Maurício; MORETTINI E CASTELLA, Gabriel. Programas de leniência e integridade como novos instrumentos no Direito Administrativo Sancionador hodierno. *In*: OLIVEIRA, José Roberto Pimenta (Coord.). *Direito Administrativo Sancionador. Estudos em homenagem ao Professor Emérito da PUC/SP Celso Antônio Bandeira de Mello*. São Paulo: Malheiros, 2019. p. 423).

sobre a melhor forma de concretização do interesse público. E é no caso concreto, e dentro da margem de liberdade conferida pelo legislador, que será possível concluir se se deve proceder à pactuação ou aplicar unilateralmente a sanção.[39]

Também reconhecendo que a discricionariedade não pode significar um "cheque em branco", Igor Pinheiro e Mauro Messias registram que a recusa a uma eventual proposta de acordo deve ser necessariamente fundamentada, uma vez que haverá uma clara negativa ao interesse do investigado ou demandado, a permitir a aplicação da mesma *ratio* do artigo 50, inciso I, da Lei nº 9.784/1999.[40]

Igualmente nesse sentido, Leydomar Nunes Pereira reitera que o ente legitimado deve declarar os motivos pelos quais se deixa de oportunizar o acordo, até mesmo como forma de permitir ao agente investigado ou demandado questionar a recusa.[41]

É nesse sentido o Enunciado 74 da *I Jornada de Prevenção e Solução Extrajudicial de Litígios*, realizada pelo Conselho da Justiça Federal nos dias 22 e 23 de agosto de 2016, em Brasília/DF.[42]

Por outro lado, a decantada discricionariedade não pode ir ao ponto de permitir que situações idênticas sejam imotivadamente tratadas de forma diferente.[43] De relevo é aqui a observação de Mônica Lefréve sobre a necessidade de coerência e de isonomia, ao expressar que não se pode permitir que se eleja o acordo como a alternativa mais

---

[39] LANE, Renata. *Acordos no domínio da improbidade administrativa*. 256f. Dissertação (Mestrado em Direito) – Programa de Estudos Pós-Graduados em Direito, Pontifícia Universidade Católica de São Paulo, São Paulo, 2020. p. 109.

[40] PINHEIRO, Igor Pereira; MESSIAS, Mauro. *Acordos de não persecução penal e cível*. Leme: Mizuno, 2021. p. 202.

[41] PEREIRA, Leydomar Nunes. *Solução consensual na improbidade administrativa*: acordo de não persecução cível. Belo Horizonte: Dialética, 2020. p. 64. É de interesse mencionar o §4º do art. 2º da Resolução nº 3/2021-CPJ do MP do Estado de Mato Grosso do Sul: "O membro do Ministério Público promoverá, sempre que possível, antes da propositura de eventual ação civil pública por ato de improbidade, a solução consensual do conflito, consignando nos autos, *de forma motivada*, sua tentativa, sua impossibilidade ou seu não cabimento".

[42] "74. Havendo autorização legal para a utilização de métodos adequados de solução de controvérsias envolvendo órgãos, entidades ou pessoas jurídicas da Administração Pública, o agente público deverá: (i) analisar a admissibilidade de eventual pedido de resolução consensual do conflito; e (ii) justificar por escrito, com base em critérios objetivos, a decisão de rejeitar a proposta de acordo".

[43] Em sentido aparentemente diverso, cite-se Juliana de Palma: "O mesmo direito à atuação administrativa consensual também não pode ser pleiteado pelo particular invocando precedente de mesma natureza em que tenha sido firmado o pacto ou comportamento consolidado". (PALMA, Juliana Bonacorsi de. *Sanção e acordo na Administração Pública*. São Paulo: Malheiros, 2015. p. 285).

adequada diante de determinada conjuntura e simplesmente se aja de forma unilateral em outros casos idênticos.[44]

A margem da discricionariedade, por conseguinte, há de ser reduzida para os casos similares, a fim de evitar a quebra da igualdade e da impessoalidade, além da inobservância ao parágrafo único do artigo 24 da LINDB.[45]

Contudo, é certo que essa limitação da discricionariedade também não pode significar que os parâmetros já adotados em outros acordos sejam barreiras intransponíveis para avanços ou para ajustes que se revelarem necessários. Nessas situações, no entanto, tratamentos *desiguais* de situações assemelhadas devem sempre exigir um reforço do respectivo ônus argumentativo.

3 O ressarcimento integral do dano e a colaboração probatória

Como aventado já na introdução, não se tem o propósito ou a pretensão de esgotar todos os aspectos relevantes e controvertidos sobre o acordo de não persecução civil. Não haveria aqui espaço para tanto. Por decorrência, os subtópicos que se seguem serão dedicados às indagações sobre a (im)prescindibilidade do ressarcimento integral do dano e da colaboração probatória como *requisitos* para a celebração de um ANPC.

3.1 O ressarcimento integral do dano

Questiona-se aqui se o ressarcimento *integral* do dano seria, ou não, negociável num ANPC. Ou seja, poder-se-ia admitir uma remissão ou um ressarcimento apenas parcial num Acordo de Não Persecução Civil?

De início, é preciso relembrar que, diferentemente da multa civil, da suspensão dos direitos políticos ou da perda da função pública, por exemplo, o ressarcimento não tem a natureza jurídica de sanção.

---

[44] LEFÈVRE, Mônica Bandeira de Mello. *A vinculatividade e o controle dos acordos substitutivos da decisão administrativa*. Dissertação (Mestrado em Direito). Programa de Pós-Graduação em Direito do Estado, Universidade de São Paulo, São Paulo, 2018. p. 141.

[45] LANE, Renata. *Acordos no domínio da improbidade administrativa*. 256f. Dissertação (Mestrado em Direito) – Programa de Estudos Pós-Graduados em Direito, Pontifícia Universidade Católica de São Paulo, São Paulo, 2020. p. 110.

No ressarcimento, não se visa propriamente a punir ou a sancionar, mas sim, a reparar o dano causado pelo ato de improbidade administrativa.[46]

Como já mencionado, o Conselho Nacional do Ministério Público, ainda antes da Lei nº 13.964/2019, editara a Resolução CNMP 179, cujo artigo 1º, §2º, assim dispõe:

> §2º É cabível o compromisso de ajustamento de conduta nas hipóteses configuradoras de improbidade administrativa, *sem prejuízo do ressarcimento ao erário* e da aplicação de uma ou algumas das sanções previstas em lei, de acordo com a conduta ou o ato praticado. (Grifo nosso).

E, de fato, em razão da extensão do veto presidencial ao então Pacote anticrime, os requisitos estabelecidos na normatização do CNMP foram continuamente utilizados para a celebração de acordos de não persecução civil pelo *Parquet*.

Diga-se que a superveniente Orientação nº 10 da 5ª Câmara de Coordenação e Revisão do MPF, de novembro de 2020, previu também, em seu artigo 22, que o ANPC *não* poderia conceder benefícios de "redução de valores devidos a título de ressarcimento".

Já se veria aí, portanto, uma margem a ser respeitada em todo e qualquer acordo: a impossibilidade de negociação para se abrir mão do ressarcimento ao erário.

Também nessa lógica, Renata Lane já expressava, ainda antes da Lei nº 14.230/2021, que os ajustes não poderiam eximir o interessado de ressarcir integralmente o erário, nos termos do §3º do artigo 16 da Lei nº 12.846/2013.[47]

Apontavam igualmente Christiano Jorge Santos e Silvio Antônio Marques que, considerada a indisponibilidade do interesse público, não se poderia falar em qualquer "desconto" sobre o valor devido pelos agentes do ato ímprobo, nem a exclusão da indenização dos danos causados ao erário.[48]

---

[46] STJ. 2ª turma, REsp nº 1.761.202/MG, Relator Ministro Herman Benjamin, *DJe* 11.03.2019.

[47] LANE, Renata. *Acordos no domínio da improbidade administrativa*. 256f. Dissertação (Mestrado em Direito) – Programa de Estudos Pós-Graduados em Direito, Pontifícia Universidade Católica de São Paulo, São Paulo, 2020. p. 188-189.

[48] SANTOS, Christiano Jorge; MARQUES, Silvio Antônio. Pacote anticrime (Lei nº 13.964/2019) e acordo de não persecução cível na fase pré-processual: entre o dogmatismo e o pragmatismo. *Revista de Processo, Revista dos Tribunais online*, v. 303, p. 291-314, mai. 2020. Também no sentido de que o ressarcimento integral do dano é uma condição inafastável para a formalização do acordo: PEREIRA, Leydomar Nunes. *Solução consensual na improbidade administrativa*: acordo de não persecução cível. Belo Horizonte: Dialética, 2020.

No âmbito das normativas estaduais, a Nota Técnica nº 001/2020 do Ministério Público do Estado do Ceará, por exemplo, dispõe que o ressarcimento ao erário, por sua própria conformação constitucional, não seria passível de redução. Nesse mesmo sentido, cite-se também o artigo 3º, inciso V, da Resolução/CPJ 040/2020 do MP do Estado da Paraíba, bem como os artigos 1º, §1º, e 5º, inciso VII e §3º, da Resolução nº 1.193/2020 do CPJ do MP de São Paulo.

Nada obstante, é obrigatório registrar a posição divergente de Fábio Medina Osório, para quem o ressarcimento integral não necessitava figurar como cláusula obrigatória. Para corroborar tal ilação, aduzia que o microssistema de combate à corrupção *não* impõe essa obrigação como uma condição *sine qua non* para a celebração do acordo de colaboração premiada, do acordo de leniência ou do termo de ajustamento de conduta.

Esclarecia o autor, no entanto, que isso não significa que devem ser admitidas cláusulas que exonerem o infrator sem uma devida justificação, isto é, jamais se negociaria o ressarcimento ao erário sem razoabilidade ou sem proporcionalidade.

Demais disso, outro ponto destacado pelo citado professor na defesa de que o ressarcimento integral não poderia significar um obstáculo instransponível à celebração da avença é o fato de que nem sempre a exata quantificação do dano é possível de ser aferida ou mensurada.[49]

No mesmo sentido, Américo Bedê Junior e Lara Carvalho Breda consideravam possível a transação sobre o ressarcimento ao erário, nos seguintes termos:

(...) faz-se necessário ainda considerar que a imposição da multa e do dever de ressarcimento integral ao erário poderiam se apresentar como um grande problema nos casos em que o agente ímprobo não tenha condições patrimoniais de suportar tais valores.

Isso porque, nesses casos, o legitimado para a celebração do acordo se veria em uma difícil situação, já que, ainda que o acordo se mostrasse

---

p. 76 e PEREIRA, Rafael. *Manual do acordo de não persecução Cível*. Belo Horizonte: CEI, 2020. p. 59.

[49] OSÓRIO, Fábio Medina. *Natureza jurídica do instituto de não persecução cível previsto na Lei de Improbidade Administrativa e seus reflexos na Lei de Improbidade Empresarial*. 10 mar. 2020. Disponível em: https://migalhas.uol.com.br/depeso/321402/natureza-juridica-do-instituto-da-nao-persecucao-civel-previsto-na-lei-de-improbidade-administrativa-e-seus-reflexos-na-lei-de-improbidade-empresarial. Acesso em 20 fev. 2022.

interessante, restaria prejudicado, se vendo obrigado a deixar de atender outros interesses da Administração Pública afetados pela não identificação dos demais agentes e pelo eventual não colhimento de provas suficientes contra eles.

Desse modo, entendemos pela possibilidade de afastamento do dever de reparação do dano e da multa aplicável.[50]

Mas o fato é que, incluído pela Lei nº 14.230/2021, o atual artigo 17-B da Lei de Improbidade Administrativa é agora expresso ao fixar, como requisito mínimo do ANPC, (*i*) o *integral* ressarcimento do dano e (*ii*) a reversão à pessoa jurídica lesada da vantagem indevida obtida, ainda que oriunda de agentes privados.

A despeito dessa nova previsão legal, a questão continua complexa. E o problema se eleva quando a inflexibilidade da exigência de ressarcimento integral inviabilizar completamente um acordo e, com isso, outros interesses igualmente públicos e relevantes deixarem de ser atendidos.

Nessas situações, não se pode negar a possibilidade de vir a ser ponderado – no caso concreto e de forma excepcional – se a imposição do ressarcimento integral do dano está, ou não, em consonância com o melhor interesse da sociedade.[51]

É o que poderá ocorrer na hipótese de o réu ou o investigado *comprovadamente* não titularizar patrimônio suficiente para reparar todos os danos causados, muito embora disponha de informações e de provas essenciais para elucidar a verdadeira extensão objetiva e subjetiva do ilícito, inclusive permitindo revelar os principais partícipes ou beneficiários e o destino dos recursos desviados.

E não será incomum que tal circunstância se verifique, por exemplo, com aqueles que ocupam apenas posições subalternas ou de menor relevância na hierarquia da organização ilícita.

Nessa particular conjuntura, há que se admitir que o requisito da reparação *integral* do dano seja mitigado, desde que, claro, mediante

---

[50] BEDÊ JUNIOR, Américo; BREDA, Lara Carvalho. O acordo de leniência e a derrogação tácita da vedação para realização de acordo no *âmbito* da improbidade administrativa. *Revista de Processo*, São Paulo: Revista dos Tribunais, a. 46, n. 314, p. 249-282, abr. 2021.

[51] OSÓRIO, Fábio Medina. *Natureza jurídica do instituto de não persecução cível previsto na Lei de Improbidade Administrativa e seus reflexos na Lei de Improbidade Empresarial*. 10 mar. 2020. Disponível em: https://migalhas.uol.com.br/depeso/321402/natureza-juridica-do-instituto-da-nao-persecucao-civel-previsto-na-lei-de-improbidade-administrativa-e-seus-reflexos-na-lei-de-improbidade-empresarial. Acesso em 20 fev. 2022.

reforçada e idônea justificação, até mesmo para que o juiz possa homologar o ajuste celebrado.[52]

Por certo, qualquer concessão específica em relação ao signatário do acordo não irá afetar o direito de cobrar o valor a ser ressarcido pelos demais responsáveis, nos limites de sua participação e dos benefícios auferidos.[53]

3.2 A colaboração para a obtenção de provas

Reserva-se o presente subtópico a analisar se a pactuação do ANPC deve necessariamente estar atrelada à finalidade de obtenção de provas, a exemplo dos acordos de leniência (Lei nº 12.846/2013) e de colaboração premiada (Lei nº 12.850/2013).

Após a Lei nº 13.964/2019 – e antes da Lei nº 14.230/2021 –, ao retratar a omissão da LIA quanto às condições para a celebração de um ANPC, Christiano Jorge Santos e Silvio Antônio Marques afirmavam que nada impediria que o ajuste fosse celebrado utilizando-se, por analogia do disposto na Lei Anticorrupção, a qual autorizava o acordo de leniência *desde que* o responsável pelo ato ilícito colaborasse na identificação dos demais envolvidos, quando fosse o caso, e na obtenção célere de informações e documentos que pudessem comprovar os fatos sob apuração. Por isso, defendiam os autores que poderiam ser considerados como requisitos do ANPC aqueles previstos no §1º do artigo 16 da Lei nº 12.846/2013.[54]

Em posição divergente, Renata Lane expressava que seria equivocado estabelecer a obrigatoriedade da colaboração do agente ímprobo (que aceitaria a aplicação imediata das sanções propostas pelo ente

---

[52] Sobre a integral oponibilidade da autoridade da coisa julgada aos Tribunais de Contas, cf. STF. MS nº 28.150, Relator Ministro Celso de Mello, *DJe* 19.06.2013.

[53] Muito embora a redação original da LIA fosse silente, não se pode ignorar que a jurisprudência se revelava predominantemente favorável à solidariedade (cf., nesse sentido, STJ. REsp nº 1.816.235/RJ, 2ª Turma, Rel. Ministro Herman Benjamin, *DJe* 12.04.2021). No entanto, assim dispõe o novo §2º do art. 17-C da LIA: "Na hipótese de litisconsórcio passivo, a condenação ocorrerá no limite da participação e dos benefícios diretos, vedada qualquer solidariedade". Tal dispositivo é também de fundamental relevância para o regime de acordos na improbidade administrativa, eis que a intransigência na pactuação da responsabilidade solidária por um ressarcimento integral do dano certamente determinaria a absoluta inviabilidade de celebração de grande parte dos ajustes, raramente celebrados com todos os responsáveis pela prática ilícita.

[54] SANTOS, Christiano Jorge; MARQUES, Silvio Antônio. Pacote anticrime (Lei nº 13.964/2019) e acordo de não persecução cível na fase pré-processual: entre o dogmatismo e o pragmatismo. *Revista de Processo, Revista dos Tribunais online*, v. 303, p. 291-314, mai. 2020.

legitimado), mesmo que o ato de improbidade administrativa tivesse sido praticado em concurso de pessoas, pois não se poderia confundir o ANPC com o acordo de leniência.[55] Eram também nesse sentido as orientação de Calil Simão e Landolfo Andrade, para quem o acordo de não persecução cível, assim como o ANPP, dispensam a colaboração probatória.[56]

De fato, e embora a apresentação de provas deva ser considerada um importante elemento de justificação do acordo – e também um não menos importante critério de medida de isenção ou redução das sanções –, não se pode ignorar a possibilidade de o ANPC restar celebrado mesmo sem a colaboração probatória.

E certamente assim ocorrerá quando o ato de improbidade administrativa, por exemplo, puder ser considerado de menor extensão ou tiver sido praticado por um único agente, ou seja, pelo próprio celebrante.

Do contrário, ter-se-ia que admitir, *impropriamente*, que somente os investigados por atos de maior complexidade e em concurso com outros agentes – como sói ocorrer nos casos mais graves e reprováveis – poderiam se beneficiar do acordo.

O acordo de não persecução cível, portanto, poderá restar justificado sem que haja necessariamente a inclusão de cláusulas de colaboração para a obtenção de novas provas respeitantes aos fatos investigados ou a eventuais outros agentes.

Noutras palavras, conquanto seja possível – e muitas vezes poderá ser até mesmo imprescindível – que o acordo vise à aquisição de provas sobre os fatos em apuração ou sobre a participação de outros envolvidos, nada impede que o ANPC, a depender da situação concreta (ou seja, a depender da complexidade fática, das vantagens de uma solução célere do conflito em face da estimativa de demora do trâmite

---

[55] Contudo, a autora admite que, havendo colaboração, tal situação poderá ser considerada na dosimetria da sanção, muito embora, considera ela, "o ANPC não seja um instrumento essencialmente colaborativo". (LANE, Renata. *Acordos na improbidade administrativa*: termo de ajustamento de conduta, acordo de não persecução cível e acordo de leniência. Rio de Janeiro: Lumen Juris, 2021. p. 198-199).

[56] ANDRADE, Landolfo. *Autocomposição na esfera da Improbidade Administrativa*. 11 abr. 2018. Disponível em: https://genjuridico.jusbrasil.com.br/artigos/565364345/autocomposicao-na-esfera-de-improbidade-administrativa. Acesso em 20 fev. 2021. Por igual, Calil Simão expressa que o ANPC se diferencia do acordo de leniência por "não reclamar que o agente colabore com as investigações" e "não constituir um instrumento de investigação ou de auxílio a ela". (SIMÃO, Calil. *Improbidade administrativa*: teoria e prática. 5. ed. Leme: Mizuno, 2021. p. 417).

processual, do cumprimento efetivo da sanção ajustada, do rápido ressarcimento do dano, da cessão da prática da improbidade etc.), seja celebrado sem cláusulas de colaboração probatória.

Nesse sentido, Sofia Cavalcanti Campelo afirma que, no acordo celebrado como forma de solucionar o conflito, não há a imposição de colaboração com as investigações. Assim, "sendo esta a opção legislativa, pode-se, por exemplo, optar por abrandar as sanções da LIA pela simples disposição do réu de não contestar a ação e de reparar os danos".[57]

Todavia, tal conclusão não significa admitir que o celebrante esteja autorizado a esconder a realidade ou esteja autorizado a se omitir em revelar o que sabe sobre os atos objeto da investigação, especialmente quando se tratar de atos de improbidade praticados em concurso de pessoas ou em continuidade delitiva. E é para evitar esse reprovável comportamento que o acordo necessariamente deverá prever, como consequência da eventual exposição dos fatos em desacordo com a verdade, a perda dos benefícios pactuados.

Enfim, e a despeito da inexistência da colaboração probatória, poderá ser suficiente para permitir e justificar a celebração do ANPC – com a consequente fixação consensual de sanções – o escopo, o caro escopo de se conferir uma resposta efetiva e célere aos atos que ofendam a probidade administrativa, o que muitas vezes somente será possível quando se evita uma morosa, custosa e incerta lide judicial.

No entanto, em face da complexidade das circunstâncias fáticas, a colaboração probatória *deve* ser uma exigência do ente legitimado, ao qual caberá, dentro de seu espaço de discricionariedade, tanto (*i*) permitir a concessão de maiores vantagens àquele que efetivamente contribuir para a identificação da real extensão objetiva e subjetiva do ilícito, quanto (*ii*) até mesmo negar a celebração do acordo para aquele que se recusar a auxiliar na apuração dos fatos.

Conclusão

1. A modificação promovida na LIA pela Lei nº 13.964/2019, para estabelecer que as ações de improbidade administrativa admitem a celebração de acordo de não persecução, insere-se num contexto

---

[57] CAMPELO, Sofia Cavalcanti. Acordo em ação de improbidade administrativa: desafios atuais e perspectivas para o futuro. *Revista dos Tribunais*, São Paulo, v. 1011, a. 109. p. 23-50, jan. 2020.

normativo de expansão da consensualidade no domínio do Direito Administrativo Sancionador. Iniciadas com a previsão da figura do compromisso de ajustamento de conduta no Estatuto da Criança e do Adolescente, as inovações tiverem continuidade com as Leis nºs 10.149/2000, 12.529/2011, 12.846/2013 (Lei Anticorrupção), 13.140/2015 (Lei da Mediação), com o próprio Código de Processo Civil, pródigo ao estimular a solução consensual de conflitos, e com a Lei nº 13.655/2018, em razão das alterações promovidas na LINDB.

2. Pode-se dizer que a busca pela alternativa da pactuação espelhou a insuficiência do modelo tradicional de sancionamento, que passou a demandar a experimentação de novas técnicas para um combate mais efetivo da prática de atos ilícitos e para uma solução mais célere e econômica dos conflitos dela decorrentes. Seja pela ineficiência desse modelo tradicional (e unilateral), seja em razão da sofisticação e complexidade de determinadas organizações dedicadas à ilicitude, negociar passou a ser a única forma de identificar a extensão de certas práticas ilícitas, de punir e de ressarcir danos.

3. De outro lado, a ideia de que a consensualidade era incompatível com a tutela da probidade administrativa foi sendo desafiada pela adoção de métodos consensuais no próprio campo do Direito Penal.

4. Não é sem razão, portanto, que a LIA, desde a redação que lhe foi conferida pela Lei nº 13.964/2019, passou a admitir o acordo de não persecução civil (ANPC), o que, diga-se, veio a ser consolidado na Lei nº 14.230/2021.

5. Busca a consensualidade, ademais, aumentar o grau de cumprimento das sanções e diminuir a inegável sensação de impunidade, em contraponto aos infindáveis trâmites processuais comumente verificados nas ações civis de improbidade administrativa.

6. Mas a consensualidade ainda impacta e transporta desafios. Impacta, porque representa a superação da ideia da impossibilidade de negociação com o Poder Público ou de que a sanção deve ser sempre imposta de forma unilateral e automática a qualquer infração. E traz desafios, porque exige um novo padrão de atuação do ente legitimado, ao qual fica autorizado acordar a substituição, a atenuação ou mesmo a remissão de certas penalidades. Desse modo, haverá aqui sempre um difícil equilíbrio: as vantagens representadas pelo acordo não podem ir ao ponto de fazer com que o ilícito tenha valido a pena, mas há que se evitar que o instituto fique também desprovido de atratividade.

7. Não se pode nem se deve buscar desconstruir a ideia de interesse público para se admitir a consensualidade. Muito pelo

contrário! A consensualidade pressupõe justamente a compreensão de que a via concertada não é uma forma de dispor do interesse público, mas sim, um meio de atingi-lo, com efetividade, economia de tempo e de custos e com uma maior adequação da solução negociada em face das especificidades da situação concreta. Por isso, a opção pela consensualidade deve exigir a devida justificação da autoridade competente, justificação que deverá, concretamente, explicitar que os ganhos advindos com a transação superam os resultados que se poderia esperar de uma atuação sancionatória tradicional.

8. Quanto à sua natureza jurídica, cabe registrar que o ANPC não se confunde com o negócio jurídico processual atípico que veio a ser previsto no Código de Processo Civil, na medida em que, inegavelmente, as consequências de uma eventual exclusão, redução ou substituição de qualquer das sanções previstas na LIA guardam natureza *material*.

9. Há consenso de que a celebração do ANPC não representa um direito subjetivo do investigado ou demandado. Contudo, a discricionariedade administrativa não pode ir ao ponto de permitir que situações idênticas sejam tratadas de forma absolutamente diferentes, sob pena de afronta aos deveres de impessoalidade e de isonomia. Mas isso também não significa que os parâmetros já adotados em outros acordos sejam barreiras intransponíveis para avanços ou para ajustes que se revelarem necessários. No entanto, eventuais tratamentos desiguais para situações semelhantes devem sempre exigir um reforço do ônus argumentativo.

10. No presente artigo foram especificamente abordadas as indagações sobre a (im)prescindibilidade do ressarcimento integral ao erário e sobre a colaboração probatória como requisitos para a celebração de um acordo de não persecução civil.

11. Na letra da lei, não haveria possibilidade de negociação para se abrir mão do integral ressarcimento do dano num ANPC. No entanto, não podem ser ignoradas situações em que a inflexibilidade dessa exigência inviabilizar completamente o acordo e, com isso, outros interesses igualmente públicos e relevantes deixarem de ser atendidos.

12. Nessas hipóteses, há que se admitir que o requisito da reparação *integral* seja mitigado – no caso concreto e de forma excepcional –, desde que, claro, mediante reforçada e idônea justificação.

13. A despeito da inexistência da colaboração probatória pelo réu ou investigado, poderá ser suficiente para permitir e justificar a celebração do ANPC o escopo de se conferir uma resposta efetiva e

célere aos atos que ofendem a probidade administrativa, o que muitas vezes somente será possível quando se evita uma morosa, custosa e incerta lide judicial.

14. Contudo, em face da complexidade das circunstâncias fáticas, poderá o ente legitimado, dentro de seu espaço de discricionariedade, negar o acordo àquele que se recusa a colaborar ou mesmo permitir a concessão de maiores vantagens somente àquele que efetivamente contribuir para a identificação da real extensão objetiva e subjetiva do ilícito.

Referências

ANDRADE, Landolfo. *Autocomposição na esfera da Improbidade Administrativa*. 11 abr. 2018. Disponível em: https://genjuridico.jusbrasil.com.br/artigos/565364345/autocomposicao-na-esfera-de-improbidade-administrativa. Acesso em 20 fev. 2021.

BARROS E SILVA, Victor Carvalho Pessoa de. *Acordos administrativos substitutivos de sanção*. 135f. Dissertação (Mestrado em Direito). Programa de Estudos Pós-Graduados em Direito, Pontifícia Universidade Católica de São Paulo, São Paulo, 2019.

BEDÊ JUNIOR, Américo; BREDA, Lara Carvalho. O acordo de leniência e a derrogação tácita da vedação para realização de acordo no *âmbito* da improbidade administrativa. *Revista de Processo*, São Paulo: Revista dos Tribunais, a. 46, n. 314, p. 249-282, abr. 2021.

BRANDÃO, Nuno; CANOTILHO, J.J Gomes. Colaboração premiada: reflexões críticas sobre os acordos fundantes da Operação Lava Jato. *Revista Brasileira de Ciências Criminais*, São Paulo: RT, v. 133, a. 25. p. 133-171, jul. 2017.

BRASIL. Conselho Nacional de Justiça. Justiça Pesquisa. *Lei de Improbidade Administrativa*: obstáculos à plena efetividade do combate aos atos de improbidade. (Coordenação Luiz Manoel Gomes Júnior, equipe Gregório Assagra de Almeida *et al.*). Brasília: Conselho Nacional de Justiça, 2015. Disponível em: https://www.cnj.jus.br/wp-content/uploads/2011/02/1ef013e1f4a64696eeb89f0fbf3c1597.pdf. Acesso em 20 fev. 2022.

CAMPELO, Sofia Cavalcanti. Acordo em ação de improbidade administrativa: desafios atuais e perspectivas para o futuro. *Revista dos Tribunais*, São Paulo, v. 1011, a. 109. p. 23-50, jan. 2020.

CANETTI, Rafaela Coutinho. *Acordo de leniência*: fundamentos do instituto e os problemas de seu transplante ao ordenamento jurídico brasileiro. Belo Horizonte: Fórum, 2018.

DINIZ, Cláudio Smirne; CAMBI, Eduardo. Solução extrajudicial de conflitos na proteção do patrimônio público e da probidade administrativa. *Revista dos Tribunais*, v. 994, p. 49-69, ago. 2018.

FUNARI, Marcos Roberto; SOUZA, Motauri Ciocchetti de. Composição civil em improbidade administrativa. *Revista de Processo*, v. 291, p. 287-307, mai. 2019.

GAJARDONI, Fernando da Fonseca *et al*. *Comentários* à *Lei de Improbidade Administrativa*. 4. ed. São Paulo: Revista dos Tribunais, 2020.

GODOY, Luciano de Souza. *Acordo e mediação na ação de improbidade administrativa*. 03 ago. 2015. Disponível em: https://www.jota.info/opiniao-e-analise/artigos/acordo-e-mediacao-na-acao-de-improbidade-administrativa-03082015. Acesso em 20 fev. 2022.

LANE, Renata. *Acordos na improbidade administrativa*: termo de ajustamento de conduta, acordo de não persecução cível e acordo de leniência. Rio de Janeiro: Lumen Juris, 2021.

LANE, Renata. *Acordos no domínio da improbidade administrativa*. 256f. Dissertação (Mestrado em Direito) – Programa de Estudos Pós-Graduados em Direito, Pontifícia Universidade Católica de São Paulo, São Paulo, 2020.

LEFÈVRE, Mônica Bandeira de Mello. *A vinculatividade e o controle dos acordos substitutivos da decisão administrativa*. Dissertação (Mestrado em Direito). Programa de Pós-Graduação em Direito do Estado, Universidade de São Paulo, São Paulo, 2018.

MARTINS JÚNIOR, Wallace Paiva. Acordo de não persecução cível. *In*: CUNHA, Rogério Sanches *et al*. (Coord.). *Acordos de não persecução penal e cível*. Salvador: JusPodivm, 2021.

MARTINS JÚNIOR, Wallace Paiva. *Probidade administrativa*. São Paulo: Saraiva, 2001.

MOTTA, Fabrício; NOHARA, Irene Patrícia. *LINDB no Direito Público*: Lei nº 13.655/2018. São Paulo: Thomson Reuters Brasil, 2019.

OLIVEIRA, José Roberto Pimenta; GROTTI, Dinorá Adelaide Musetti. Direito administrativo sancionador brasileiro: breve evolução, identidade, abrangência e funcionalidades. *Int. Público – IP*, Belo Horizonte, a. 22, n. 120, p. 83-126, mar./abr. 2020.

OLIVEIRA, José Roberto Pimenta. Desafios e avanços na prevenção e no combate à corrupção, na atuação cível do Ministério Público Federal, nos 30 anos da Constituição Federal. *In*: HIROSE, Regina Tamami (Coord.). *Carreiras típicas de Estado. Desafios e avanços na prevenção e no combate à corrupção*. Belo Horizonte: Fórum, 2019.

OSÓRIO, Fábio Medina. *Direito administrativo sancionador*. 7. ed. rev. e atual. São Paulo: Thomson Reuters Brasil, 2020.

OSÓRIO, Fábio Medina. *Natureza jurídica do instituto de não persecução cível previsto na Lei de Improbidade Administrativa e seus reflexos na Lei de Improbidade Empresarial*. 10 mar. 2020. Disponível em: https://migalhas.uol.com.br/depeso/321402/natureza-juridica-do-instituto-da-nao-persecuao-civel-previsto-na-lei-de-improbidade-administrativa-e-seus-reflexos-na-lei-de-improbidade-empresarial. Acesso em 20 fev. 2022.

OSÓRIO, Fábio Medina. *Teoria da improbidade administrativa*: má gestão pública, corrupção, ineficiência. 5. ed. rev. e atual. São Paulo: Thomson Reuters, 2020.

PALMA, Juliana Bonacorsi de. *Sanção e acordo na Administração Pública*. São Paulo: Malheiros, 2015.

PEIXOTO, Ravi. A nova sistemática de resolução consensual de conflitos pelo Poder Público – uma análise a partir do CPC/2015 e da Lei nº 13.140/2015. *Revista de Processo*, São Paulo, v. 261, p. 467-497, nov. 2016.

PELEGRINI, Márcia. A consensualidade como método alternativo para o exercício da competência punitiva dos Tribunais de Contas. *In*: OLIVEIRA, José Roberto Pimenta (Coord.). *Direito Administrativo Sancionador. Estudos em homenagem ao Professor Emérito da PUC/SP Celso Antônio Bandeira de Mello*. São Paulo: Malheiros, 2019.

PEREIRA, Leydomar Nunes. *Solução consensual na improbidade administrativa*: acordo de não persecução cível. Belo Horizonte: Dialética, 2020.

PEREIRA, Rafael. *Manual do acordo de não persecução Cível*. Belo Horizonte: CEI, 2020.

PINHEIRO, Igor Pereira; MESSIAS, Mauro. *Acordos de não persecução penal e cível*. Leme: Mizuno, 2021.

PINHO, Humberto Dalla Bernardina de. O consenso em matéria de improbidade administrativa: limites e controvérsias em torno do acordo de não persecução Cível introduzido na Lei nº 8.429/1992 pela Lei nº 13.964/2019. *Revista Interdisciplinar de Direito*, Curso de Direito do Centro Universitário de Valença, v. 18, n. 1, p. 145-162, jan./jun. 2020. Disponível em: http://revistas.faa.edu.br/index.php/FDV/article/view/845. Acesso em 20 fev. 2022.

ROCHA, Marcelo Dantas; ZAGANELLI, Margareth Vetis. *O ajustamento de conduta em atos de improbidade administrativa*: anacronismos na vedação da transação na lei brasileira. 2017. Disponível em: http://www.cadernosdedereitoactual.es/ojs/index.php/cadernos/article/view/221/137. Acesso em 20 fev. 2022.

RODRIGUES, Paulo Cesar Villela Souto Lopes. O papel do juiz no acordo de colaboração premiada como espécie do gênero negócio jurídico processual e as inovações do Pacote anticrime. *In*: DUTRA, Bruna Martins Amorim; AKERMAN, William (Org.). *Pacote anticrime*: análise crítica à luz da Constituição Federal. São Paulo: Thomson Reuters, 2020.

SANTOS, Christiano Jorge; MARQUES, Silvio Antonio. Pacote anticrime (Lei nº 13.964/2019) e acordo de não persecução cível na fase pré-processual: entre o dogmatismo e o pragmatismo. *Revista de Processo, Revista dos Tribunais online*, v. 303, p. 291-314, mai. 2020.

SARMENTO, Daniel. *Interesses Públicos versus Interesses Privados*: desconstruindo o princípio da supremacia do interesse público. 3. tir. Rio de Janeiro: Lumen Juris, 2010.

SIMÃO, Calil. *Improbidade administrativa*: teoria e prática. 5. ed. Leme: Mizuno, 2021.

VORONOFF, Alice *et al*. Improbidade administrativa e consensualidade. *Jota*, 08 nov. 2019. Disponível em: https://www.jota.info/opiniao-e-analise/colunas/tribuna-da-advocacia-publica/improbidade-administrativa-e-consensualidade-08112019. Acesso em 20 fev. 2022.

VORONOFF, Alice. *Direito administrativo sancionador no Brasil*: justificação, interpretação e aplicação. Belo Horizonte: Fórum, 2018.

ZOCKUN, Maurício; MORETTINI E CASTELLA, Gabriel. Programas de leniência e integridade como novos instrumentos no Direito Administrativo Sancionador hodierno. *In*: OLIVEIRA, José Roberto Pimenta (Coord.). *Direito Administrativo Sancionador. Estudos em homenagem ao Professor Emérito da PUC/SP Celso Antônio Bandeira de Mello*. São Paulo: Malheiros, 2019.

Informação bibliográfica deste texto, conforme a NBR 6023:2018 da Associação Brasileira de Normas Técnicas (ABNT):

TRINDADE JÚNIOR, Julizar Barbosa. O ressarcimento integral do dano e a colaboração probatória no acordo de não persecução civil (ANPC). *In*: CORONA, Maria Lia Porto; CASTRO, Sérgio Pessoa de Paula; RAHIM, Fabiola Marquetti Sanches (Coords.). *Anotações sobre a Lei de Improbidade Administrativa*. Belo Horizonte: Fórum, 2022. p. 103-130. ISBN 978-65-5518-378-8.

A COMUNICABILIDADE DOS EFEITOS DAS SENTENÇAS PENAIS ABSOLUTÓRIAS NAS AÇÕES DE IMPROBIDADE ADMINISTRATIVA: UMA LEITURA CONSTITUCIONAL DO ART. 21, §4º, DA LEI Nº 8.429/1992

MATEUS CAMILO RIBEIRO DA SILVEIRA

Introdução

A Lei nº 14.230/2021 promoveu alterações significativas na Lei nº 8.429/1992, que abrangem desde aspectos materiais a aspectos processuais da tutela da probidade administrativa.

Entre as modificações empreendidas, o legislador buscou disciplinar as interações e conexões entre o sistema de responsabilidade por improbidade com as demais instâncias existentes na ordem jurídica – notadamente as esferas civil, penal e administrativa –, visando, a princípio, incrementar a segurança jurídica e a coerência de decisões proferidas nos distintos campos de jurisdição.

São diversas as previsões introduzidas com esse objetivo.[1] Com a nova redação conferida ao artigo 21 da Lei, passou-se a atribuir

---

[1] Além dos dispositivos citados neste artigo, vale acrescer o artigo 12 da Lei, que, em seus parágrafos 6º e 7º, determina, respectivamente, a dedução do ressarcimento ocorrido nas instâncias criminal, civil e administrativa que tiver por objeto os mesmos fatos tratados na ação de improbidade e a necessidade de observância do princípio constitucional do *non bis in idem*, quando da aplicação das sanções a pessoas jurídicas com base na Lei de Improbidade e na Lei nº 12.846/2013. E, ainda, o §5º do art. 21, segundo o qual "sanções eventualmente aplicadas em outras esferas deverão ser compensadas com as sanções aplicadas nos termos desta Lei".

ao juiz, por exemplo, o dever de considerar, para formação de sua convicção no exame da ação de improbidade, eventuais atos de órgão de controle interno ou externo que tiverem servido de fundamento para a conduta do agente público acusado, assim como as provas e decisões produzidas perante tais órgãos, conforme previsto nos parágrafos 1º e 2º do dispositivo.

Previu-se, adicionalmente, que as sentenças penais "produzirão efeitos em relação à ação de improbidade quando concluírem pela inexistência da conduta ou pela negativa da autoria", a teor do parágrafo 3º do mesmo artigo.

Por meio desse último comando normativo, o legislador reforçou a interdependência entre a esfera de improbidade administrativa e a penal, afiançando a comunicação de dois fundamentos de absolvição previstos no artigo 386 do Código de Processo Penal – CPP, para o domínio da tutela da probidade – especificamente aqueles indicados nos incisos I e IV.[2]

No que diz respeito aos efeitos da sentença penal absolutória sobre o domínio da Lei nº 8.429/1992, o dispositivo, a rigor, apenas reitera noção já sedimentada e reproduzida em outras normas no ordenamento jurídico (a exemplo do art. 935 do Código Civil[3] e do art. 66 do CPP),[4] impedindo que se volte a debater, em ação de improbidade, os mesmos fatos, se sobre eles já houver conclusão no juízo criminal no sentido da inexistência da conduta ou de que o acusado não foi o autor dos comportamentos ilícitos imputados.

Ocorre que a Lei nº 14.230/2021 acresceu ao artigo 21 da Lei nº 8.429/1992, o parágrafo 4º, para dispor que a sentença absolutória criminal – confirmada por decisão colegiada –, pelos mesmos fatos tratados em ação de improbidade administrativa, impede o trâmite

---

[2] Art. 386. O juiz absolverá o réu, mencionando a causa na parte dispositiva, desde que reconheça: I – estar provada a inexistência do fato; II – não haver prova da existência do fato; III – não constituir o fato infração penal; IV – estar provado que o réu não concorreu para a infração penal; V – não existir prova de ter o réu concorrido para a infração penal; VI – existirem circunstâncias que excluam o crime ou isentem o réu de pena (arts. 20, 21, 22, 23, 26 e §1º do art. 28, todos do Código Penal), ou mesmo se houver fundada dúvida sobre sua existência; VII – não existir prova suficiente para a condenação.

[3] Art. 935. A responsabilidade civil é independente da criminal, não se podendo questionar mais sobre a existência do fato, ou sobre quem seja o seu autor, quando estas questões se acharem decididas no juízo criminal.

[4] Art. 66. Não obstante a sentença absolutória no juízo criminal, a ação civil poderá ser proposta quando não tiver sido, categoricamente, reconhecida a inexistência material do fato.

desta, "havendo comunicação com todos os fundamentos de absolvição" previstos no artigo 386 do CPP.[5]

Como se pode verificar da leitura do dispositivo, sobretudo em face do parágrafo anterior, pretendeu-se ampliar as hipóteses de comunicação dos fundamentos de absolvição criminal para a ação de improbidade, dispondo o legislador que qualquer sentença penal absolutória, confirmada por órgão colegiado, produzirá efeitos sobre a pretensão de responsabilizar agente público (ou terceiro) nas sanções da Lei nº 8.429/1992.

O objetivo deste artigo é examinar a compatibilidade do comando normativo inscrito no artigo 21, §4º, da Lei de Improbidade, com a Constituição da República, em especial diante da autonomia do sistema de responsabilidade por ato ímprobo.

Para tanto, é necessário compreender qual seria o alcance do dispositivo legal, a partir de sua intepretação literal, assim como as distintas hipóteses de absolvição indicadas no diploma processual penal. Com base nesses elementos, cabe apurar as consequências jurídicas de eventual comunicação automática de todos os fundamentos absolutórios indicados no CPP para as ações de improbidade administrativa.

Ao fim, pretende-se extrair do artigo 21, §4º, interpretação que seja conforme aos termos da Constituição Federal e coerente com as disposições da própria Lei de Improbidade.

1 A autonomia constitucional do sistema de responsabilidade por ato ímprobo

Uma leitura possível do artigo 21, §4º, da Lei nº 8.429/1992, a partir da literalidade do texto, indicaria que o dispositivo pretendeu estabelecer comunicabilidade automática entre qualquer sentença penal absolutória e a esfera de responsabilização por ato de improbidade, independentemente dos fundamentos de absolvição previstos no

---

[5] Art. 21. A aplicação das sanções previstas nesta lei independe: (...) §3º As sentenças civis e penais produzirão efeitos em relação à ação de improbidade quando concluírem pela inexistência da conduta ou pela negativa da autoria. §4º A absolvição criminal em ação que discuta os mesmos fatos, confirmada por decisão colegiada, impede o trâmite da ação da qual trata esta Lei, havendo comunicação com todos os fundamentos de absolvição previstos no art. 386 do Decreto-Lei nº 3.689, de 3 de outubro de 1941 (Código de Processo Penal).

artigo 386 do Código de Processo Penal. O único requisito imposto pela norma seria a identidade dos fatos debatidos em ambas as instâncias. Tratando-se do mesmo contexto fático, a absolvição na esfera criminal, por quaisquer dos fundamentos, produziria efeitos sobre a correlata ação de improbidade.

Como cediço, o diploma processual penal contempla hipóteses distintas de absolvição criminal, que vão desde a confirmação da inexistência da conduta e da negativa da autoria, até o reconhecimento de insuficiência probatória e atipicidade da conduta à luz da legislação penal. Portanto, a prevalecer a interpretação do artigo 21, §4º, da LIA, no sentido da comunicabilidade automática, todas essas diversas situações ensejariam, necessariamente, o trancamento de ação de improbidade administrativa envolvendo os mesmos fatos tratados na ação penal.

O dispositivo legal, acaso assim compreendido, determinaria intensa medida de vinculação entre as instâncias penal e de improbidade, suscitando ao intérprete a questão da viabilidade constitucional de se dissipar (ou ao menos restringir), por meio de lei e nessa gradação, a independência do sistema criado pelo art. 37, §4º, da Constituição da República, que alberga a autonomia do devido processo legal para exercício da pretensão punitiva e a prolação de eventual sentença condenatória.

Como se pode antever, a comunicação automática e indistinta de todos os fundamentos de absolvição previstos no art. 386 do CPP é juridicamente inviável, por ofender a autonomia constitucionalmente estabelecida do sistema de responsabilização por ato ímprobo.

Com efeito, a Constituição da República, no artigo 37, §4º, *in fine*, estabeleceu que a esfera de responsabilidade por ato de improbidade administrativa não se confunde com a instância de responsabilidade penal. O comando normativo incumbiu o Congresso Nacional de prever, em lei, a "forma e gradação" do sancionamento por ato ímprobo, "sem prejuízo da ação penal cabível", afirmando a autonomia de ambas as instâncias, que possuem características, tipos e regimes sancionatórios diversos.

Por meio do artigo 37, §4º, a Constituição, na verdade, inaugurou sistema de responsabilidade próprio, "de caráter jurisdicional, geral e autônomo, primariamente sancionatório e secundariamente reparatório", como aponta José Roberto Pimenta Oliveira. Há sistema de responsabilização, pois o domínio da improbidade é erigido pela ordem jurídica, a partir da configuração dos ilícitos e da delimitação das consequências jurídicas, dos bens jurídicos protegidos e do processo estatal impositivo; elementos centrais que apartam este específico regime dos demais sistemas existentes no ordenamento.[6]

Além do dispositivo constitucional, a própria Lei nº 8.429/1992, no artigo 12, reconhece a autonomia da esfera de responsabilidade nela disposta. Na redação originária do diploma legal, previa-se que, "independentemente das sanções penais, civis e administrativas, previstas na legislação específica", o agente público condenado estaria sujeito às penalidades da Lei. Com a recente alteração legislativa, manteve-se redação similar, com a previsão adicional da independência entre as sanções por ato ímprobo e as sanções penais "comuns e de responsabilidade".[7]

A independência das esferas é, ainda, amplamente reconhecida pela jurisprudência nacional,[8] que admite a viabilidade de cumulação de responsabilidades – civil, penal, por ato ímprobo e administrativa.

Aliás, ao longo da história, o Supremo Tribunal Federal (STF) teve a oportunidade de reafirmar a autonomia da responsabilização prevista na Lei nº 8.429/1992 em face da instância criminal. Cite-se, por exemplo, o julgamento da ADI nº 2.797/DF, no qual se afastou a constitucionalidade da Lei nº 10.628/2002, que pretendeu estender foro por prerrogativa de função prevista para o processo penal ao domínio da improbidade.[9]

---

[6] OLIVEIRA, José Roberto Pimenta. Desafios e avanços na prevenção e no combate à corrupção, na atuação cível do Ministério Público Federal, nos 30 anos da Constituição Federal. *In*: HIROSE; Regina Tamami (Coord.). *Carreiras jurídicas de Estado*: desafios e avanços na prevenção e no combate à corrupção. Belo Horizonte: Fórum, 2019. p. 189-194.

[7] Art. 12. Independentemente do ressarcimento integral do dano patrimonial, se efetivo, e das sanções penais comuns e de responsabilidade, civis e administrativas previstas na legislação específica, está o responsável pelo ato de improbidade sujeito às seguintes cominações, que podem ser aplicadas isolada ou cumulativamente, de acordo com a gravidade do fato: (...)

[8] Vide entendimento do Superior Tribunal de Justiça fixado na Edição nº 1 "Processo Administrativo Disciplinar – I" do conjunto de precedentes reunidos sob a rubrica de "Jurisprudência em Teses" da Corte: "2) As instâncias administrativa e penal são independentes entre si, salvo quando reconhecida a inexistência do fato ou a negativa de autoria na esfera criminal" (MS nº 019823/DF, Rel. Ministra Eliana Calmon, Primeira Seção, julgado em 14.08.2013, *DJe* 23.08.2013; AgRg no RMS nº 033949/PE, Rel. Ministro Castro Meira, Segunda Turma, julgado em 06.08.2013, *DJe* 16.08.2013; AgRg no RMS nº 038072/PE, Rel. Ministro Herman Benjamin, Segunda Turma, julgado em 28.05.2013, *DJe* 31.05.2013, entre outros).

[9] "De outro lado, pretende a lei questionada equiparar a ação de improbidade administrativa, de natureza civil (CF art. 37, §4º), à ação penal contra os mais altos signatários da República, para o fim de estabelecer a competência originária do Supremo Tribunal, em relação à qual a jurisprudência do Tribunal sempre estabeleceu nítida distinção entre as duas espécies" (ADI nº 2.797, Rel. Min. Sepúlveda Pertence, j. 15.9.2005, P, *DJ* de 19.12.2006).

Em momento mais próximo da atualidade, a Suprema Corte realizou distinção entre a responsabilidade por atos de improbidade e por infrações penais ou político-administrativas dos Prefeitos (disciplinadas no Decreto-Lei nº 201/67), nos termos do julgamento do Tema nº 576 de Repercussão Geral. O Tribunal reiterou a autonomia do sistema fundado no artigo 37, §4º, da Constituição, autorizando sua cumulação com a instância penal. Confira-se:

> 2. A norma constitucional prevista no §4º do art. 37 exigiu tratamentos sancionatórios diferenciados entre os atos ilícitos em geral (civis, penais e político-administrativos) e os atos de improbidade administrativa, com determinação expressa ao Congresso Nacional para edição de lei específica (Lei nº 8.429/1992), que não punisse a mera ilegalidade, mas sim a conduta ilegal ou imoral do agente público voltada para a corrupção, e a de todo aquele que o auxilie, no intuito de prevenir a corrosão da máquina burocrática do Estado e de evitar o perigo de uma administração corrupta caracterizada pelo descrédito e pela ineficiência.
>
> 3. A Constituição Federal inovou no campo civil para punir mais severamente o agente público corrupto, que se utiliza do cargo ou de funções públicas para enriquecer ou causar prejuízo ao erário, desrespeitando a legalidade e a moralidade administrativas, independentemente das já existentes responsabilidades penal e político-administrativa de Prefeitos e Vereadores.
>
> 4. Consagração da autonomia de instâncias. Independentemente de as condutas dos Prefeitos e Vereadores serem tipificadas como infração penal (artigo 1º) ou infração político-administrativa (artigo 4º), previstas no DL nº 201/67, a responsabilidade civil por ato de improbidade administrativa é autônoma e deve ser apurada em instância diversa. (...) Tese de Repercussão Geral: 'O processo e julgamento de prefeito municipal por crime de responsabilidade (Decreto-Lei nº 201/67) não impede sua responsabilização por atos de improbidade administrativa previstos na Lei nº 8.429/1992, em virtude da autonomia das instâncias'. (STF. RE nº 976.566, Rel. Min. Alexandre de Moraes, j. 13.09.2019, p. *DJE* de 26.9.2019, Tema 576).

Diante da reconhecida autonomia do sistema de responsabilização por ato de improbidade e seu fundamento constitucional, cabe inferir, como premissa, a necessidade de que eventual interpretação do artigo 21, §4º, da Lei nº 8.429/1992, não resulte na eliminação, desarrazoada e desproporcional, dessa mesma autonomia, ainda que seja viável ao legislador estabelecer mitigações à independência das instâncias, conforme se voltará adiante.

Como ponto de partida, descabe pretender extrair do dispositivo legal examinado norma que estabeleça "a aplicação automática entre os parâmetros fundantes de qualquer sentença penal absolutória e os parâmetros probatórios do sistema de responsabilização pela prática de atos de improbidade administrativa", sob pena de ofensa direta ao artigo 37, §4º, da Constituição Federal, como apontado pelo Ministério Público Federal em Nota Técnica nº 01/2021, da 5ª Câmara de Coordenação e Revisão, sobre a aplicação das alterações promovidas pela Lei nº 14.230/2021.[10]

A prevalecer interpretação no sentido da comunicabilidade dos efeitos de qualquer sentença penal absolutória, de forma indistinta e automática, para o sistema da improbidade, o dispositivo da Lei nº 14.230/2021 estaria, a rigor, subordinando integralmente esta esfera de responsabilidade à instância criminal – em clara violação ao artigo 37, §4º, da Constituição –, sem exigir qualquer exame ou consideração prévia acerca dos fundamentos de absolvição adotados no caso concreto na esfera penal e seus efeitos sobre o alcance e a procedência da pretensão punitiva decorrente da Lei nº 8.429/1992.

A compreensão preliminar aqui posta não ignora a possibilidade – e mesmo a utilidade para a coerência do ordenamento – de que o legislador imprima temperamentos à independência da esfera de responsabilização por ato ímprobo, como sucede, inclusive, em outras instâncias de responsabilidade. Contudo, deve haver razão jurídica e racionalidade nessa tarefa, que, ademais, não pode resultar na vulneração a qualquer norma jurídico-constitucional.

2 Independência relativa da esfera de improbidade: mitigações viáveis e consolidadas na legislação nacional

Conforme exposto, a independência entre as instâncias cível, penal e administrativa é reproduzida em diversos dispositivos na legislação nacional, cabendo citar, por exemplo, os comandos previstos no art. 935 do Código Civil,[11] arts. 125 e 126 da Lei nº 8.112/90,[12]

---

[10] BRASIL. Ministério Público Federal. 5ª Câmara de Coordenação e Revisão. Nota *Técnica nº 01/2021*. Aplicação das Lei nº 8.429/1992, com as alterações da Lei nº 14.230/2021. Disponível em: http://www.mpf.mp.br/atuacao-tematica/ccr5/notas-tecnicas/docs/nt-1-2021-aplicacao-lei-14230-2021-pgr-00390794-2021.pdf. Acesso em 16 fev. 2022.

[11] Art. 935. A responsabilidade civil é independente da criminal, não se podendo questionar mais sobre a existência do fato, ou sobre quem seja o seu autor, quando estas questões se acharem decididas no juízo criminal.

[12] Art. 125. As sanções civis, penais e administrativas poderão cumular-se, sendo independentes entre si.

art. 250 da Lei Estadual nº 10.261/68[13] e arts. 66 e 67 do próprio Código de Processo Penal.[14]

O ordenamento jurídico brasileiro assegura, portanto, de forma estável, coesa e sistemática, a independência das instâncias. Contudo, reconhece, ao mesmo tempo, casos excepcionalíssimos de mitigação dessa autonomia, como sucede nas hipóteses em que a inexistência do fato ou a sua autoria tenham sido decididas definitivamente no juízo criminal.

Na primeira exceção, o juízo criminal "formou convicção no sentido da inocorrência do fato no mundo fenomênico".[15] Não se trata de dúvida ou falta de elementos a respeito deste dado. Pelo contrário, há prova de que o fato delituoso imputado ao réu não ocorreu. Na segunda – estar provado que o acusado não concorreu para a infração penal –, o juízo criminal também se convence, de forma definitiva, da impossibilidade de se atribuir autoria ao réu.

Seguindo essa linha, o próprio artigo 21 da Lei nº 8.429/1992 dispôs, em seu parágrafo 3º, que as sentenças penais "produzirão efeitos em relação à ação de improbidade quando concluírem pela inexistência da conduta ou pela negativa da autoria" (incisos II e V do art. 386 do CPP) e não quando estiverem pautadas em quaisquer dos fundamentos de absolvição indicados no mesmo dispositivo do diploma processual penal.

É interessante notar que apenas o aludido parágrafo constava do Projeto de Lei – PL nº 10.887/2018, de autoria do Deputado Federal Sr. Roberto de Lucena, que deu origem ao PL nº 2.505/2021, posteriormente convertido na Lei nº 14.230/2021. A propositura previa, portanto,

---

Art. 126. A responsabilidade administrativa do servidor será afastada no caso de absolvição criminal que negue a existência do fato ou sua autoria.

[13] Artigo 250 – A responsabilidade administrativa não exime o funcionário da responsabilidade civil ou criminal que no caso couber, nem o pagamento da indenização a que ficar obrigado, na forma dos arts. 247 e 248, o exame da pena disciplinar em que incorrer. §1º – A responsabilidade administrativa é independente da civil e da criminal. (NR) §2º – Será reintegrado ao serviço público, no cargo que ocupava e com todos os direitos e vantagens devidas, o servidor absolvido pela Justiça, mediante simples comprovação do trânsito em julgado de decisão que negue a existência de sua autoria ou do fato que deu origem à sua demissão.

[14] Art. 66. Não obstante a sentença absolutória no juízo criminal, a ação civil poderá ser proposta quando não tiver sido, categoricamente, reconhecida a inexistência material do fato. Art. 67. Não impedirão igualmente a propositura da ação civil: I – o despacho de arquivamento do inquérito ou das peças de informação; II – a decisão que julgar extinta a punibilidade; III – a sentença absolutória que decidir que o fato imputado não constitui crime.

[15] LIMA, Renato Brasileiro de. *Manual de processo penal*: volume único. 7. ed. Salvador: Ed. JusPodivm, 2019. p. 332.

as exceções já reconhecidas na ordem jurídica e não a comunicação de todos os fundamentos de absolvição da esfera criminal, tal como consta no parágrafo subsequente.[16]

Essas hipóteses excepcionais se comunicam, tradicionalmente, com as demais instâncias de responsabilidade, notadamente a cível, porque "partem de juízos de certeza emitidos pela Justiça Criminal",[17] sendo razoável assegurar, exatamente por isso, coerência na jurisdição, por imperativo de segurança jurídica.

De fato, nos dois casos, é possível, em tese, a comunicabilidade dos efeitos entre esferas de responsabilização, pois os respectivos fundamentos de absolvição alcançam a própria existência material da conduta ou sua autoria, elementos indispensáveis e preliminares para eventual responsabilidade, seja ela penal ou de improbidade. Há, assim, racionalidade (e fundamento jurídico) na mitigação da independência das instâncias, porque essas específicas questões foram assentadas em processo criminal com amplas garantias.[18]

Contudo, mesmo nesses casos, deve haver identidade dos fatos, de sujeitos e dos elementos de prova existentes na ação penal e na ação de improbidade administrativa, para que seja viável a comunicação dos efeitos, não se podendo falar em comunicação automática.

Como aponta Fernando da Fonseca Gajardoni, a comunicabilidade dos fundamentos de absolvição se daria apenas se atinentes aos mesmos fatos e/ou elementos necessários para a configuração da improbidade. Confira-se o seguinte trecho:

> Há de se promover uma aprofundada análise para se aferir se a absolvição teve como fundamento algo que, também, demandaria ser provado na seara da improbidade. Caso o fato ou elemento que o juízo criminal entendeu não provado ou ausente não seja relevante para infirmar a prática da improbidade à luz da Lei nº 8.429/1992,

---

[16] O parágrafo 4º do artigo 21, da Lei nº 8.429/1992, passou a constar apenas em substitutivo ao Projeto de Lei nº 10.887/2018.

[17] PACELLI, Eugênio. *Curso de processo penal*. 21. ed. São Paulo: Atlas, 2017. p. 301.

[18] No mesmo sentido entendem Daniel Amorim Assumpção Neves e Rafael Carvalho Rezende Oliveira: "Independentemente da esfera jurisdicional (civil ou penal), não seria tolerável a prolação de decisões judiciais conflitantes quanto à existência do próprio fato e do seu autor, o que colocaria em risco o princípio da segurança jurídica" (NEVES, Daniel Amorim Assumpção; OLIVEIRA, Rafael Carvalho Rezende. *Comentários à reforma da lei de improbidade administrativa*: Lei nº 14.230, de 25.10.2021 comentada artigo por artigo. Rio de Janeiro: Forense, 2022. p. 125).

evidentemente não há a comunicação do fundamento da improcedência da ação penal.[19]

Do quadro exposto, deve-se realçar que a autonomia do sistema de responsabilidade indicado no artigo 37, §4º, da Constituição, não proíbe o legislador de estabelecer eventuais temperamentos pontuais, havendo, na verdade, fundamento jurídico para que determinadas decisões proferidas no juízo penal produzam efeitos nas demais searas. No entanto, para serem válidas, tais mitigações devem respeitar a identidade e o regime jurídico próprios do sistema de responsabilização por ato ímprobo.

3 Da necessidade de interpretação conforme a Constituição ao artigo 21, §4º, da Lei nº 8.429/1992

Enquanto o parágrafo 3º do artigo 21 da Lei nº 8.429/1992 previu a produção de efeitos pelas sentenças absolutórias criminais sobre as ações de improbidade apenas nas hipóteses de reconhecimento de inexistência da conduta e negativa da autoria, o parágrafo 4º do mesmo dispositivo dispôs que todos os fundamentos de absolvição previstos no artigo 386 do CPP deveriam se comunicar com a esfera de responsabilidade por ato ímprobo.

A rigor, as disposições legais, tal como postas, suscitam até mesmo algum grau de contradição ou equívoco na técnica legislativa, considerando que os fundamentos de absolvição indicados no pará-grafo 3º do artigo 21 da Lei estão contidos na redação abrangente do parágrafo subsequente, o que tornaria, em tese, desnecessária a primeira previsão.

Para a correta compreensão do quadro normativo, é necessário interpretar tais previsões à luz da autonomia do sistema de respon-sabilização por ato de improbidade, na forma exposta anteriormente. O parâmetro constitucional impede a comunicação automática e irrestrita de eventuais sentenças absolutórias criminais e serve de filtro para o exame de eventuais mitigações introduzidas pelo legislador.

---

[19] GAJARDONI, Fernando da Fonseca *et al. Comentários à Nova Lei de Improbidade Administrativa*: Lei nº 8.429/1992, com as alterações da Lei nº 14.230/2021. 5. ed. São Paulo: Thomson Reuters Brasil, 2021. p. 496.

Como demonstrado, os fundamentos de absolvição indicados no §3º do art. 21 da Lei nº 8.429/1992 encontram racionalidade e fundamento na ordem jurídica, sobretudo em vista da natureza dos juízos de certeza emitidos na esfera criminal.

No entanto, nas demais hipóteses de absolvição previstas no artigo 386 do CPP, a imposição de comunicação automática dos efeitos, além de implicar ofensa direta ao artigo 37, §4º, da Constituição, geraria inadequada imunidade à responsabilização da Lei nº 8.429/1992, contrariando, por consequência, a regra da responsabilidade dos agentes públicos, corolário do princípio republicano.[20]

Se fundamentada na insuficiência de provas (art. 386, VII, do CPP), por exemplo, a sentença penal absolutória possui aptidão para certificar tão somente a ausência de prova suficiente para a condenação no crime imputado ao réu, à luz da aplicação de normas penais, materiais e processuais. Logo, não há qualquer razão jurídica, inclusive sob a ótica da independência técnica do julgador e do livre convencimento motivado,[21] para a prevalência do exame realizado pelo juízo criminal sobre o cível, a quem competirá avaliar a qualidade e a extensão da prova em vista de outro fim – a tutela da probidade –, que contém tipos, procedimento, sujeitos e penas dispostos na Lei nº 8.429/1992, inteiramente diversos da esfera penal.

Ademais, a apreciação do conjunto probatório realizada no âmbito criminal se sujeita a regras previstas no Direito Penal e Processual Penal fundadas no *in dubio pro reo*, na tutela do *jus libertatis*, "o que não se reproduz na improbidade administrativa, no terreno do Direito Administrativo Sancionador", como aponta o Ministério Público Federal, na precitada Nota Técnica. Daí porque, segundo o órgão:

> (...) ofenderá o princípio da proporcionalidade e do devido processo legal (artigo 5º, inciso LIV da CF), e à autonomia do sistema de improbidade administrativa (artigo 37, §4º da CF), intepretação que conduza a comunicabilidade automática de sentença penal ou acórdão criminal absolutório, de que trata o artigo 21, §4º, da LIA, fundada

---

[20] "Regime republicano é regime de responsabilidade. Os agentes públicos respondem pelos seus atos. Todos são, assim, responsáveis. (...) Diversos matizes têm a responsabilidade dos mandatários executivos, no regime republicano: político, penal, civil" (ATALIBA, Geraldo. *República e Constituição*. 3. ed. São Paulo: Malheiros, 2011. p. 67-68).

[21] Código de Processo Civil. Art. 371. O juiz apreciará a prova constante dos autos, independentemente do sujeito que a tiver promovido, e indicará na decisão as razões da formação de seu convencimento.

no artigo 386, inciso VII do CPP (não existir prova suficiente para condenação criminal).[22]

Nesse sentido, vale citar julgado do Superior Tribunal de Justiça, em ação de improbidade administrativa, no qual a Corte reconheceu a "independência entre as instâncias administrativa, civil e penal, salvo se constatada absolvição criminal por inexistência do fato ou negativa de autoria". No caso concreto, afastou-se a vinculação do juízo da improbidade à conclusão alcançada no juízo criminal, precisamente porque a absolvição nesta seara teria se dado apenas em razão de insuficiência de provas (art. 386, VII, do CPP). Confira-se:

> Contudo, na situação relatada nestes autos, (...) a absolvição naquela seara se deu em razão da ausência de provas relativamente ao elemento anímico da conduta imputada à Acusada, nos termos do art. 386, VII, do Código de Processo Penal, e não por inexistência do fato ou negativa de autoria (...)
>
> Desse modo, na situação ora examinada, não há vinculação do juízo cível à conclusão alcançada em primeira instância, pelo juízo criminal.
>
> Importante sublinhar que, não obstante o acervo probatório que acompanha a ação civil pública em tela tenha advindo da investigação criminal, nada impede a produção de novas provas no processo cível, ou mesmo a adoção de orientação diversa sobre os mesmos fatos, diante das especificidades dos pressupostos jurídicos da improbidade administrativa.[23]

No tocante à absolvição por "não constituir o fato infração penal", hipótese disposta no art. 386, III, do CPP, é ainda mais inadequado o intento de reproduzir qualquer efeito automático sobre o âmbito da tutela da probidade. Como é evidente, o juízo de atipicidade realizado na esfera criminal se legitima à luz dos tipos previstos na legislação penal e não daqueles indicados na Lei nº 8.429/1992. Por esse motivo, a absolvição por atipicidade naquela seara atesta apenas a não subsunção da conduta à tipologia do Direito Penal.

---

[22] BRASIL. Ministério Público Federal. 5ª Câmara de Coordenação e Revisão. Nota *Técnica nº 01/2021*. Aplicação das Lei nº 8.429/1992, com as alterações da Lei nº 14.230/2021. Disponível em: http://www.mpf.mp.br/atuacao-tematica/ccr5/notas-tecnicas/docs/nt-1-2021-aplicacao-lei-14230-2021-pgr-00390794-2021.pdf. Acesso em 16 fev. 2022.

[23] BRASIL. Superior Tribunal de Justiça. Agravo interno no REsp nº 1761220/PR, Rel. Ministra Regina Helena Costa, Primeira Turma, julgado em 11.10.2021, *DJe* 20.10.2021.

Em termos objetivos, ainda que o juízo criminal entenda se tratar de conduta atípica, segundo as normas penais materiais, nada impede que este mesmo comportamento se subsuma, formal e materialmente, aos tipos gerais e especiais próprios do sistema da improbidade administrativa, que são diversos e se preordenam à tutela da "probidade na organização do Estado e no exercício de suas funções", conforme prevê o artigo 1º da Lei nº 8.429/1992.

Ante o exposto, a comunicação automática de todos os fundamentos de absolvição previstos no art. 386 do CPP importaria: (i) indevida imunidade de responsabilidade do acusado, embora este possa ter incorrido em ato ímprobo, à luz da Constituição Federal e da Lei nº 8.429/1992 e, como consequência, (ii) o afastamento de legítima e consistente pretensão de responsabilização por improbidade da jurisdição cível, em afronta aos arts. 5º, XXXV, e 37, §4º, do Texto Constitucional.[24]

A comunicabilidade irrestrita teria aptidão para obstar da apreciação do Judiciário, de forma prévia e indevida, pretensão de responsabilização por ato ímprobo, por existir sentença absolutória na esfera penal pelos mesmos fatos, mas proferida com base em fundamentos de absolvição criminal que, por si só, não impedem a configuração formal e material do ilícito e o consequente sancionamento do seu autor.

Em tais hipóteses, a ação de improbidade deve seguir sob exame do juízo, a quem competirá, após regular instrução e processamento do feito, examinar o conjunto probatório produzido e as imputações indicadas na inicial, em face da Lei nº 8.429/1992, com seus tipos, rito e regramento próprios. Munido de tais elementos, o magistrado poderá confirmar a insuficiência de provas sinalizada no âmbito penal ou reconhecer a procedência da pretensão punitiva.

Adicionalmente, a interpretação literal do artigo 21, §4º, da LIA, resultaria em contradição interna ao próprio diploma legal. Isso porque, no parágrafo anterior do mesmo dispositivo, como apontado, a Lei dispõe que as sentenças penais produzirão efeitos em relação à ação de improbidade quando concluírem pela inexistência da conduta ou pela negativa da autoria – esta, sim, previsão que se justifica e se coaduna com a tradição no ordenamento jurídico.

---

[24] Art. 5º. (...) XXXV – a lei não excluirá da apreciação do Poder Judiciário lesão ou ameaça a direito;

Diante do cenário exposto, e visando solucionar a aparente contradição entre os textos dos dispositivos mencionados, que comportariam, a princípio, alcances diferentes, a interpretação adequada do artigo 21, §4º, da Lei nº 8.429/1992, e conforme a Constituição, é aquela que autoriza a comunicação dos efeitos apenas às sentenças e acórdãos absolutórios fundados na inexistência da conduta ou negativa da autoria, sob pena de violação à independência das instâncias (art. 37, §4º, da CF) e demais preceitos constitucionais mencionados.

Para manutenção de componente mínimo de sentido das palavras utilizadas no dispositivo, em especial no trecho "havendo comunicação com todos os fundamentos de absolvição previstos no art. 386 do Decreto-Lei nº 3.689, de 3 de outubro de 1941", deve-se compreender que a Lei, nas demais hipóteses de absolvição criminal não recobertas pelo parágrafo 3º do art. 21, não impede o conhecimento da pretensão de responsabilização por ato de improbidade pelo Judiciário, mas exigirá maior ônus do julgador para contornar as conclusões alcançadas na esfera penal.

Em sentido próximo ao sustentado, vale citar o entendimento de Marçal Justen Filho, ao tratar dos efeitos da sentença absolutória fundada em insuficiência de provas. Embora não indique, expressamente, a necessidade de se conferir interpretação conforme ao dispositivo legal, o autor afirma que, na hipótese, não há coisa julgada para o âmbito da Lei nº 8.429/1992. Porém, reconhece a produção de "presunção da ausência dos requisitos exigidos para a punição do agente por meio da improbidade".[25] Sob essa ótica, caberia ao magistrado, no exame da ação de improbidade versando sobre os mesmos fatos, justificar, com profundidade, a adoção de conclusão distinta em face de outra decisão judicial ou a valoração diversa atribuída às provas.

Trata-se de interpretação que observa a relevância da segurança jurídica e da coerência das decisões proferidas nas distintas esferas de jurisdição, tal como pretendido pelo legislador, e, em adição, promove a preservação do parágrafo 4º do art. 21, na ordem jurídica.

---

[25] JUSTEN FILHO, Marçal. *Reforma da lei de improbidade administrativa comentada e comparada*: Lei nº 14.230, de 25 de outubro de 2021. 1. ed. Rio de Janeiro: Forense, 2022. p. 239-240.

4 Conclusão

Em vista do exposto, é possível concluir que a autonomia constitucional do sistema de responsabilidade por improbidade veda intepretação do artigo 21, §4º, da Lei nº 8.429/1992, no sentido da comunicabilidade automática e indistinta de qualquer sentença penal absolutória. Não é viável que o dispositivo legal subordine, integralmente, a instância de responsabilização por ato ímprobo à instância criminal, sem exigência de qualquer exame ou consideração acerca dos efeitos concretos de cada fundamento de absolvição sobre o alcance da pretensão punitiva decorrente da Lei de Improbidade.

Deve-se conferir ao artigo 21, §4º, do diploma legal, interpretação conforme a Constituição Federal, para que a comunicação dos efeitos sobre o domínio da tutela da probidade se dê apenas em relação às sentenças e acórdãos absolutórios fundados na inexistência da conduta ou negativa da autoria, sob pena de violação à independência das instâncias, à regra da responsabilidade dos agentes públicos (princípio republicano) e ao princípio da inafastabilidade de jurisdição (arts. 1º a 4º; 5º, XXXV; e 37, §4º; da CF).

Nas demais hipóteses de absolvição criminal, pelos mesmos fatos, o Judiciário não estará impedido de conhecer da ação de improbidade, cabendo-lhe, todavia, maior ônus, ao motivar a adoção de conclusão diversa daquela adotada em outras decisões.

Referências

ATALIBA, Geraldo. *República e Constituição*. 3. ed. São Paulo: Malheiros, 2011.

BRASIL. Ministério Público Federal. 5ª Câmara de Coordenação e Revisão. Nota *Técnica nº 01/2021*. Aplicação das Lei nº 8.429/1992, com as alterações da Lei nº 14.230/2021. Disponível em: http://www.mpf.mp.br/atuacao-tematica/ccr5/notas-tecnicas/docs/nt-1-2021-aplicacao-lei-14230-2021-pgr-00390794-2021.pdf. Acesso em 16 fev. 2022.

GAJARDONI, Fernando da Fonseca *et al. Comentários à Nova Lei de Improbidade Administrativa*: Lei nº 8.429/1992, com as alterações da Lei nº 14.230/2021. 5. ed. São Paulo: Thomson Reuters Brasil, 2021.

JUSTEN FILHO, Marçal. *Reforma da lei de improbidade administrativa comentada e comparada*: Lei nº 14.230, de 25 de outubro de 2021. 1. ed. Rio de Janeiro: Forense, 2022.

LIMA, Renato Brasileiro de. *Manual de processo penal*: volume único. 7. ed. Salvador: Ed. JusPodivm, 2019.

NEVES, Daniel Amorim Assumpção; OLIVEIRA, Rafael Carvalho Rezende. *Comentários à reforma da lei de improbidade administrativa*: Lei nº 14.230, de 25.10.2021 comentada artigo por artigo. Rio de Janeiro: Forense, 2022.

OLIVEIRA, José Roberto Pimenta. Desafios e avanços na prevenção e no combate à corrupção, na atuação cível do Ministério Público Federal, nos 30 anos da Constituição Federal. *In*: HIROSE; Regina Tamami (Coord.). *Carreiras jurídicas de Estado*: desafios e avanços na prevenção e no combate à corrupção. Belo Horizonte: Fórum, 2019.

PACELLI, Eugênio. *Curso de processo penal*. 21. ed. São Paulo: Atlas, 2017.

Informação bibliográfica deste texto, conforme a NBR 6023:2018 da Associação Brasileira de Normas Técnicas (ABNT):

SILVEIRA, Mateus Camilo Ribeiro da. A comunicabilidade dos efeitos das sentenças penais absolutórias nas ações de improbidade administrativa: uma leitura constitucional do art. 21, §4º, da Lei nº 8.429/1992. *In*: CORONA, Maria Lia Porto; CASTRO, Sérgio Pessoa de Paula; RAHIM, Fabiola Marquetti Sanches (Coords.). *Anotações sobre a Lei de Improbidade Administrativa*. Belo Horizonte: Fórum, 2022. p. 131-146. ISBN 978-65-5518-378-8.

A NOVA LEI DE IMPROBIDADE ADMINISTRATIVA E O PRINCÍPIO DA RETROATIVIDADE BENÉFICA NO ÂMBITO DO PROCESSO ADMINISTRATIVO DISCIPLINAR

MELISSA DI LASCIO SAMPAIO

SUZANE RAMOS ROSA ESTEVES

1   Linhas introdutórias

A nova lei de improbidade administrativa (Lei nº 14.230, de 25 de outubro de 2021) foi gestada com o objetivo de equilibrar o sistema de coibição à corrupção e práticas ímprobas, na medida em que havia certa impressão de que as persecuções e condenações judiciais, por vezes, pudessem se mostrar excessivas. Um bom exemplo disso é a revogação dos tipos culposos de improbidade, com a alteração do *caput* do artigo 10 da LIA, atendendo aos anseios de parte da doutrina e de operadores do direito, que defendiam que o ato de improbidade administrativa, em virtude da gravidade de suas sanções, demandava a comprovação da má-fé qualificada,[1] sendo insuficiente para a sua configuração a mera negligência ou desídia do agente.

---

[1]   "[...] Nem sempre um ato ilegal será um ato ímprobo. Um agente público eventualmente incompetente, atabalhoada ou negligente não é necessariamente um corrupto ou desonesto. O ato ilegal, para ser caracterizado como ato de improbidade, há de ser doloso

Por outro lado, foram criados alguns obstáculos à condenação por atos de corrupção, como a exigência de dolo específico para caracterização de alguns ilícitos previstos na lei em comento (a exemplo do artigo 11, da LIA), gerando importante ônus à instrução procedimental.

Não obstante parte da doutrina sustentar que as alterações legislativas tiveram como finalidade a adequação do texto normativo aos posicionamentos jurisprudenciais, tal afirmação não é totalmente confirmada pela análise dos julgamentos proferidos, nos últimos anos, pelo C. Superior Tribunal de Justiça, em especial no que diz respeito à admissibilidade do dolo genérico e ao caráter aberto do artigo 11 da Lei nº 8.429/1992. De fato, ao julgar o EResp nº 1.193.248-MG, a Primeira Seção do E. STJ firmou o entendimento de que: i) para a configuração do ato de improbidade administrativa, inclusive por ofensa a princípios da administração, não se exige o dolo específico, bastando o dolo genérico; e ii) o rol do artigo 11, da LIA era meramente exemplificativo, podendo a conduta tida como ímproba ser enquadrada somente no *caput* do mencionado dispositivo.[2]

---

ou, pelo menos, de culpa gravíssima. A jurisprudência mostra-se hoje consolidada a respeito da matéria, exigindo-se a demonstração da má-fé do agente público para que ele seja responsabilizado com base na Lei de Improbidade Administrativa, aplicando-se o princípio da razoabilidade, pois nem sempre a mera ilegalidade de um determinado ato é suficiente para caracterizar a improbidade do agente. Na feliz expressão do STJ, "a lei alcança o administrador desonesto, não o inábil". Ou, ainda: "O ato de improbidade, a ensejar a aplicação da Lei nº 8429/1992, não pode ser identificado tão somente como ato ilegal. A incidência das sanções previstas na lei carece de um *plus*, traduzido no evidente propósito de auferir vantagem, causando dano ao erário, pela prática de ato desonesto, dissociado da moralidade e dos deveres de boa administração, lealdade e boa-fé". Assim, para a ação de improbidade é indispensável a "prova do elemento subjetivo". "A má-fé, consoante cediço, é premissa do ato ilegal e ímprobo, e a ilegalidade só adquire o *status* de improbidade quando a conduta antijurídica fere os princípios constitucionais da administração pública, coadjuvados pela má intenção do administrador". "A improbidade é uma ilegalidade qualificada pelo elemento subjetivo da conduta". [...] É fundamental que a ação de improbidade administrativa, para o seu próprio bem, seja empregada com responsabilidade, naqueles casos em que realmente se vislumbre a prática de ilícitos. A fluidez do conceito de "moralidade administrativa" exige que o ato de improbidade seja devidamente tipificado na lei, não bastando a existência de dúvidas ou questionamentos quanto à sua oportunidade e conveniência (que se encontram dentro da discricionariedade do administrador público e são imunes ao controle judicial), mormente quando inexistente o prejuízo pecuniário ao patrimônio público. Para manter seu prestígio e aceitação, não só na comunidade jurídica como em toda a sociedade brasileira, a ação de improbidade administrativa deve ser utilizada com rigor, mas dentro dos conceitos de razoabilidade e proporcionalidade, evitando-se quaisquer abusos" (MEIRELLES, Hely Lopes. *Mandado de Segurança*. 35. ed. São Paulo: Malheiros, 2013. p. 277-278 e 292-296).

[2]   EMENTA: "ADMINISTRATIVO. IMPROBIDADE ADMINISTRATIVA. ART. 11 DA LEI Nº 8.429/1992. ILÍCITO DECORRENTE DE AFRONTA AOS PRINCÍPIOS

De igual modo, a previsão de que a sanção de perda da função pública, nas hipóteses dos incisos I e II, do *caput* do artigo 12, atinge apenas o vínculo de mesma qualidade e natureza que o agente público ou político mantinha com o poder público na época do cometimento da infração vai de encontro ao posicionamento firmado pela Primeira Seção do Superior Tribunal de Justiça, no julgamento do EResp nº 1.701.967, segundo o qual a condenação à perda da função pública, nas ações de improbidade administrativa, atinge o vínculo mantido pelo agente com a Administração Pública, seja qual for a sua natureza.

Alguns outros dispositivos causaram certo estranhamento – a saber: (a) a redução do prazo prescricional (artigo 23, da LIA);[3] (b) a retirada de legitimidade dos órgãos jurídicos de representação dos entes

---

ADMINISTRATIVOS. EXIGÊNCIA DE COMPROVAÇÃO DE DOLO GENÉRICO E NÃO DE DOLO ESPECIAL. IMPOSSIBILIDADE DE ENUMERAÇÃO JUDICIAL EM *NUMERUS CLAUSUS* DE HIPÓTESES QUE CONFIGUREM TAL MODALIDADE DE IMPROBIDADE. ADMISSIBILIDADE DE ROL A TÍTULO EXEMPLIFICATIVO. EMBARGOS PROVIDOS. DOLO GENÉRICO E MÁ-FÉ NA LEI DE IMPROBIDADE ADMINISTRATIVA 1. Está pacificada a jurisprudência do STJ no sentido de que, para configurar ato de improbidade na Lei nº 8.429/1992, inclusive por ofensa a princípio da administração (art. 11), não se exige dolo específico, bastando o dolo genérico. Este, como sabido, verifica-se quando o agente realiza voluntariamente o núcleo do tipo legal, mesmo que ausente finalidade específica de agir. Precedentes. 3. No Direito Público e Privado, a noção de má-fé, ao contrário da de dolo, não se mostra unívoca. Logo, trazer tal conceito camaleônico para a compreensão do elemento subjetivo da improbidade administrativa apenas acrescenta ambiguidade ao texto legal. A insegurança jurídica e hermenêutica decorre do fato de que, nos vários ramos do Direito, dolo genérico e má-fé ora são termos sinônimos, ora ostentam caráter distinto. A Lei nº 8.429/1992 não fez nenhuma referência à má-fé, donde inadequado incorporá-la judicialmente na exegese e aplicação do microssistema da improbidade administrativa. CARÁTER ABERTO DO ART. 11 DA LEI DE IMPROBIDADE ADMINISTRATIVA 3. Diante do caráter aberto do art. 11 da Lei nº 8.429/1992, descabe fazer enumeração judicial em *numerus clausus* de modalidades de improbidade administrativa atinentes a afronta aos princípios da Administração Pública. 4. A conduta do agente ímprobo pode, sim, ser emoldurada no próprio caput do art. 11, sem a necessidade de se encaixar, obrigatoriamente, em uma das figuras previstas nos oito incisos que integram o mesmo artigo. [...]. 10. Em síntese, se nem no campo criminal os Tribunais cogitaram de atuar de modo a, preventivamente e à margem da lei, restringir, em *numerus clausus*, o alcance e a abrangência das disposições abertas – o que tampouco se afiguraria plausível, porque inviável antever e narrar a multiplicidade e a riqueza de situações que a realidade da vida apresenta –, não se vê justificativa para que essa limitação seja executada em matéria civil ou administrativa, ou seja, na improbidade administrativa. 11. Embargos de Divergência providos".

3   Redação revogada:
Art. 23. As ações destinadas a levar a efeito as sanções previstas nesta lei podem ser propostas:
I – até cinco anos após o término do exercício de mandato, de cargo em comissão ou de função de confiança;
II – dentro do prazo prescricional previsto em lei específica para faltas disciplinares puníveis com demissão a bem do serviço público, nos casos de exercício de cargo efetivo ou emprego

federativos (artigo 17, da LIA) – no caso, as procuradorias municipais, estaduais e federal, bem como autárquicas e fundacionais – para ajuizamento da ação de improbidade.[4] A esse respeito, a Associação Nacional dos Procuradores dos Estados e do Distrito Federal (Anape) e a Associação Nacional dos Advogados Públicos Federais (Anafe) ajuizaram as Ações Diretas de Inconstitucionalidade nº 7042[5] e 7043, perante o Supremo Tribunal Federal (STF), sob a relatoria do Ministro Alexandre de Moraes. Dentre os argumentos trazidos nas petições iniciais, destacam-se a proibição ao retrocesso no combate à corrupção e a limitação do acesso dos entes públicos interessados à Justiça.

Certo é que o assunto gera polêmicas, em especial quanto à aplicação da lei no tempo e não por outra razão também já está em debate na Suprema Corte, no tema de Repercussão Geral nº 1199,[6] igualmente sob a relatoria do Ministro Alexandre de Moraes, que se manifestou pelo reconhecimento da relevância da matéria constitucional, delimitando, em sua manifestação, a análise nos seguintes termos:

> [...] para definição de eventual (IR)RETROATIVIDADE das disposições da Lei nº 14.230/2021, em especial, em relação:
>
> (I) [À] necessidade da presença do elemento subjetivo – dolo – para a configuração do ato de improbidade administrativa, inclusive no artigo 10 da LIA; e
>
> (II) [À] aplicação dos novos prazos de prescrição geral e intercorrente.

.

III – até cinco anos da data da apresentação à administração pública da prestação de contas final pelas entidades referidas no parágrafo único do art. 1º desta Lei.
Redação atual:
Art. 23. A ação para a aplicação das sanções previstas nesta Lei prescreve em 8 (oito) anos, contados a partir da ocorrência do fato ou, no caso de infrações permanentes, do dia em que cessou a permanência.

[4] Com nítido objetivo de restringir a legitimidade e, por conseguinte, o maior alcance e efetividade das normas anticorrupção.

[5] Liminar deferida *ad referendum*, na ADI nº 7042, em 17 de fevereiro de 2022:
(...) DEFIRO PARCIALMENTE A CAUTELAR, *ad referendum* do Plenário desta SUPREMA CORTE, para, até julgamento final de mérito: (A) CONCEDER INTERPRETAÇÃO CONFORME A CONSTITUIÇÃO FEDERAL ao caput e §§6º-A, 10-C e 14, do artigo 17 da Lei nº 8.429/92, com a redação dada pela Lei nº 14.230/2021, no sentido da EXISTÊNCIA DE LEGITIMIDADE ATIVA CONCORRENTE ENTRE O MINISTÉRIO PÚBLICO E AS PESSOAS JURÍDICAS INTERESSADAS PARA A PROPOSITURA DA AÇÃO POR ATO DE IMPROBIDADE ADMINISTRATIVA; (B) SUSPENDER OS EFEITOS do §20, do artigo 17 da Lei nº 8.429/92, com a redação dada pela Lei nº 14.230/2021, em relação a ambas as Ações Diretas de Inconstitucionalidade (7042 e 7043); (C) SUSPENDER OS EFEITOS do artigo 3º da Lei nº 14.230/2021. Publique-se.

[6] Ainda em julgamento, no Plenário Virtual, quando do fechamento deste artigo.

É nesse contexto que vem se desenvolvendo as discussões sobre a retroatividade ou irretroatividade das alterações legislativas operadas na Lei de Improbidade Administrativa, surgindo posicionamentos em duas frentes principais: contra (corrente restritiva) e a favor (corrente expansiva) da aplicação retroativa da lei cível mais benéfica.

2 Reflexos das alterações da Lei de Improbidade nos processos administrativos disciplinares

Em regra, os estatutos dos servidores públicos de cada ente federativo preveem a aplicação da pena de demissão ou demissão agravada em decorrência da prática de atos de improbidade.

Nesse sentido, o Superior Tribunal de Justiça editou o enunciado de súmula nº 650, segundo o qual "a autoridade administrativa não dispõe de discricionariedade para aplicar ao servidor pena diversa de demissão quando caracterizadas as hipóteses previstas no artigo 132 da Lei nº 8.112/1990". Esse dispositivo mencionado no enunciado sumular estipula em seu rol, entre outras modalidades de ilícitos, casos de improbidade administrativa.

No que se refere ao Estado de São Paulo, a Lei estadual nº 10.261/1968 dispõe, em seu artigo 257, inciso XIII, como causa de aplicação da pena de demissão a bem do serviço público, a prática de ato definido em lei como de improbidade.

Tendo em vista esse cenário, as alterações da Lei de Improbidade Administrativa, em relação aos efeitos das normas mais benéficas no tempo, podem trazer importante argumentação aos processos disciplinares – findos ou em curso.

Sendo assim, é por esse prisma que nos colocaremos a analisar as duas principais correntes anteriormente indicadas.

3 Aplicações da nova Lei de Improbidade no tempo: correntes restritiva e expansiva acerca do princípio da retroatividade benéfica

A tese que advoga pela irretroatividade apoia-se em argumentos interessantes: a retroatividade benéfica é um princípio penalista e muito distante do direito disciplinar, de modo a não ser possível a aproximação principiológica – tal como vem sendo tratado pela jurisprudência pátria mais recente e por parte da doutrina.[7]

O direito penal, de origem muito mais remota que o direito administrativo disciplinar, tem sua razão de existir na pacificação social. É ditado, no moderno Estado de Direito, por princípios garantistas, porque quando vulnerados os tipos penais, o direito fundamental da liberdade individual é suprimido ou mitigado. Não por outra razão, quando uma sociedade evolui na compreensão e definição de seus ilícitos criminais, nossa Constituição Federal prevê "a lei *penal* não retroagirá, salvo para beneficiar o réu" (artigo 5º, inciso XL). Repare-se que a Constituição se valeu da espécie e não do gênero, qualificando a "lei penal" e não "sancionadora" como requisito para retroatividade benéfica. Por essa perspectiva, não haveria porque ampliar o sentido do princípio positivado no texto constitucional (interpretação *contra legem*).

Muito diversa é a origem e a finalidade do direito administrativo disciplinar. Nesse campo, estamos a falar de uma relação de trabalho permeada, é claro, por características especiais, como a estabilidade dos servidores públicos no cargo. A razão de existir do processo disciplinar é assegurar que, para não haver indevidas perseguições de cunho pessoal na Administração Pública – regida pelos princípios da legalidade e da impessoalidade, dentre outros –, o servidor apenas poderá ser demitido em hipóteses restritas, previstas constitucionalmente.

Nesse diapasão, caberia então argumentar que a prova de que se trata de uma relação muito mais próxima do direito do trabalho do que do direito penal seria o artigo 39 da Constituição Federal, que prevê inclusive a aplicação de garantias constitucionais trabalhistas aos servidores públicos:

---

[7] Marçal Justen Filho, em sua obra sobre a Reforma da Lei de Improbidade Administrativa, assim comentou a nova redação do artigo 1º, §4º, da LIA:
"Por decorrência, a repressão à improbidade, tal como contemplada na Lei 8.429, compreende as garantias próprias do direito sancionatório. Essas garantias (inclusive constitucionais) encontram-se formalmente consagradas a propósito do Direito Penal, mas também se aplicam no tocante à punição pela improbidade.
Há uma proximidade intensa quanto à natureza, às peculiaridades e ao regime do Direito Penal e do sancionamento à improbidade" (JUSTEN FILHO, Marçal. *Reforma da lei de improbidade administrativa comentada e comparada*: Lei nº 14.230, de 25 de outubro de 2021. 1. ed. Rio de Janeiro: Forense, 2022. p. 20).

§3º Aplica-se aos servidores ocupantes de cargo público o disposto no art. 7º, IV,[8] VII,[9] VIII,[10] IX,[11] XII,[12] XIII,[13] XV,[14] XVI,[15] XVII,[16] XVIII,[17] XIX,[18] XX,[19] XXII[20] e XXX,[21] podendo a lei estabelecer requisitos diferenciados de admissão quando a natureza do cargo o exigir.

Por outro lado, a Constituição não prevê a aplicação dos princípios penais ao direito sancionador.

É dizer, de outro modo, segundo a corrente restritiva, que no direito disciplinar impera o poder diretivo do Estado-empregador, baseado no princípio da legalidade, estabelecendo-se, em essência, um procedimento para a cessação da relação funcional. Já no campo criminal, o Estado de Direito faz valer a conformidade à norma por meio da privação da liberdade do infrator, tratando-se de pena corporal, que restringe o direito de ir e vir do indivíduo. Apenas o caminho percorrido é o mesmo (o processo), mas justamente porque estão "em risco" direitos muito diversos: estabilidade do servidor público *versus* liberdade individual, o garantismo penal não há que ser transposto para o plano administrativo sem os devidos temperamentos. E nem há, como visto, previsão constitucional para tanto.

De fato, cabe pontuar que a estabilidade dos servidores públicos representa uma garantia à probidade da Administração e não um direito individual do servidor. O problema está justamente quando se coloca a estabilidade como um direito individual e interpretamos a penalidade disciplinar como uma punição tal qual a penal – quando, em verdade, não é.

---

[8] Irredutibilidade do salário.
[9] Garantia de salário mínimo.
[10] Décimo terceiro salário.
[11] Remuneração do trabalho noturno.
[12] Salário-família ao trabalhador de baixa renda.
[13] Limite da jornada de trabalho.
[14] Repouso semanal remunerado.
[15] Hora extra.
[16] Direito a férias.
[17] Licença gestante.
[18] Licença paternidade.
[19] Proteção ao mercado de trabalho da mulher.
[20] Redução de riscos inerentes ao trabalho.
[21] Proibição de diferença de salários, de exercício de funções e de critério de admissão por motivo de sexo, idade, cor ou estado civil.

Na Administração paulista, por orientações gizadas em pareceres da Procuradoria Geral do Estado, vem sendo adotado tal entendimento. Nessa vereda, interessante destacar o seguinte trecho do Parecer PA nº 257/2003:

> Se o Direito Administrativo de caráter sancionatório tem seu campo de incidência delimitado pelo próprio Direito Administrativo, refletindo ofensa a bens jurídicos que digam respeito ao exercício da função administrativa, o Direito Penal destina-se a proteger valores jurídicos de grau superior, tutelando bens jurídicos fundamentais, como vida, integridade física e mental, honra, liberdade, patrimônio, costumes, paz pública, etc.[22]

Em reforço a essa linha de raciocínio, temos a Nota técnica nº 01/2021, da 5ª Câmara de Coordenação e Revisão de Combate à Corrupção do Ministério Público Federal, que trouxe observações a respeito da irretroatividade da lei mais benéfica no campo da improbidade administrativa, destacando-se, em especial, as seguintes:

> [...] o princípio da retroatividade da norma mais benéfica (artigo 5º, inciso XL, e artigo 37, §4º, da CF) aplica-se de forma diferenciada no campo do direito administrativo sancionador, que não busca primariamente a reprovabilidade de condutas ilícitas, sob a perspectiva retrospectiva, mas, ao contrário, constitui modelos normativos que tutelam bens jurídicos públicos (interesses públicos), de forma prospectiva, valorando em grau superior a prevenção, a dissuasão e a repressão de atos ilícitos, exigindo que a retroatividade seja disciplinada expressamente pela lei.

De igual modo, o Ministério Público do Estado do Paraná, por meio da Nota do CAOP – Proteção ao Patrimônio Público e à Ordem Tributária, defende a tese da irretroatividade das normas mais benéficas introduzidas pela Lei nº 14.230/2021, sob o argumento de que o sistema

---

[22] O artigo 39, da Lei Orgânica da Procuradoria Geral do Estado de São Paulo prevê as atribuições da Procuradoria Administrativa, órgão de execução da Área da Consultoria Geral, nos seguintes termos:
"São atribuições da Procuradoria Administrativa, entre outras:
I – manifestar-se sobre matéria jurídica de especial interesse da Administração Pública Estadual, em virtude de sua repercussão ou complexidade;
II – acompanhar a atividade jurídico-consultiva da Administração, propondo, quando for o caso, a uniformização da interpretação e da aplicação de dispositivos constitucionais, legais e regulamentares;
III – manifestar-se sobre propostas de extensão administrativa de decisões judiciais;
IV – manifestar-se sobre propostas de edição ou de reexame de súmulas de uniformização da jurisprudência administrativa do Estado".

de responsabilização por atos de improbidade possui contornos próprios, sendo vedada a aplicação irrestrita das normas e princípios de direito penal:

> Conquanto o art. 1º, §4º, da Lei nº 14.230/2021 afirme serem aplicáveis aos atos de improbidade administrativa os princípios constitucionais do Direito Administrativo Sancionador – e este se aproxime do Direito Penal e de suas garantias, por envolver a aplicação de punição proveniente do poder estatal -, a retroatividade das normas mais benéficas é instituto típico do Direito Penal e está fundamentada em aspectos humanitários, associados à liberdade do criminoso e na incongruência de continuar punindo determinadas condutas que não são mãos vistas com desvalor ético-jurídico pela sociedade, pontos que não encontram aplicação no Direito Administrativo.
>
> Não por outra razão, a Constituição Federal expressamente dispôs apenas a lei de caráter penal – e não a cível, a administrativa ou a proveniente de outros ramos do Direito – poderá retroagir para beneficiar o réu (artigo 5º, inciso XL).
>
> [...]
>
> Lembre-se, aliás, que o legislador constituinte não alicerçou o sistema de responsabilização pela prática de atos de improbidade administrativa em normas que gravitam em torno do Direito Penal. Deu-lhe roupagem própria, estabelecendo em regra inserta no capítulo sobre a Administração Pública que "os atos de improbidade administrativa importarão a suspensão dos direitos políticos, a perda da função pública, a indisponibilidade dos bens e o ressarcimento ao erário, na forma e gradação previstas em lei, sem prejuízo da ação penal cabível" (art. 37, §4º, da Constituição Federal".

Outrossim, os defensores da corrente restritiva afirmam que a aplicação retroativa das normas benéficas introduzidas pela Lei nº 14.230/2021, com a consequente despenalização de condutas tidas como ímprobas pela Lei nº 8.429/1992, violaria o princípio da proibição do retrocesso,[23] previsto no artigo 65, nº 2, da Convenção da ONU

---

[23] Segundo a Nota Técnica nº 01/2021, da 5ª Câmara de Coordenação e Revisão de Combate à Corrupção do Ministério Público Federal:
"1.1. A aplicação dos novos dispositivos da lei nº 14.230/2021 deve ser orientada pela sua interpretação à luz do Sistema Brasileiro Anticorrupção, em harmonia com a Constituição Federal e sua proteção conferida à tutela de probidade, no princípio republicano e no Estado Democrático, assegurados direitos e garantias fundamentais aos investigados/ acusados, como sistema administrativo sancionador, bem como à luz de Convenções Internacionais contra a Corrupção, internalizadas no Direito Brasileiro (OCDE, OEA e ONU).

de Combate à Corrupção (Convenção de Mérida), da qual o Brasil é signatário, representando flagrante descumprimento de normas internacionais incorporadas ao direito interno.[24]

Por fim, a corrente restritiva chama a atenção para a existência de características distintas entre o processo administrativo disciplinar e as ações de improbidade, pois nestas as sanções[25] passíveis de serem

---

[...]

2. O sistema de improbidade administrativa integra a parcela do ordenamento jurídico sancionatório, de caráter não penal, cuja unidade forma o Direito Administrativo Sancionador, como exigência do artigo 37, §4º, *in fine*, e o atual artigo 1º, §4º, da LIA. Com esta dimensão constitucional e legal (reconhecida pela Lei 14.230), sua aplicação é orientada, preponderantemente, pelo fim público de prevenir, dissuadir e sancionar atos ímprobos, sob uma perspectiva prospectiva.

[...]

4.7. Demais disso, no campo da tutela da probidade administrativa, o artigo 37, §4º da CF impede a retroatividade de novas normas mais benéficas como instrumento de vedação ao retrocesso no enfrentamento de condutas ímprobas ou práticas corruptivas (em sentido amplo), e, mesmo que lei nacional disponha sobre retroatividade, é necessário juízo sobre a manutenção da conduta ilícita no ordenamento jurídico como atentado ao princípio da moralidade administrativa".

[24] "Essa Convenção, como resulta de seu preâmbulo, tem por fim despertar a consciência coletiva para a existência e a gravidade do problema, estimular ações coordenadas entre os Estados para o combate aos atos de corrupção que transcendem as lindes de seus territórios e evitar que se tornem cada vez mais estreitos os vínculos entre a corrupção e as receitas provenientes do tráfico ilícito de entorpecentes, "que minam e atentam contra as atividades comerciais e financeiras legítimas e a sociedade, em todos os níveis".

O texto é especificamente direcionado à prevenção, detecção, sanção e erradicação da corrupção no exercício de funções públicas e nas atividades especificamente veiculadas a tal exercício. Considera função pública toda a atividade, temporária ou permanente, remunerada ou não, realizada por pessoa natural a serviço ou em nome da administração direta ou indireta, qualquer que seja o nível hierárquico. Funcionário público, por sua vez, é aquele que mantém vínculo com a administração, alcançando os oriundos de eleição, contratação ou aprovação em concurso público. Além de veicular normas de natureza penal e penal internacional, a CICC buscou introduzir modificações no próprio sistema administrativo dos Estados partes, cuja atuação deveria ser necessariamente direcionada por critérios de equidade, publicidade e eficiência (GARCIA, Emerson; ALVES, Rogério Pacheco. *Improbidade Administrativa*. 4. ed. Rio de Janeiro: Lumen Juris, 2008. p. 31-32).

[25] "Com efeito, ao tratar do procedimento administrativo, a Lei nº 8.429/92 (art. 14, §3º) remete ao Estatuto dos Servidores Públicos Civis da União (Lei nº 8.112/90) e ao regramento próprio das forças militares, denotando a necessidade de que tal processo obrigatoriamente observe os princípios do contraditório e da ampla defesa. Por conta da simetria, pode-se cogitar da mesma observação no que respeita aos servidores estaduais. Assim, o processo administrativo destinado a apurar ilícito disciplinar que também configure ato de improbidade administrativa deve observar todos os princípios regedores do processo disciplinar, com especial destaque para o devido processo legal, o contraditório e a ampla defesa. Ressalte-se que tal processo não se destinará à imposição das sanções previstas na Lei nº 8.429/92, mas sim às penalidades previstas no respectivo estatuto regente da categoria. A imposição das sanções elencadas na Lei de Improbidade Administrativa foge da alçada da Administração Pública, sendo de competência privativa do Poder Judiciário" (ROSA, Carla Maria Elias. Processo Administrativo e os Ilícitos da Lei nº 8.429/92. *In*: SERRANO, Mônica de Almeida Magalhães; DA SILVA, Alessandra

aplicadas são muito mais severas e com nítido caráter repressivo – podendo implicar, inclusive, a suspensão de direitos políticos. Por essa razão, os restritivistas aconselham certa cautela quando da aproximação das ações de improbidade administrativa e dos processos disciplinares. Apesar de serem consideradas igualmente categorias do direito administrativo sancionador, seria arriscado considerá-las de forma uniforme, ignorando-se suas peculiaridades.[26]

De outro turno, a teoria expansiva – favorável à aplicação do princípio da retroatividade benéfica no campo do direito sancionador – defende que o Direito Penal e o Direito Administrativo Sancionador, muito embora tutelem bens jurídicos diversos, são espécies do *jus puniendi* estatal, razão pela qual se justificaria a aplicação dos princípios constitucionais do Direito Penal ao campo do Direito Administrativo Sancionador e, consequentemente, ao sistema de improbidade administrativa.

Nessa linha de raciocínio, a Lei nº 14.230/2021 previu, expressamente, a aplicabilidade do direto administrativo sancionador ao sistema de improbidade administrativa (artigo 1º, §4º), acolhendo a doutrina que defende a expansão do campo de incidência do Direito Administrativo Sancionador, em virtude da constitucionalização das suas bases fundamentais e da modificação do próprio conceito de sanção administrativa. A respeito do assunto, cumpre destacar os ensinamentos de José Roberto Pimenta Oliveira e Dinorá Adelaide Grotti:

> Para acolher a improbidade administrativa no DAS, é preciso elastecer a compreensão da identidade do Direito Administrativo Sancionador, especificamente no contexto do ordenamento brasileiro. Para este direito

---

Obara Soares (Orgs.). *Teoria Geral do Processo Administrativo*. 1. ed. São Paulo: Verbatim, 2013. p. 775-790).

[26] O Parecer PA nº 47/2009, de autoria da Dra. Ana Maria Oliveira de Toledo Rinaldi, abordou o tema da autonomia das esferas cível e administrativa, concluindo ser privativa do Poder Judiciário a aplicação das penalidades previstas na Lei nº 8.429/1992: "Independentemente de prévia instauração ou julgamento de processo judicial pelo mesmo fato, a Administração pode demitir servidor ao considerar que tenha ele cometido ato de improbidade administrativa, tratando-se de instâncias sancionatórias diversas: sanções da LIA não se confundem com as penas disciplinares previstas na LOP ou no Estatuto dos Funcionários Públicos Civis (inciso XIII do artigo 257 da Lei nº 10.261, de 28.10.1968). Nesse sentido, Juarez Freitas, Marcelo Figueiredo e Wallace Paiva Martins Júnior. Da mesma forma, ainda que não seja cominada judicialmente a sanção de perda da função pública, cabe à Administração verificar se fatos que deram ensejo a determinada decisão judicial podem dar base também a um sancionamento disciplinar autônomo por improbidade ou por comportamento indigno, respeitando o direito à ampla defesa, segundo os procedimentos aplicáveis a cada regime funcional e a cada caso".

positivo, pode-se ultrapassar o critério da verificação de infrações e sanções pronunciadas no exercício de função administrativa (critério formal) ou sanções editadas por órgãos ou entes da Administração Pública (critério orgânico).

Em sua obra primorosa, Fábio Medina Osório apresenta esta conclusão, sob o argumento de que o conceito atual de sanção administrativa deve considerar as "dimensões material e formal do Direito Administrativo". O autor observa o fenômeno da expansão das sanções administrativas e da constitucionalização deste ramo jurídico. Abandona o critério subjetivo do órgão administrativo sancionador, para acolher a "existência de sanções de Direito Administrativo aplicadas pelo Poder Judiciário, mormente quando a norma invocada possui em um dos polos a figura da Administração Pública direta, indireta ou descentralizada, como lesada pela ação de agentes públicos ou particulares, desafiando o Direito Punitivo.

[...]

As normas de direito material do domínio da improbidade disciplinam a responsabilidade de agentes públicos e, por este critério de matéria, estas normas de Direito Público devem ser consideradas de Direito Administrativo. Por esta razão, mesmo sendo pronunciadas pelo Poder Judiciário, a improbidade administrativa pode e deve ser vinculada ao campo do Direito Administrativo Sancionador. Este é o raciocínio que ampara a topografia constitucional que justifica a permanência no artigo 37. Como toda espécie de competência sancionatória estatal, cumpre ao DAS averiguar a singularidade da improbidade administrativa no seu universo.[27]

A inclusão da improbidade administrativa no campo do Direito Administrativo Sancionador traz importantes consequências práticas para o campo de incidência normativa, especialmente no que diz respeito à aplicabilidade dos princípios constitucionais de Direito Penal,[28] previstos pelo artigo 5º da Constituição Federal.

---

[27] OLIVEIRA, José Roberto Pimenta; GROTTI, Dinorá Adelaide Musetti. Direito administrativo sancionador brasileiro: breve evolução, identidade, abrangência e funcionalidades. *Revista Interesse Público*, Belo Horizonte, a. 22, n. 120, mar./abr. 2020. p. 100-101.

[28] "Direitos e garantias constitucionais individuais que merecem atenção cuidadosa do Direito Administrativo Sancionador podem ser catalogados e classificados como princípios materiais e processuais. São materiais, vez que incidem diretamente na relação jurídico-administrativa sancionadora: legalidade, tipicidade, irretroatividade da norma mais prejudicial, imputação adequada, pessoalidade, proporcionalidade, prescritibilidade e *non bis in idem*. São princípios processuais, vez que incidem na relação jurídico-processual administrativa que objetiva a produção do ato administrativo sancionador: devido processo legal, imparcialidade, contraditório, ampla defesa, presunção de inocência, garantia da não responsabilização, inadmissibilidade de provas ilícitas, recorribilidade,

Fábio Medina Osório argumenta que, situando-se a improbidade administrativa no campo do Direito Administrativo Sancionador, por expressa previsão legal, mostra-se inegável a incidência dos princípios constitucionais de natureza material e processual às ações de improbidade administrativa, aí incluído o princípio da retroatividade da lei mais benéfica:

> 6. Muitos autores falam sobre a aplicabilidade do Direito Administrativo Sancionador às ações de improbidade administrativa, mas é necessário compreender a principal razão para que tal incidência se torne possível do ponto de vista jurídico. E, de fato, o Legislador acolheu, acertadamente, nosso conceito de sanção administrativa, proposto em 1999 e ratificado em 2000, segundo o qual cabe também ao Poder Judiciário aplicar sanções administrativas, ou seja, o poder administrativo sancionador não é privativo da Administração Pública.
>
> 7. Nesse sentido, superamos o clássico conceito estatutário de Direito Administrativo, para abarcar uma visão substantiva do Direito Administrativo. Nosso conceito está assim redigido: "Consiste a sanção administrativa em um mal ou castigo, porque tem efeitos aflitivos com alcance geral e potencialmente *pro futuro*, imposto pela Administração Pública, materialmente considerada, pelo Judiciário ou por corporações de direito público, a um administrado, jurisdicionado, agente público, pessoa física ou jurídica, sujeitos ou não a especiais relações de sujeição com o Estado, como consequência de uma conduta ilegal, tipificada em norma proibitiva, com uma finalidade repressora ou disciplinar, no âmbito de aplicação formal e material do Direito Administrativo. A finalidade repressora, ou punitiva, já inclui a disciplinar, não custa deixar clara essa inclusão, para não haver dúvidas".
>
> 8. Como se pode observar, a construção doutrinária para se chegar ao regime jurídico do direito administrativo sancionador às ações de improbidade administrativa teve um longo percurso.
>
> 9. Com efeito, o Direito Administrativo Sancionador nasce e se alimenta de muitos dos princípios orientadores do Direito Penal, balizando-se, portanto, por princípios normativos constitucionais que objetivam, em última análise, limitar o arbítrio do Estado, em respeito às liberdades públicas e individuais dos cidadãos [...].
>
> 10. Ainda que se faça uma análise crítica à unidade do *jus puniendi* estatal, não se pode negar que ambos campos de incidência do poder punitivo

---

definição, a priori, da competência administrativa sancionadora, motivação e duração razoável do processo" (OLIVEIRA, José Roberto Pimenta; GROTTI, Dinorá Adelaide Musetti. Direito administrativo sancionador brasileiro: breve evolução, identidade, abrangência e funcionalidades. *Revista Interesse Público*, Belo Horizonte, a. 22, n. 120, mar./ abr. 2020. p. 122).

do Estado estão impregnados de postulados e garantias constitucionais de proteção aos administrados e jurisdicionados, cuja inobservância deslegitima a aplicação de qualquer sanção [...].

11. Aplicando-se os princípios e garantias informadores do Direito Penal ao Direito Administrativo Sancionador, *inegável a incidência da retroatividade da lei mais benigna.*

[...]

14. Nesse sentido, cumpre lembrar que a incidência dos princípios constitucionais do Direito Administrativo Sancionador ao terreno da improbidade administrativa, na linha preconizada desde 1999 por nossa doutrina, foi expressamente incorporada ao sistema jurídico brasileiro com o §4º do artigo 1º da nova redação da lei de improbidade [...].[29]

Sob os mesmos fundamentos, manifestou-se Marçal Justen Filho, para quem

a repressão à improbidade, tal como contemplada na Lei nº 8.429, compreende as garantias próprias do direito sancionatório. Essas garantias (inclusive constitucionais) encontram-se formalmente consagradas a propósito do Direito Penal, mas também se aplicam no tocante à punição pela improbidade.[30]

---

[29] OSÓRIO, Fábio Medina. *Retroatividade da Nova Lei de Improbidade Administrativa.* [s.d.]. Disponível em: www.medinaosorio.com.br. Acesso em 8 fev. 2022.

[30] No mesmo sentido: "A discussão principal vai recair sobre as normas de natureza material. Uma parte da doutrina, a qual me enquadro, vai defender a incidência dos princípios do Direito Penal ao Direito Administrativo Sancionador, em razão de ambos consistirem no poder punitivo estatal. Assim, observar-se-ia as cláusulas do devido processo legal, do contraditório e da ampla defesa (artigo 5º, LIII, LIV e LV, da CF) inserem-se os princípios da legalidade, sob o viés da tipicidade (artigo 5º, XLV), da individualização da sanção (artigo 5º, XLVI), da razoabilidade e da proporcionalidade (artigos 1º e 5º, LIV), e, no que interessa ao presente estudo, da retroatividade da lei mais benéfica (artigo 5º, XL), qual seja, "a lei penal não retroagirá, salvo para beneficiar o réu". Dessa forma, entendo que a norma material mais benéfica deve ser aplicada aos casos pendentes e aos retroativos, até mesmo aos transitados em julgado. Essa realidade normativa mais benéfica deve ser considerada obrigatoriamente, sob pena de violação dos princípios da igualdade e proporcionalidade/razoabilidade. É o caso, por exemplo, dos agentes condenados por improbidade por ato culposo e/ou que sofreram a perda do cargo público por causa de ato de improbidade administrativa tipificado no artigo 11 da LIA" (DUARTE JÚNIOR, Ricardo. *Nova Lei de Improbidade Administrativa. Breves comentários sobre as principais alterações da Nova Lei de Improbidade Administrativa.* [s.d.]. p. 43-46. Disponível em: http// ricardoduartejr.com.br/livros. Acesso em 14 jan. 2022).
"[...] Independentemente da indagação acerca do alcance do princípio geral da irretroatividade das leis e das exceções que ele comporta, cabe indagar se o princípio constitucional específico da irretroatividade da lei penal e de sua retroatividade quando mais benéfica, consagrado expressamente para o direito penal, deve ou não estender-se ao direito administrativo sancionador, notadamente à disciplina legal dos atos de improbidade administrativa. Para responder a esta questão no tocante aos atos de improbidade administrativa,

Na oportunidade, conclui o autor que as normas mais benéficas ao acusado, em especial aquelas que tratam da configuração ou sancionamento da improbidade administrativa, devem ser aplicadas aos processos judiciais em curso.[31]

Em tal contexto, diante do argumento de que o princípio da retroatividade benéfica não foi previsto expressamente pela nova LIA, argumentam os defensores da tese expansiva que o Relator do Projeto negou a proposta de inclusão de referida norma no texto, por entender que "já é consolidada a orientação de longa data do Superior Tribunal de Justiça, na linha de que 'considerando os princípios do Direito Sancionador, a *novatio leggis in mellius* deve retroagir para favorecer o apenado" (RESP nº 1.153.083/MT, Rel. Min. Sérgio Kukina, julgado em 19.11.2014).

Em que pesem as alterações introduzidas pela Lei nº 14.230/2021 sejam recentes, o E. Tribunal de Justiça do Estado de São Paulo vem sinalizando a adoção da tese da retroatividade de suas normas benéficas, em especial no que diz respeito à exclusão das condutas culposas e à necessidade de comprovação do dolo específico para configuração do ato ímprobo, nos seguintes termos:

> APELAÇÃO – AÇÃO CIVIL POR ATO DE IMPROBIDADE ADMI-NISTRATIVA – DANO AO ERÁRIO E VIOLAÇÃO AOS PRINCÍPIOS DA ADMINISTRAÇÃO PÚBLICA – Os agentes da Administração Pública e seus contratados, no exercício das atribuições que lhes são próprias, devem guardar a mais lídima probidade, a fim de preservar o interesse último dos atos praticados, qual seja, o bem comum – CONTRATAÇÃO DE SERVIÇOS PELA ADMINISTRAÇÃO PÚBLICA COM DISPENSA DE LICITAÇÃO – em regra, os contratos celebrados pela Administração Pública dependem de prévio procedimento licitatório, pelo qual se assegure a observância do princípio constitucional da isonomia, a

---

faz-se oportuno recordar que estes atos, como já tivemos ensejo de salientar, apartam-se em larga medida das demais infrações administrativas e apresentam inúmeros traços de aproximação com as infrações tipicamente penais. (...) Quando mais não seja, tendo-se em vista que o direito administrativo sancionador, tanto quanto o direito penal, constituem expressões de um mesmo *jus puniendi* estatal.
Diante da aplicabilidade desses princípios, concluímos pela impossibilidade de aplicação da Lei 8.429, de 1992, a fatos ocorridos anteriormente à sua entrada em vigor. De outra parte, sobrevindo lei que preveja para atos de improbidade administrativa sanções mais brandas do que aquelas hoje cominadas, deverá ela ter aplicação retroativa em benefício do infrator" (ALMEIDA PRADO, Francisco Octavio de. *Improbidade Administrativa*. São Paulo: Malheiros, 2001. p. 44-45).

[31] JUSTEN FILHO, Marçal. *Reforma da lei de improbidade administrativa comentada e comparada*: Lei nº 14.230, de 25 de outubro de 2021. 1. ed. Rio de Janeiro: Forense, 2022. p. 20 e 268.

seleção da proposta mais vantajosa para a administração e a promoção do desenvolvimento nacional sustentável (art. 3º, da LF nº 8.666/93 e art. 11, da LF nº 14.133/2021) – excepcionalmente, a própria legislação de regência estabelece hipóteses em que o procedimento formal é dispensado, dispensável ou inexigível, podendo haver a chamada "contratação direta" – elementos fático-probatórios dos autos que não evidenciam o alegado prejuízo ao Erário ou mesmo a conduta atentatória à legalidade da Administração – contratação de empresa para prestação de serviços gráficos e fornecimento de materiais – valor individual das contratações apontadas como irregulares pelo parquet que não superou o limite quantitativo estabelecido como teto para a dispensabilidade da licitação (art. 24, inciso II, da LF nº 8.666/93, vigente à época dos fatos) – inocorrência de superfaturamento ou de sobrepreço, o que afasta o alegado prejuízo ao Erário – efetiva execução das obrigações contratuais pela empresa-contratada – singelas irregularidades formais (ausência de parecer jurídico art. 38, inciso VI, da LF nº 8.666/93) que não têm o condão de evidenciar o dolo do agente público, assim considerada a vontade livre e consciente de alcançar o resultado ilícito (art. 1º, §2º cc. art. 11, §§1º e 4º, da LF nº 8.429/92, com a redação atribuída pela LF nº 14.230/2021) – não comprovação da suposta afronta ao princípio da impessoalidade (contratação direcionada) – sentença de improcedência da demanda mantida. Recurso do Ministério Público desprovido. (TJ/SP. Apelação nº 1000554-80.2019.8.26.0638. 4ª Câmara de Direito Público. Relator: Paulo Barcelos Gatti. Julgado em 3.12.21).

AÇÃO CIVIL PÚBLICA – Improbidade administrativa – Município de Vargem – Contratação de serviço de manutenção de veículos com fornecimento de peças – Pregão – Registro de preços – Formação do preço de referência – Irregularidades – Dolo e dano ao erário não demonstrados – Presença de apenas um licitante – Vedação legal – Inexistência – Cumprimento do contrato administrativo pelos preços licitados – Superfaturamento e dolo não demonstrados – Sentença de improcedência – Reforma – Impossibilidade: – Ausente prova de dolo e de dano ao erário, não configura improbidade administrativa a fixação do preço de referência da licitação por meio de consulta a empresas relacionadas entre si. – Inexiste óbice legal para o prosseguimento do pregão presencial com apenas um licitante. – O estrito cumprimento do contrato administrativo, firmado após regular licitação, não configura improbidade administrativa. – A comprovação do dolo é imprescindível para a configuração do ato de improbidade administrativa. (TJ/SP. Apelação nº 1009601-46.2019.8.26.0099. 4ª Câmara de Direito Público. Relatora: Teresa Ramos Marques. Julgado em 16.11.21).

No que tange, especificamente, aos processos administrativos disciplinares, o C. Superior Tribunal de Justiça, por meio da sua

Primeira Turma, vem reconhecendo a aplicabilidade do princípio da retroatividade da lei mais benéfica, sob o argumento de que se trata de espécie do Direito Administrativo Sancionador, consoante se depreende da leitura dos julgados a seguir colacionados:

> PROCESSUAL CIVIL. AGRAVO INTERNO NO RECURSO ORDINÁRIO EM MANDADO DE SEGURANÇA. ENUNCIADO ADMINISTRATIVO Nº 3/STJ. PROCESSO ADMINISTRATIVO DISCIPLINAR. PRESCRIÇÃO DA PRETENSÃO PUNITIVA. NÃO OCORRÊNCIA. AGRAVO INTERNO NÃO PROVIDO.
>
> 1. A sindicância investigativa não interrompe prescrição administrativa, mas sim a instauração do processo administrativo.
>
> 2. O processo administrativo disciplinar é uma espécie de direito sancionador. Por essa razão, a Primeira Turma do STJ declarou que o princípio da retroatividade mais benéfica deve ser aplicado também no âmbito dos processos administrativos disciplinares. À luz desse entendimento da Primeira Turma, o recorrente defende a prescrição da pretensão punitiva administrativa.
>
> 3. Contudo, o processo administrativo foi instaurado em 11 de abril de 2013 pela Portaria nº 247/2013. Independente da modificação do termo inicial para a instauração do processo administrativo disciplinar advinda pela LCE nº 744/2013, a instauração do PAD ocorreu oportunamente. Ou seja, os autos não revelam a ocorrência da prescrição durante o regular processamento do PAD.
>
> 4. Agravo interno não provido.
>
> (AgInt no RMS nº 65.486/RO, Rel. Ministro MAURO CAMPBELL MARQUES, SEGUNDA TURMA, julgado em 17.08.2021, *DJe* 26.08.2021).

> DIREITO ADMINISTRATIVO. PROCESSUAL CIVIL. RECURSO EM MANDADO DE SEGURANÇA. PROCESSO ADMINISTRATIVO DISCIPLINAR. PRINCÍPIO DA RETROATIVIDADE DA LEI MAIS BENÉFICA AO ACUSADO. APLICABILIDADE. EFEITOS PATRIMONIAIS. PERÍODO ANTERIOR À IMPETRAÇÃO. IMPOSSIBILIDADE. SÚMULAS Nºs 269 E 271 DO STF. CÓDIGO DE PROCESSO CIVIL DE 1973. APLICABILIDADE. I – Consoante o decidido pelo Plenário desta Corte na sessão realizada em 09.03.2016, o regime recursal será determinado pela data da publicação do provimento jurisdicional impugnado. *In casu*, aplica-se o Código de Processo Civil de 1973. II – As condutas atribuídas ao Recorrente, apuradas no PAD que culminou na imposição da pena de demissão, ocorreram entre 03.11.2000 e 29.04.2003, ainda sob a vigência da Lei Municipal nº 8.979/79. Por outro lado, a sanção foi aplicada em 04.03.2008 (fls. 40/41e), quando já vigente a Lei Municipal nº 13.530/03, a qual prevê causas atenuantes de pena, não observadas na punição. III – Tratando-se de diploma legal mais

favorável ao acusado, de rigor a aplicação da Lei Municipal nº 13.530/03, porquanto o princípio da retroatividade da lei penal mais benéfica, insculpido no art. 5º, XL, da Constituição da República, alcança as leis que disciplinam o direito administrativo sancionador. Precedente. IV – Dessarte, cumpre à Administração Pública do Município de São Paulo rever a dosimetria da sanção, observando a legislação mais benéfica ao Recorrente, mantendo-se indenes os demais atos processuais. V – A pretensão relativa à percepção de vencimentos e vantagens funcionais em período anterior ao manejo deste mandado de segurança, deve ser postulada na via ordinária, consoante inteligência dos enunciados das Súmulas nº 269 e 271 do Supremo Tribunal Federal. Precedentes. VI – Recurso em Mandado de Segurança parcialmente provido.

(RMS nº 37.031/SP, Rel. Ministra REGINA HELENA COSTA, PRIMEIRA TURMA, julgado em 08.02.2018, *DJe* 20.02.2018).

Resta claro, assim, que o tema da aplicação no tempo das novas normas introduzidas na Lei de Improbidade Administrativa está longe de se encontrar pacificado, demandado uma resposta, espera-se que breve, do Supremo Tribunal Federal, a quem cabe a palavra final acerca da tese que deve prevalecer.

4   Considerações finais

Consoante analisado no decorrer deste artigo, a edição da Lei nº 12.430/2021 teve como objetivo conter possíveis excessos nas conde-nações pela prática de atos de improbidade administrativa.

O texto aprovado vem sendo alvo de diversos debates pela doutrina, particularmente no que diz respeito à exigência do dolo específico, à legitimidade privativa do Ministério Público para o ajui-zamento da ação de improbidade, à redução dos prazos prescricionais e prescrição intercorrente, à exclusão da conduta culposa e à positivação do "direito administrativo sancionador" – um conceito jurídico inde-terminado e aberto.

Abordamos, especificamente, os efeitos temporais das alterações legislativas no âmbito dos processos administrativos disciplinares. Para tanto, trouxemos as duas correntes doutrinárias objetos de debates: a *restritiva*, que defende a irretroatividade das normas mais benéficas, com fundamento na diversidade dos bens jurídicos tute-lados; e a *expansiva*, que pugna pela aplicação ao campo do direito administrativo sancionador – do qual fariam parte o sistema de improbidade administrativa e o direito administrativo disciplinar – os princípios constitucionais penais, dentre eles o da retroatividade da lei mais benéfica.

Não obstante a jurisprudência do Tribunal de Justiça do Estado de São Paulo e do Superior Tribunal de Justiça, principalmente no que se refere aos processos disciplinares, esteja caminhando no sentido de ser aplicável o princípio da retroatividade da norma penal mais benéfica ao campo do direito administrativo, a questão está longe de se encontrar pacificada pela doutrina.

Nesse contexto, espera-se que o Supremo Tribunal Federal aprecie, com brevidade, a Repercussão Geral nº 1199, pelo Plenário da Corte, colocando fim às discussões acerca dos efeitos das novas normas no tempo.

Referências

ALMEIDA PRADO, Francisco Octavio de. *Improbidade Administrativa*. São Paulo: Malheiros, 2001.

ALMEIDA PRADO, Francisco Octavio de. Alteração da Lei de Improbidade Administrativa – Necessário remédio legislativo para um problema cultural. *Migalhas*, 21 jun. 2021. Disponível em: http//www.migalhas.com.br/depeso/347324/ateracao-da-lei-de-improbidade-administrativa. Acesso em 14 jan. 2022.

ARAÚJO, Edmir Netto de. *O ilícito administrativo e seu processo*. São Paulo: Editora Revista dos Tribunais, 1994.

ARAÚJO, Edmir Netto de. *Curso de Direito Administrativo*. 4. ed. São Paulo: Saraiva, 2009.

BRASIL. Ministério Público Federal. *Nota técnica nº 01/2021*- 5ª Câmara de Coordenação e Revisão – Combate à Corrupção.

DI PIETRO, Maria Sylvia Zanella. *Direito Administrativo*. 27. ed. São Paulo: Atlas, 2014.

DUARTE JUNIOR, Ricardo. *Nova Lei de Improbidade Administrativa. Breves comentários sobre as principais alterações da Nova Lei de Improbidade Administrativa*. [s.d.]. Disponível em: http//ricardoduartejr.com.br/livros. Acesso em 14 jan. 2022.

GARCIA, Emerson; ALVES, Rogério Pacheco. *Improbidade Administrativa*. 4. ed. Rio de Janeiro: Lumen Juris, 2008.

JUSTEN FILHO, Marçal. *Reforma da lei de improbidade administrativa comentada e comparada*: Lei nº 14.230, de 25 de outubro de 2021. 1. ed. Rio de Janeiro: Forense, 2022.

LEONEL, RICARDO DE BARROS. Nova LIA: aspectos da retroatividade associada ao Direito Sancionador. *Conjur*, 17 nov. 2021. Disponível em: https:/www.conjur.com.br/2021-nov-17/Leonel-lia-retroatividade-associada-direito-sancionador. Acesso em 14 jan. 2022.

MEIRELLES, Hely Lopes. *Mandado de Segurança*. 35. ed. São Paulo: Malheiros, 2013.

MEIRELLES, Hely Lopes. *Direito Administrativo Brasileiro*. 28. ed. São Paulo: Malheiros, 2003.

MENEGAT, Fernando. A retroatividade das normas de improbidade mais benéficas. *Conjur*, 29 out. 2021. Disponível em: https://www.conjur.com.br/2021-out-29/menegat-retroatividade-normas-improbidade-beneficas. Acesso em 8 fev. 2022.

MORAES, Alexandre de. *Direito Constitucional*. 30. ed. São Paulo: Editora Atlas, 2014.

OLIVEIRA, José Roberto Pimenta; GROTTI, Dinorá Adelaide Musetti. Direito administrativo sancionador brasileiro: breve evolução, identidade, abrangência e funcionalidades. *Revista Interesse Público*, Belo Horizonte, a. 22, n. 120, mar./abr. 2020.

OSÓRIO, Fábio Medina. *Direito Administrativo Sancionador*. 2. ed. São Paulo: Revista dos Tribunais, 2006.

OSÓRIO, Fábio Medina. *Retroatividade da Nova Lei de Improbidade Administrativa*. [s.d.]. Disponível em: www.medinaosorio.com.br. Acesso em 8 fev. 2022.

PARANÁ. Ministério Público do Estado do Paraná. Nota do CAOP – Proteção ao Patrimônio Público e à Ordem Tributária. *Primeiras leituras da nova Lei de Improbidade Administrativa – Análise preliminar das alterações da Lei de Improbidade Administrativa promovidas pela Lei nº 14.230/2021, publicada em 26 de outubro de 2021*. 8 nov. 2021.

PEDROSO, Margarete Gonçalves. A Observância dos Princípios Processuais Penais no Processo Administrativo Disciplinar. *In*: SERRANO, Monica de Almeida Magalhães; DA SILVA, Alessandra Obara Soares (Orgs.). *Teoria Geral do Processo Administrativo*. 1. ed. São Paulo: Verbatim, 2013.

PINHEIRO, Igor Pereira. *Retroatividade Benéfica na Nova Lei de Improbidade Administrativa*. [s.d.]. Disponível em: http//blog.editoramizuno.com.br/retroatividade-benefica. Acesso em 8 fev. 2022.

PIRES, Luís Manuel Fonseca; ZOCKUN, Mauricio; ADRI, Renata Porto (Coord.). *Corrupção, ética e moralidade administrativa*. Belo Horizonte: Fórum, 2008.

ROSA, Carla Maria Elias. Processo Administrativo e os Ilícitos da Lei nº 8.429/92. *In*: SERRANO, Monica de Almeida Magalhães; DA SILVA, Alessandra Obara Soares (Orgs.). *Teoria Geral do Processo Administrativo*. 1. ed. São Paulo: Verbatim, 2013.

Informação bibliográfica deste texto, conforme a NBR 6023:2018 da Associação Brasileira de Normas Técnicas (ABNT):

SAMPAIO, Melissa Di Lascio; ESTEVES, Suzane Ramos Rosa. A Nova Lei de Improbidade Administrativa e o princípio da retroatividade benéfica no âmbito do processo administrativo disciplinar. *In*: CORONA, Maria Lia Porto; CASTRO, Sérgio Pessoa de Paula; RAHIM, Fabiola Marquetti Sanches (Coords.). *Anotações sobre a Lei de Improbidade Administrativa*. Belo Horizonte: Fórum, 2022. p. 147-166. ISBN 978-65-5518-378-8.

A TÉCNICA DO DESCONTO, O *NON BIS IN IDEM* E AS SANÇÕES POR IMPROBIDADE ADMINISTRATIVA

PERICLES FERREIRA DE ALMEIDA

1 Introdução

A concorrência de competências sancionadoras com fundamento no mesmo fato natural a que o legislador atribuiu identidades normativas distintas é uma realidade constatada não só entre as instâncias civil, penal e administrativa, mas também no interior do próprio direito administrativo sancionador, envolvendo notadamente as sanções por improbidade administrativa.

É uma realidade que, todavia, causa perplexidade. A proliferação de sanções relativas ao mesmo fato pode levar a situações de injustiça e insegurança, ofensivas aos princípios constitucionais da proporcionalidade, razoabilidade, segurança jurídica e devido processo legal. De mais a mais, parece pouco racional o desperdício de energia e recursos públicos decorrente do desempenho da potestade sancionadora incontáveis vezes sobre um mesmo comportamento.

A literatura especializada propugna, então, uma versão "forte" do princípio do *non bis in idem,* pela qual a proibição de dupla punição irradia os seus efeitos para além de cada um dos procedimentos de natureza sancionadora. No entanto, esta posição se depara com dificuldades práticas e teóricas, talvez até por ser de fato legítima – ou inevitável – a proliferação de competências sancionadoras na complexa sociedade contemporânea.

Ante a impossibilidade de se assegurar plenamente uma dimensão transversal ao princípio do *non bis in idem*, o legislador buscou um caminho alternativo para interditar os excessos das sanções impostas em paralelo por distintos órgãos repressores, qual seja, a assim designada técnica do desconto, estabelecida no art. 22, §3º, da LINDB (Decreto-Lei nº 4.657/1942), acrescentado pela Lei nº 13.665/2018.

A despeito de conceitualmente distintos, o *non bis in idem* e a técnica do desconto se revelam instrumentos funcionalmente equivalentes no que concerne a impedir a punição exagerada. Infelizmente, contudo, a técnica do desconto não tem despertado suficiente atenção da doutrina, e a ausência de um delineamento mais completo tem frustrado sua aplicação prática.

A reforma da Lei nº 8.429/1992 (Lei de Improbidade Administrativa) pela Lei nº 14.230/2021 dá uma notável contribuição à matéria.

Também esta Lei passa a ordenar que na aplicação das sanções por improbidade deve-se considerar as sanções relativas ao mesmo fato já aplicadas ao agente, bem assim que sanções eventualmente aplicadas em outras esferas deverão ser compensadas com as sanções de improbidade administrativa (arts. 17-C, V, e 21, §5º).

E mais, o diálogo entre os arts. 17-C, V, e 21, §5º, da referida Lei nº 8.429/1992 e o art. 22, §3º, da LINDB, traduz um ambiente de influência recíproca que, em último termo, leva a concluir pela redefinição do campo de aplicação da norma geral. Afinal, tem-se que construir de forma sistemática o direito administrativo sancionador.

Nestes termos, o propósito desta pesquisa consiste em compreender a técnica do desconto e, em seguida, desvendar o caminho para torná-la eficaz. A ênfase nas sanções de improbidade administrativa se justifica nas destacadas inovações legislativas, mas os resultados alcançados por este ensaio podem ser úteis em qualquer domínio da atividade sancionadora.

2 Breves notas sobre a independência de instâncias e o *non bis in idem*

O princípio do *non bis in idem* consiste na proibição de mais de uma persecução ou sanção por um mesmo fato.[1] Por sua vertente

---

[1] Para um escorço histórico sobre o princípio do *non bis in idem*, dispensável para os propósitos deste trabalho, por exemplo, SABOYA, Keity Mara Ferreira de Souza e.

processual, impede-se a formação ou a sobrevivência de relação jurídica processual com objeto idêntico ao de outra preexistente, sendo irrelevante o fato de se ter alcançado no primeiro processo uma condenação ou uma absolvição. Por seu aspecto material, é interditado que alguém seja punido em duplicidade, significando que o mesmo fato não pode ser considerado mais de uma vez para se definir a sanção cabível.[2]

No direito penal, a proibição ao *bis in idem* é enaltecida ao ponto de não se autorizar que a mesma circunstância do delito seja levada em conta repetidamente na aplicação da pena. Assim, o conhecido critério trifásico refuta que aquele fato tomado na primeira fase da dosimetria como circunstância judicial seja valorado na segunda fase como agravante ou, então, na terceira como causa de aumento (arts. 59, 61 e 62, e 68, todos do CP). Em acréscimo, entende-se que o fato que é elementar do tipo penal não é idôneo para elevar a pena acima do mínimo legal, ainda que em tese seja qualificável em qualquer das três fases da individualização.[3]

Em sentido inverso, o princípio da independência de instâncias traduz-se na autonomia e incomunicabilidade das responsabilidades civil, penal e administrativa, em último termo, possibilitando a coexistência de repressões por um único fato qualificado como antijurídico em todas essas esferas.

Assim, as sanções por improbidade administrativa serão aplicadas sem prejuízo da ação penal cabível, a teor do art. 37,

---

Dimensões do princípio do ne bis in idem. Tese de Doutorado, Rio de Janeiro: FD-UERJ, 2013. p. 16-29.

[2] Na seara do direito penal, essas duas vertentes do *non bis in idem* foram referidas expressamente pelo STJ, HC nº 132.655/RS, Rel. Min. Rogério Schietti Cruz, Sexta Turma, julgado em 28.09.2021. Já no direito administrativo sancionador, fazendo este desdobramento em aspecto material e processual, cf.: ARÊDES, Sirlene Nunes. *Ne bis in idem:* direito fundamental constitucional aplicável na relação entre as esferas penal e administrativa geral no direito brasileiro. *Direito, Estado e Sociedade*, Rio de Janeiro: PUC-RJ, n. 52, p. 204-240, 2018. p. 208-209; SABOYA, Keity Mara Ferreira de Souza e. *Dimensões do princípio do ne bis in idem.* Tese de Doutorado, Rio de Janeiro: FD-UERJ, 2013. p. 209-237.

[3] Nesse sentido, entre muitos outros, cf.: STF. RHC nº 116.676, Rel. Min. Ricardo Lewandowski, Segunda Turma, julgado em 20.08.2013, e HC nº 123.691, Rel. Min. Dias Toffoli, Primeira Turma, julgado em 28.08.2018, bem como STJ. HC nº 683.176, Rel. Min. Sebastião Reis Júnior, Sexta Turma, julgado em 07.12.2021, e AgRg no AREsp nº 1971840, Rel. Min. Reynaldo Soares da Fonseca, Quinta Turma, julgado em 23.11.2021. É óbvio, no direto penal, também se reconhece a vertente processual do *non bis in idem*, por exemplo, impedindo a instauração de persecução penal no Brasil fundada nos mesmos fatos de ação penal já transitada em julgado sob a jurisdição de outro Estado, cf.: STF. HC nº 171.118, Rel. Min. GILMAR MENDES, Segunda Turma, julgado em 12.11.2019.

§4º, da CF, reproduzido no art. 12 da Lei nº 8.429/1992 (Lei de Improbidade Administrativa). De igual modo, as sanções disciplinares (administrativas) impostas a servidores públicos poderão ser cumuladas com as civis e penais, na forma do art. 125 da Lei nº 8.112/1990. Note-se, são essas as situações mais habituais quando em tela a relação entre a esfera penal e a administrativa, mas não são as únicas.[4]

Essa orientação é respaldada pela jurisprudência pacífica dos Tribunais Superiores, que apenas ressalva a repercussão no processo administrativo quando a instância penal se manifestar pela inexistência do fato ou pela negativa de sua autoria ou, ainda, pela configuração de causa excludente da ilicitude.[5] A autonomia entre as instâncias, contudo, não obsta o aproveitamento de provas produzidas em outra esfera,[6] tampouco autoriza a formação da convicção pela antijuridicidade da conduta considerada lícita no âmbito processual competente.[7] Exceção flagrante (desta última observação) é o caso da aprovação ou rejeição

---

[4] Há previsões legislativas, com idêntico conteúdo, orbitando a relação entre sanção administrativa – disciplinar ou por improbidade – e a sanção penal. Por exemplo, a Lei nº 13.869/2019 (Lei de Abuso de Autoridade) dispõe que: "Art. 6º As penas previstas nesta Lei serão aplicadas independentemente das sanções de natureza civil ou administrativa cabíveis". Ainda como exemplo, a previsão do art. 225, §3º, da CF: "As condutas e atividades consideradas lesivas ao meio ambiente sujeitarão os infratores, pessoas físicas ou jurídicas, a sanções penais e administrativas, independentemente da obrigação de reparar os danos causados".

[5] Nesse sentido, entre muitos outros, cf.: STF. RE-ED-AgR nº 1.272.316, Rel. Min. Dias Toffoli, Primeira Turma, julgado em 21.12.2020, RMS-AgR nº 35.469, Rel. Min. Edson Fachin, Segunda Turma, julgado em 15.02.2019, RE-AgR nº 1.044.681, Rel. Min. Dias Toffoli, Segunda Turma, julgado em 06.03.2018, bem como STJ. AgInt no AREsp nº 1.347.654/RS, Rel. Min. Francisco Falcão, Segunda Turma, julgado em 03.03.2020, AgInt no RMS nº 62.007, Rel. Min. Mauro Campbell Marques, Segunda Turma, julgado em 22.04.2020, AgInt no REsp nº 1817319/MT, Rel. Min. Sérgio Kukina, Primeira Turma, julgado em 11.11.2019. O entendimento jurisprudencial é reproduzido de forma didática pela Lei nº 13.869/2019 (Lei de Abuso de Autoridade): "Art. 7º As responsabilidades civil e administrativa são independentes da criminal, não se podendo mais questionar sobre a existência ou a autoria do fato quando essas questões tenham sido decididas no juízo criminal. Art. 8º Faz coisa julgada em âmbito cível, assim como no administrativo-disciplinar, a sentença penal que reconhecer ter sido o ato praticado em estado de necessidade, em legítima defesa, em estrito cumprimento de dever legal ou no exercício regular de direito".

[6] Por exemplo, admitindo no processo administrativo disciplinar a prova emprestada de investigação criminal (interceptação telefônica), cf.: STF. RMS-AgR nº 30.295, Rel. Min. Rosa Weber, julgado em 04.02.2019, e STJ. MS nº 19.000,0 Rel. Min. Regina Helena Costa, Primeira Seção, julgado em 23.03.2021.

[7] Para ilustrar, tome-se o caso dos crimes tributários materiais, cuja tipificação depende da constituição definitiva do crédito tributário, nos termos da Súmula Vinculante nº 24 do STF: "Não se tipifica crime material contra a ordem tributária, previsto no art. 1º, incisos I a IV, da Lei nº 8.137/90, antes do lançamento definitivo do tributo".

das contas pelo Tribunal de Contas, que não condiciona o julgamento em outras instâncias, como na ação de improbidade.

A este propósito, a Lei nº 8.429/1992, com a redação dada pela Lei nº 14.230/2021, embora conservando a independência da improbidade em relação ao julgamento pelos Tribunais de Contas, passa a dispor que os atos do órgão de controle interno ou externo serão considerados pelo juiz quando tiverem servido de fundamento para a conduta do agente público, bem assim que as provas produzidas perante os órgãos de controle e as correspondentes decisões deverão ser consideradas na formação da convicção do juiz e, ainda, que sentenças civis e penais produzirão efeitos em relação à ação de improbidade quando concluírem pela inexistência da conduta ou pela negativa da autoria e que a absolvição criminal em ação que discuta os mesmos fatos, confirmada por decisão colegiada, impede o trâmite da ação de improbidade, havendo comunicação com todos os fundamentos de absolvição previstos em lei, tudo na forma do art. 21 e de seus §§1º a 4º.

Mas a questão mais interessante se coloca a propósito da concorrência de competências punitivas no interior do direito administrativo sancionador, o que leva a investigar em que medida a independência de instâncias legitima a pluralidade de processos administrativos sancionadores com fundamento no mesmo fato natural a que o legislador atribuiu identidades normativas distintas ou, por outras palavras, se existe alguma dimensão remanescente para o *non bis in idem* nas fronteiras da instância administrativa.

Os exemplos mais emblemáticos envolvem as sanções por improbidade administrativa. Com a tese da incomunicabilidade entre as instâncias, permite-se a instauração, em paralelo ao processo por improbidade em desfavor do agente público, de processo disciplinar perante a própria Administração, sem prejuízo, ainda, da punição de inabilitação para o exercício de cargo em comissão ou função de confiança, a ser imposta pelo Tribunal de Contas da União.[8] Com fundamento análogo, a jurisprudência admite o reconhecimento na

---

[8] Especificamente sobre esta competência sancionadora do TCU, ver o Acórdão nº 2411/2020 – Plenário, Rel. Min. Aroldo Cedraz, julgado em 09.09.2020. Vale ainda a leitura do art. 60 da Lei nº 8.443/1992: "Sem prejuízo das sanções previstas na seção anterior e das penalidades administrativas, aplicáveis pelas autoridades competentes, por irregularidades constatadas pelo Tribunal de Contas da União, sempre que este, por maioria absoluta de seus membros, considerar grave a infração cometida, o responsável ficará inabilitado, por um período que variará de cinco a oito anos, para o exercício de cargo em comissão ou função de confiança no âmbito da Administração Pública".

via do processo administrativo disciplinar de falta funcional análoga à improbidade administrativa, com a consequente pena de demissão, independentemente da sorte da ação de improbidade.[9] Admite-se, mesmo no que respeita ao ressarcimento ao erário, a existência de duplicidade de processos e, depois, de títulos executivos derivados da ação de improbidade e da decisão do Tribunal de Contas, conquanto na fase de execução seja afastado o pagamento em duplicidade da indenização pelo dano.[10]

Outra hipótese merece ser registrada, embora aparentemente resolvida com a reforma decorrente da Lei nº 14.230/2021. Em sua redação original, a Lei nº 8.429/1992 (Lei de Improbidade Administrativa) foi interpretada no sentido de que a ação de improbidade deve ser proposta não só contra o agente público, mas também contra o particular (normalmente, pessoa jurídica) que participa da ilicitude.[11] A Lei nº 12.846/2013 (Lei Anticorrupção), voltada à responsabilização de pessoas jurídicas pela prática de atos contra a Administração, em seu art. 30 prescreve que a aplicação das sanções desta Lei não afasta a aplicação de penalidades decorrentes de ato de improbidade administrativa, de sorte que malgrado as críticas da doutrina permitia-se a cumulação das sanções. Consoante os novos arts. 3º, §2º, e 12, §7º, da Lei nº 8.429/1992, incluídos pela Lei nº 14.230/2021, o problema é solucionado no sentido de afastar o *bis in idem* entre as sanções de improbidade e as da Lei nº 12.846/2013.[12]

---

[9] O tema é objeto da Súmula nº 651 do STJ, aprovada em 21.10.2021: "Compete à autoridade administrativa aplicar a servidor público a pena de demissão em razão da prática de improbidade administrativa, independentemente de prévia condenação, por autoridade judiciária, à perda da função pública". Para melhor compreensão do conteúdo da Súmula nº 651, por exemplo, cf.: STJ. MS nº 23.464, Rel. Min. Mauro Campbell Marques, Primeira Seção, julgado em 11.12.2019.

[10] Envolvendo condenação de ressarcimento ao erário pelo TCU e em ação de improbidade administrativa, cf.: STF. MS nº 26.969, Rel. Min. Luiz Fux, Primeira Turma, julgado em 18.11.2014, e STJ. REsp nº 1.633.901, Rel. Min. Herman Benjamin, Segunda Turma, julgado em 18.05.2017.

[11] Exemplificativamente, citando muitos precedentes, STJ. AgInt nos EDcl no AREsp nº 817.063/PR, Rel. Min. Napoleão Nunes Maia Filho, Primeira Turma, julgado em 21.09.2020, do qual se colhe a seguinte passagem da ementa: "Esta Corte Superior tem o firme entendimento segundo o qual se mostra inviável o manejo da ação civil de improbidade exclusivamente e apenas contra o particular, sem a concomitante presença de agente público no polo passivo da demanda".

[12] É conveniente ter em mente a redação dos dispositivos: Art. 3º. §2º As sanções desta Lei não se aplicarão à pessoa jurídica, caso o ato de improbidade administrativa seja também sancionado como ato lesivo à administração pública de que trata a Lei nº 12.846, de 1º de agosto de 2013. Art. 12. §7º As sanções aplicadas a pessoas jurídicas com base nesta Lei e na Lei nº 12.846, de 1º de agosto de 2013, deverão observar o princípio constitucional do *non bis in idem*.

Seja como for, em se admitindo algum espaço para a condenação de pessoa jurídica na sanção de improbidade consistente na proibição de contratar com o poder público pelo prazo legal, mencionada nos incisos I a III do art. 12 da Lei nº 8.429/1992, pode-se cogitar a ocorrência de *bis in idem* com a sanção similar de inidoneidade para participar de licitação, que segundo o art. 46 da Lei nº 8.443/1992 (Lei Orgânica do TCU) compete ao Tribunal de Contas da União ou, de igual modo, com as sanções de inidoneidade, suspensão ou impedimento que proliferam na legislação de licitações e contratos, por exemplo, as previstas nos art. 7º da Lei nº 10.520/2002 e art. 87, III e IV, da Lei nº 8.666/1993, correspondente ao art. 156, III e IV, da Lei nº 14.133/2021.

É de se registrar que o entrelaçamento entre as competências sancionadoras do Tribunal de Contas da União e aquelas da esfera administrativa *stricto sensu*, concernentes às sanções que têm por efeito a restrição ao direito de participar em licitações ou de celebrar contratos administrativos, não é reputado *bis in idem* em desacordo com a ordem jurídica, consoante a jurisprudência pacífica da Corte de Contas. Portanto, é possível a cumulação destas sanções de inidoneidade ou congêneres em desfavor do mesmo agente, fundamentadas nos mesmos fatos.[13]

Por outro lado, o Decreto nº 8.420/2015, que regulamenta a Lei nº 12.846/2013 (Lei Anticorrupção), por seus arts. 12 e 16, tenta resolver o problema da concorrência de competências para as aludidas sanções entre a Administração ativa (promotora do certame) e o órgão central de controle interno, no âmbito do Poder Executivo federal, exercido pela Controladoria-Geral da União, determinando a apuração, no mesmo processo administrativo de responsabilização, do ato lesivo à Lei Anticorrupção, que também configura infração às normas de licitações.[14]

---

[13] Nesse sentido, cf.: TCU. Acórdão nº 1.753/2021 – Plenário, Rel. Min. Marcos Bemquerer, julgado em 21.07.2021, admitindo sanção de inidoneidade do art. 46 da Lei nº 8.443/1992, conquanto aplicado anteriormente o impedimento do art. 7º da Lei nº 10.520/2002 pelo órgão promotor do certame, e Acórdão nº 2.638/2019 – Plenário, Rel. Min. Bruno Dantas, julgado em 30.10.2019, impondo a inidoneidade do mesmo art. 46, conquanto já imposta inidoneidade pela Controladoria-Geral da União com base na Lei nº 8.666/1993.

[14] Essa mesma orientação é consagrada na Lei nº 14.133/2021 (Nova Lei de Licitações): Art. 159. Os atos previstos como infrações administrativas nesta Lei ou em outras leis de licitações e contratos da Administração Pública que também sejam tipificados como atos lesivos na Lei nº 12.846, de 1º de agosto de 2013, serão apurados e julgados conjuntamente, nos mesmos autos, observado o rito procedimental e a autoridade competente definidos na referida Lei.

Há, ainda, outras hipóteses ilustrativas. Será o que acontece com a intersecção das atribuições dos diversos entes reguladores, normalmente entre a agência setorial (*v.g.*, ANATEL, ANEEL, ANS, ANVISA) e o regulador da concorrência (CADE) ou o órgão integrante de outro setor específico, como o meio ambiente (*v.g.*, IBAMA) ou a defesa do consumidor (*v.g.*, PROCON).[15]

Figure-se também as competências administrativas comuns das distintas órbitas da federação. Desde logo, a convivência da fiscalização externa realizada pelo Tribunal de Contas da União e pelo Tribunal de Contas estadual sobre recursos federais repassados ao Estado.[16] Assim também em matéria ambiental, em que já se admitiu que o mesmo fato gerador de degradação ambiental leve a mais de uma multa em razão do poder de polícia ambiental, se bem que o pagamento de multa imposta pelos Estados, Municípios ou Distrito Federal substitui a multa federal na mesma hipótese de incidência (art. 76 da Lei nº 9.605/1998) e que há normas que reduzem (sem eliminar) os conflitos de fiscalização (art. 17, §3º, da Lei Complementar nº 140/2011).[17]

Sem a pretensão de formar uma lista exaustiva das hipóteses de *bis in idem*, o breve escorço traçado é suficiente para tornar claro que a proliferação de competências sancionadoras sobre uma mesma situação fática é uma realidade no direito administrativo. Uma realidade que, todavia, causa perplexidade.

Na literatura especializada, sugere-se frequentemente que o princípio do *non bis in idem* encontra assento constitucional, alicerçado notadamente nos princípios da proporcionalidade, da razoabilidade, da segurança jurídica e do devido processo legal.[18] Por vezes, lembrando a cláusula de ampliação que consta do art. 5º, §2º, da CF, reforça-se o *status*

---

[15] Para uma visão mais ampla do conflito de atribuições entre autoridades reguladoras, cf.: FIGUEIREDO, Leonardo Vizeu. *Direito econômico*. 10. ed. São Paulo: GEN/Forense, 2019. p. 231-246. É clássico o caso do conflito entre BACEN e CADE para fiscalizar os atos de concentração, aquisição ou fusão de instituição financeira, cf.: STJ. REsp nº 1.094.218, Rel. Min. Eliana Calmon, Primeira Seção, julgado em 25.08.2010. O problema da articulação entre agências reguladoras, inclusive com os órgãos de defesa da concorrência, do consumidor e do meio ambiente, foi disciplinado pelos arts. 25 a 33 da Lei nº 13.848/2019 (Lei das Agências Reguladoras), mas dá ênfase ao aspecto sancionador.

[16] Nesse sentido, cf.: STJ. RMS nº 61.997/DF, Rel. Min. Benedito Gonçalves, Primeira Turma, julgado em 16.06.2020.

[17] A propósito, cf.: STF. RE-AgR nº 585.932, Rel. Min. Gilmar Mendes, Segunda Turma, julgado em 17.04.2012, e STJ. REsp nº 1.588.811, Rel. Min. Herman Benjamin, Segunda Turma, julgado em 07.06.2016.

[18] Por todos, cf.: OSÓRIO, Fábio Medina. *Direito administrativo sancionador*. 5. ed. São Paulo: Revista dos Tribunais, 2015. p. 308-309.

de direito fundamental do *non bis in idem* a partir de sua consagração em tratados internacionais, como a Convenção Americana sobre Direitos Humanos (art. 8.4) e o Pacto Internacional sobre Direitos Civis e Políticos (art. 14.7), internalizados respectivamente pelos Decretos nºs 678/1992 e 592/1992.[19][20]

É certo, a proibição ao *bis in idem* é acolhida em uma dimensão interna a cada regra de competência administrativa sancionadora. Assim, por exemplo, não há que se falar em reabertura da persecução disciplinar para infligir penalidade mais gravosa ao servidor que já foi anteriormente apenado, sendo esta a orientação da Súmula nº 19 do STF, segundo a qual "é inadmissível segunda punição de servidor público, baseada no mesmo processo em que se fundou a primeira".[21]

Entretanto, as posições mais recentes sustentam uma versão "forte" do princípio do *non bis in idem*, pela qual a proibição de dupla punição irradia os seus efeitos para além de cada um dos procedimentos de natureza sancionadora. Propugna-se uma "dimensão transversal" do princípio que obsta até mesmo a cumulação entre as sanções penais e as sanções administrativas pelos mesmos fatos.[22] Por esta perspectiva, o *non bis in idem* se contrapõe à independência entre as instâncias que, por sua vez, se revelaria incompatível com os já referidos princípios constitucionais e convenções internacionais; portanto, a proliferação de competências sancionadoras (*bis in idem*) retrataria um quadro de inconstitucionalidade.[23]

---

[19] Por exemplo, cf.: ARÊDES, Sirlene Nunes. *Ne bis in idem*: direito fundamental constitucional aplicável na relação entre as esferas penal e administrativa geral no direito brasileiro. *Direito, Estado e Sociedade*, Rio de Janeiro: PUC-RJ, n. 52, p. 204-240, 2018. p. 231-235, e SABOYA, Keity Mara Ferreira de Souza e. *Ne bis in idem* em tempos de multiplicidades de sanções e de agências de controle punitivo. *Jornal de Ciências Criminais*, São Paulo, v. 1, n. 1, p. 71-92, 2018. p. 71-72.

[20] Transcreve-se para uma melhor compreensão: "Art. 8.4. O acusado absolvido por sentença passada em julgado não poderá se submetido a novo processo pelos mesmos fatos". "Art. 14.7. Ninguém poderá ser processado ou punido por um delito pelo qual já foi absolvido ou condenado por sentença passada em julgado, em conformidade com a lei e os procedimentos penais de cada país".

[21] A este respeito, embora afastando o *bis in idem* em razão da anulação do primeiro processo disciplinar, é muito didática a decisão do STJ. MS nº 20.978, Rel. Min. Mauro Campbell Marques, Primeira Seção, julgado em 26.10.2016.

[22] A expressão é de SABOYA, Keity Mara Ferreira de Souza e. *Dimensões do princípio do ne bis in idem*. Tese de Doutorado, Rio de Janeiro: FD-UERJ, 2013. p. 235-251.

[23] Depois de recensear as posições críticas ao princípio da independência de instâncias, Valter Shuenquener Araújo, com as palavras de Adriano Teixeira, Heloísa Estellita e Marcelo Cavali, constata que a independência das instâncias é argumento "sempre sacado da manga e usado indiscriminadamente", que atua como uma "fórmula mágica", por meio da qual se busca "varrer para debaixo do tapete problemas de sensível complexidade"

O assunto merece reflexão mais aprofundada, incompatível com a presente investigação. Nada obstante, é necessário registrar que se trata de proposta que acaba por revelar sérias dificuldades de aplicação na prática, como o não exercício de competências públicas, ao lado de se sustentar em premissas teóricas muito duvidosas, como a interpretação dos tratados internacionais que tratam do *non bis in idem* na esfera penal, voltada a assegurar a tal princípio eficácia exterior e transversal.

Talvez por ser de fato legítima – ou inevitável –, na complexa sociedade contemporânea, a proliferação de competências administrativas sancionadoras com fundamento no mesmo fato natural, é que o legislador buscou um caminho alternativo para interditar os excessos das sanções impostas em paralelo por distintos órgãos repressores, o que será estudado nos próximos tópicos.

3 A técnica do desconto e o *non bis in idem*

Constatado que a pluralidade de sanções impostas por diferentes autoridades ao mesmo agente em razão do mesmo fato ilícito é uma realidade até no interior da instância administrativa (*i.e.*, do direito administrativo sancionador), impõe-se buscar mecanismos para tornar racional o exercício do poder punitivo estatal, tendo como norte o princípio do *non bis in idem* em sua vertente material.

Breve incursão no direito comparado permite conhecer dois métodos para afastar os efeitos nocivos da concorrência de competências sancionadoras, os quais podem ser úteis para compreender melhor o objeto deste estudo.

Primeiro, nos casos de sobreposição de competências penal e administrativa sobre os mesmos fatos e fundamentos, atribuir-se preponderância à jurisdição penal que inclusive será a competente para no bojo do processo penal aplicar as sanções pelos ilícitos administrativos, como, por exemplo, em Portugal (embora com exceções em setores específicos)[24] e na Alemanha (embora admitindo-se

---

(ARAÚJO, Valter Shuenquener. O princípio da interdependência das instâncias punitivas e seus reflexos no direito administrativo sancionador. *Revista Jurídica da Presidência*, Brasília, v. 23, n. 131, p. 629-653, 2022. p. 635).

[24] Cf.: XAVIER, Marília Barros. Processos sancionatórios em Brasil, Portugal e Espanha: primeiros signos para um estudo no direito administrativo do *ne bis in idem* em sua vertente processual. *In*: NOBRE JÚNIOR, Edilson Pereira; VIANA, Ana Cristina Aguilar; XAVIER, Marília Barros. *Direito administrativo sancionador comparado*. Rio de Janeiro: CEEJ, 2021. p. 122-124.

a sanção administrativa se não for imposta a sanção penal),[25] entre outros.

Segundo, especialmente nos casos de concorrência entre sanções administrativas dos Estados parte da União Europeia ou entre sanção interna e do direito comunitário, a assim designada *técnica do desconto*, que consiste em assegurar a atenuação da nova sanção com base na sanção decidida anteriormente, como consta do art. 31.2 da *Ley* nº *40/2015* da Espanha.[26] [27] De modo semelhante, mas no campo do direito penal, tem-se uma espécie de detração entre as penas aplicadas, pelos mesmos fatos, por diferentes Estados contratantes da União Europeia, nos termos do art. 56 da Convenção de Aplicação do Acordo de Schengen.[28] [29]

No Brasil, a *técnica do desconto* resultou consagrada pelo art. 22, §3º, da LINDB (Decreto-Lei nº 4.657/1942), acrescentado pela Lei nº 13.665/2018, segundo o qual "as sanções aplicadas ao agente serão levadas em conta na dosimetria das demais sanções de mesma natureza

---

[25] Cf.: SABOYA, Keity Mara Ferreira de Souza e. *Dimensões do princípio do ne bis in idem*. Tese de Doutorado, Rio de Janeiro: FD-UERJ, 2013. p. 59-60 e 66-67.

[26] Cf.: XAVIER, Marília Barros. Processos sancionatórios em Brasil, Portugal e Espanha: primeiros signos para um estudo no direito administrativo do *ne bis in idem* em sua vertente processual. *In*: NOBRE JÚNIOR, Edilson Pereira; VIANA, Ana Cristina Aguilar; XAVIER, Marília Barros. *Direito administrativo sancionador comparado*. Rio de Janeiro: CEEJ, 2021. p. 140-141.

[27] "Artículo 31. Concurrencia de sanciones. 1. No podrán sancionarse los hechos que lo hayan sido penal o administrativamente, en los casos en que se aprecie identidad del sujeto, hecho y fundamento. 2. Cuando un órgano de la Unión Europea hubiera impuesto una sanción por los mismos hechos, y siempre que no concurra la identidad de sujeto y fundamento, el órgano competente para resolver deberá tenerla en cuenta a efectos de graduar la que, en su caso, deba imponer, pudiendo minorarla, sin perjuicio de declarar la comisión de la infracción".

[28] Cf.: SABOYA, Keity Mara Ferreira de Souza e. *Dimensões do princípio do ne bis in idem*. Tese de Doutorado, Rio de Janeiro: FD-UERJ, 2013. p. 78-79. Anote-se, aliás, que a matéria do *non bis in idem* no direito espanhol apresenta desenvolvimento muito profundo, mas que por sua complexidade não permite detalhamento neste trabalho, cf.: NIETO, Alejandro. *Derecho administrativo sancionador*. 15. ed. Madrid: Editorial Tecnos, 2018. p. 429-496.

[29] Este é o texto do art. 56 da CAAS: "Art. 56. Se uma nova ação judicial for intentada por uma parte contratante contra uma pessoa que tenha sido definitivamente julgada pelos mesmos fatos por um tribunal de uma outra parte contratante, será descontado na sanção que venha a ser eventualmente imposta qualquer período de privação de liberdade cumprido no território desta última parte contratante por esses fatos. Serão igualmente tidas em conta, na medida em que as legislações nacionais o permitam, sanções diferentes das privativas de liberdade que tenham já sido cumpridas". Deve-se notar, contudo, que a técnica do desconto consagrada neste art. 56 não se confunde com o princípio do *ne bis in idem*, previsto no art. 54 da CAAS. Além disso, não é perfeito o paralelo com o direito brasileiro, como será visto a seguir.

e relativas ao mesmo fato". Há, pelo menos, duas controvérsias interpretativas relevantes a propósito de tal preceito normativo.

Consoante a maior ou menor extensão atribuída à expressão "sanções da mesma natureza", por um lado, propõe-se uma compreensão restrita, no sentido de que a regra do desconto é aplicável apenas no interior do direito administrativo sancionador (ou outra seara, se for o caso), por outro, uma concepção mais ampla, pela qual desde que se cuide de sanções congêneres é de se considerar na nova sanção as já aplicadas em outras instâncias punitivas (*v.g.*, multa penal atenuando multa administrativa, pena restritiva de direitos consistente em proibição de atividade reduzindo o tempo da sanção administrativa similar).

Em segundo lugar, a divergência é sobre a possibilidade de extrair do art. 22, §3º, da LINDB, unicamente uma regra de dosimetria da sanção ainda pendente de decisão ou, para além da literalidade do preceito, também um dever de consolidação e compensação das sanções administrativas da mesma natureza impostas em distintos processos administrativos sancionadores.

O Tribunal de Contas da União, no Acórdão nº 2.294/2021 – Plenário, acolheu essa visão mais literal do §3º do art. 22, afirmando que o dispositivo rege a dosimetria de uma sanção ainda por aplicar, ou seja, é uma causa de diminuição de pena a ser arbitrada no momento da decisão pelo julgador, ao passo que afastou o que qualificou como translado da detração penal para o direito administrativo sancionador ao dizer claramente que o aludido §3º não ampara a detração na fase de execução das sanções administrativas.[30]

Nestes termos, o Tribunal decidiu o pedido de reconsideração de que cuida o Acórdão nº 2.294/2021 no sentido de reduzir a sanção de inidoneidade para licitar, então aplicada pela Corte de Contas com fundamento no art. 46 da Lei nº 8.443/1992 (Lei Orgânica do TCU), por efeito da precedente declaração de inidoneidade imposta pela administração ativa em decorrência dos mesmos fatos, com base no art. 87, IV, da Lei nº 8.666/1993.

A reforma da Lei nº 8.429/1992 (Lei de Improbidade Administrativa) pela Lei nº 14.230/2021 dá uma notável contribuição à matéria.

---

[30] TCU. Acórdão nº 2.294/2021 – Plenário, Rel. Min. Benjamin Zymler, julgado em 29.09.2021, especialmente itens 43-55 do relatório e itens 40-63 do voto.

Como referido no tópico anterior, com as inovações da Lei nº 14.230/2021, passa a Lei nº 8.429/1992 (arts. 3º, §2º, e 12, §7º) a consagrar expressamente a regra do *non bis in idem* no que diz respeito à punição das pessoas jurídicas por atos que configurem improbidade administrativa, ao mesmo tempo em que tipificados como ilícitos lesivos à probidade empresarial, sancionados pela Lei nº 12.846/2013.

Para as hipóteses diversas, dispõe a Lei nº 8.429/1992, com a redação da Lei nº 14.230/2021, que a sentença proferida nos processos de improbidade administrativa, entre outros requisitos, deverá "considerar na aplicação das sanções a dosimetria das sanções relativas ao mesmo fato já aplicadas ao agente" (art. 17-C, V). Além disso, com a reforma, a Lei nº 8.429/1992 passa a estabelecer que "sanções eventualmente aplicadas em outras esferas deverão ser compensadas com as sanções aplicadas nos termos desta Lei" (art. 21, §5º).

Parece que os citados preceitos normativos adotam o alcance mais amplo quanto ao suporte da regra do desconto, no sentido de que a dosimetria das sanções por improbidade deve transpor a esfera administrativa e levar em conta todas as penas previamente aplicadas, como as do campo penal. É possível, todavia, cogitar a interpretação da expressão "outras esferas", do art. 21, §5º, como restrita à instância administrativa. Seja como for, este último será o caso mais comum de desconto entre sanções, dada a pluralidade de órgãos administrativos com competência repressiva muito semelhante.

Ainda mais interessante, é possível concluir que, enquanto a regra do inciso V do art. 17-C concretiza simples causa de diminuição a considerar no momento da dosimetria da sanção, o enunciado do §5º do art. 21 revela uma norma sobre a consolidação e a compensação das medidas punitivas a se realizar na fase de execução das sanções por improbidade administrativa.

A propósito, o diálogo estabelecido entre o §5º do art. 21 em apreço e o art. 22, §3º, da LINDB traduz um ambiente de influência recíproca que leva a concluir pela redefinição do campo de aplicação da norma geral. É dizer, em paralelo ao emprego da técnica do desconto na fase de execução das sanções por improbidade, viabiliza-se a compensação *a posteriori* entre sanções de quaisquer esferas, notadamente entre aquelas impostas no âmbito de competências administrativas sancionadoras.

É certo que essa proposta de consolidação das sanções na fase de execução é esvaziada pelo uso tempestivo da técnica do desconto na dosimetria da sanção, mas também é verdade que em quase todos os casos concretos a sanção por improbidade administrativa, como qualquer outra, é imposta sem nenhuma consideração dos processos sancionadores que tramitam em paralelo.

Seja por descuido – ou estratégia de defesa – do agente, ao não tornar conhecida a existência de prévia condenação, seja por impossibilidade prática em razão da proximidade temporal entre as decisões ou pela pendência de recursos, fato é que muitas vezes não é viável o desconto da pena anterior no momento da dosimetria da sanção mais recente.

Como se vê, essa intelecção do art. 22, §3º, da LINDB – praticamente negligenciada pela doutrina – agora reforçada pela nova redação dada ao art. 24, §5º, da Lei nº 8.429/1992, conta com a evidente vantagem de tornar eficaz a técnica do desconto, que tende a não ser muito útil se reconduzida a singelo critério de dosimetria das sanções.

Além disso, por este caminho são prestigiados os princípios da proporcionalidade, da razoabilidade, da segurança jurídica, do devido processo legal e, sobretudo, a vertente material da proibição ao *bis in idem*. A técnica do desconto, nessa acepção, acaba por se revelar o mecanismo hábil a outorgar racionalidade à concorrência de competências sancionadoras, na medida em que se evita a punição excessiva.

Sem embargo, a aplicação *a posteriori* da técnica do desconto encontra obstáculos, examinados a seguir.

4 Os caminhos para tornar eficaz a técnica do desconto

Como demonstrado, não se pode afastar a possibilidade de uma fase procedimental, subsequente às decisões que aplicam as sanções administrativas, endereçada a torná-las definitivas por meio da unificação e compensação. Contudo, são expressivas as dificuldades de sua implementação, as quais giram em torno da ausência de uma autoridade encarregada e da falta de detalhamento legal de um procedimento administrativo apropriado.[31]

---

[31] Essas dificuldades foram parcialmente registradas pelo TCU, no já citado Acórdão nº 2294/2021 Plenário, com as seguintes palavras: "Como se vê, não é fácil o translado do instituto da detração penal para o direito administrativo sancionador. A uma, porque não há uma autoridade administrativa encarregada de acompanhar e, em seguida, calcular o tempo de sanções administrativas que importem em restrição de direitos e que tenham sido aplicadas por órgãos distintos. A duas, porque, como são autoridades administrativas diferentes, não cabe falar em ficar apenado mais tempo do que o previsto na decisão

É de se concordar que não é legítimo inviabilizar a compensação entre as sanções, que representa verdadeiro direito de não ser punido em excesso, sob o argumento da insuficiência dos arranjos institucionais. O direito de petição (art. 5º, XXXIV, "a", da CF) tem por contraparte o dever público de resposta, e não pode ser sobrestado pela incompletude do direito legislado.[32]

Portanto, é necessário pavimentar o caminho para tornar eficaz a técnica do desconto com os meios habituais de integração (art. 4º da LINDB).

De plano, é de se iniciar com uma leitura revigorada do art. 65 da Lei nº 9.784/1999 (Lei do Processo Administrativo), promovendo-o a habilitação geral na matéria: "Os processos administrativos de que resultem sanções poderão ser revistos, a qualquer tempo, a pedido ou de ofício, quando surgirem fatos novos ou circunstâncias relevantes suscetíveis de justificar a inadequação da sanção aplicada"; o parágrafo único do citado artigo complementa: "Da revisão do processo não poderá resultar agravamento da sanção".

É inegável que uma nova condenação – e, pois, sanção – consubstancia circunstância relevante suscetível de justificar a inadequação da sanção anterior. A finalidade original pressuposta para a norma, certamente diferente da aferição da proporcionalidade de um conjunto de sanções, não obsta a mutação de seu sentido. Com essa proposta de interpretação, afasta-se o efeito preclusivo da denominada coisa julgada administrativa; de toda sorte, dos argumentos desfavoráveis ao que se defende, não é este um dos mais relevantes.

Ausente detalhamento legislativo do procedimento tanto como regra expressa definindo a competência para decidir a respeito, pode-se cogitar a hipótese de competência concorrente entre as autoridades

---

condenatória, já que não é uma, mas sim, várias manifestações estatais autônomas no exercício do poder sancionatório".

[32] Especificamente sobre o âmbito do direito de petição, ensina José Afonso da Silva: "É importante frisar que o direito de petição não pode ser destituído de eficácia. Não pode a autoridade a quem é dirigido escusar pronunciar-se sobre a petição, quer para acolhê-la quer para desacolhê-la com a devida motivação. Algumas constituições contemplam explicitamente o dever de responder (Colômbia, Venezuela, Equador). Bem o disse Bascuñan: 'O direito de petição não pode separar-se da obrigação da autoridade de dar resposta e pronunciar-se sobre o que lhe foi apresentado, já que, separado de tal obrigação, carece de verdadeira utilidade e eficácia. A obrigação de responder é ainda mais precisa e grave se alguma autoridade a formula, em razão de que, por sua investidura mesmo, merece tal resposta, e a falta dela constitui um exemplo deplorável para a responsabilidade dos Poderes Públicos'" (SILVA, José Afonso da. *Curso de direito constitucional positivo*. 29. ed. São Paulo: Malheiros, 2007. p. 443-444).

sancionadoras ou, pelo contrário, a existência de competência conjunta para que em coautoria seja emitida a decisão, portanto, um ato administrativo complexo cujo objeto é considerar as sanções lado a lado, fixando-lhes os limites na fase de cumprimento.[33]

Esta última opção parece ser a mais acertada, seja por solucionar a questão de modo definitivo e com a análise de todas as sanções cumuladas, seja por colher as vantagens da consensualidade nas relações interadministrativas, como a maior legitimidade da decisão e o oferecimento de uma resposta à necessidade de atuação concertada eficiente envolvendo o exercício de competências as quais guardam certa interdependência.[34]

Quando o caso concreto tratar da consolidação de duas ou mais sanções aplicadas por órgãos administrativos, o rito poderá tomar algo de empréstimo da decisão coordenada, prevista nos arts. 49-A a 49-G da Lei nº 9.784/1999 (Lei do Processo Administrativo), introduzidos pela Lei nº 14.210/2021, se bem que o inciso II do §6º do art. 49-A diz não ser ela aplicável aos processos administrativos relacionados ao poder sancionador, além do requisito da participação mínima obrigatória de três ou mais órgãos ou entes (no *caput* do citado artigo) que nem sempre será satisfeito.

Outro instrumento que pode viabilizar a decisão em coautoria sobre o desconto entre as sanções é a reunião conjunta, sendo claro o art. 35 da Lei nº 9.784/1999: "Quando necessária à instrução do processo, a audiência de outros órgãos ou entidades administrativas poderá ser realizada em reunião conjunta, com a participação de titulares ou representantes dos órgãos competentes, lavrando-se a respectiva ata, a ser juntada aos autos".

O art. 35 não cuida propriamente da edição da decisão, mas desde sempre são lembradas as suas semelhanças com a *conferenza di servizi* do direito italiano, em que se busca compensar o policentrismo organizacional com a celebração de um acordo-quadro entre todos os órgãos públicos encarregados do processo e eventuais particulares interessados, utilizado sobretudo em projetos complexos de

---

[33] Para aprofundamento sobre o conceito de ato administrativo complexo, distinguindo-o dos contratos interadministrativos e de outras figuras similares, cf.: ALMEIDA, Pericles Ferreira de. *Contratos interadministrativos*. Rio de Janeiro: Lumen Juris, 2020. p. 112-115.

[34] Para aprofundamento sobre a consensualidade interadministrativa, cf.: ALMEIDA, Pericles Ferreira de. *Contratos interadministrativos*. Rio de Janeiro: Lumen Juris, 2020. p. 80-90.

infraestrutura. Atualmente, no entanto, o melhor paralelo para a conferência de serviços é a decisão coordenada.[35] [36]

Questão que se afigura mais difícil decorre da hipótese de uma das sanções ter sido aplicada por decisão em processo judicial, designadamente o caso da improbidade administrativa. Em sendo o Judiciário um dos órgãos repressores, exsurge dúvida sobre lhe ser atraída a competência para a revisão da sanção, bem assim sobre qual o órgão jurisdicional competente.

Não pode passar sem menção o instituto previsto no art. 18-A da Lei nº 8.429/1992, introduzido pela Lei nº 14.230/2021. O dispositivo ordena que, a requerimento do réu, na fase de cumprimento da sentença, o juiz unificará eventuais sanções aplicadas com outras já impostas em outros processos, observando a continuidade de ilícito ou a prática de diversos ilícitos independentes.

O inciso I do referido art. 18-A explicita que no caso de continuidade de ilícito, o juiz promoverá a maior sanção aplicada, aumentada de 1/3 (um terço), ou a soma das penas, o que for mais benéfico ao réu. É critério similar ao do art. 71 do CP, que trata do crime continuado, favor legal ao agente que pratica dois ou mais crimes da mesma espécie havidos como em continuação por efeito das condições de tempo, lugar, maneira de execução ou outras semelhantes, consistente o benefício na aplicação de uma das penas, aumentada, afastando-se as penas dos outros crimes.

Por sua vez, o inciso II do mesmo artigo dispõe sobre a soma das sanções no caso de prática de novos atos ilícitos pelo mesmo sujeito. De certo modo, a razão de ser é a mesma da unificação de penas do direito penal, a incidir nos casos de concurso de crimes para a preservação do limite máximo de pena, a teor do art. 75, §§1º e 2º, do CP.

---

[35] Para aprofundamento sobre a conferência de serviços, cf.: ALMEIDA, Pericles Ferreira de. *Contratos interadministrativos*. Rio de Janeiro: Lumen Juris, 2020. p. 94-95. Ainda sobre o tema, pode-se consultar o estudo de SCHWIND, Rafael Wallbach. Resolução consensual de controvérsias administrativas: elementos para a instituição da "conferência de serviço" no direito brasileiro. *In: Direito e administração pública*: estudos em homenagem a Maria Sylvia Zanella Di Pietro. São Paulo: Atlas, 2013.

[36] Há previsão legislativa de procedimentos semelhantes à conferência de serviços na legislação estadual sobre processos administrativos, além da denominada liberação conjunta do art. 17 da Lei nº 13.334/2016 (Lei do Programa de Parcerias de Investimento). É certo que a disciplina do tema, tanto como na decisão conjunta, tem por objeto a autorização de projetos de infraestrutura, mas nada impede que seja aproveitado o instrumento para qualquer pressuposto de decisão conjunta.

Em qualquer caso, a unificação das sanções aplicadas permitirá que seja observado o limite máximo de 20 (vinte) anos, previsto no parágrafo único do art. 18-A, para as sanções de suspensão de direitos políticos e de proibição de contratar ou de receber incentivos fiscais ou creditícios do poder público.

Bem vistas às coisas, o art. 18-A trata do acúmulo de sanções decorrente do concurso de fatos ilícitos distintos praticados em continuidade ou em concurso material, enquanto a técnica do desconto cuida de sanções relativas de um mesmo fato ilícito valorado por diferentes órgãos repressores. A proximidade entre as situações jurídicas, todavia, impõe o emprego da analogia, de sorte a tornar possível que por procedimento semelhante seja descontada da sanção por improbidade as outras sanções relativas ao mesmo fato, aplicadas em diferentes instâncias punitivas.

Mas tal procedimento não se prestaria à dedução em sanções administravas diferentes das resultantes da improbidade administrativa. Se o caso pede que seja abatida da sanção administrativa *stricto sensu* a reprimenda similar antes aplicada em processo de improbidade (eventualmente, cumprida no todo ou em parte), impõe-se a resolução no âmbito administrativo pelo caminho já traçado ou, se não for possível, por processo judicial com as garantias associadas ao devido processo legal.

Vale dizer, em sede judicial, os planos do direito material e do processo devem se entrelaçar para permitir que a extensão das sanções administrativas leve em conta todas as outras relativas ao mesmo fato.

De fato, o direito de ação (art. 5º, XXXV, da CF) tem que viabilizar a plena realização do direito material representado pelo desconto entre sanções, de sorte que é necessário construir técnicas processuais adequadas para obstar o sancionamento cumulativo e excessivo.

Eventual pretensão nesse sentido deve observar o procedimento comum (art. 318 do CPC) ou o rito do mandado de segurança, conforme escolha da parte autora.

O pedido será o de decisão constitutiva para que sejam compensadas entre si as sanções administrativas da mesma natureza aplicadas em distintos processos sancionadores ou, ocasionalmente, o de que seja determinado aos órgãos e entes sancionadores inaugurar e decidir em tempo razoável processo para tal finalidade.

Nesta última hipótese, caberá a pronúncia da decisão no interregno assinalado pelo juiz, segundo os parâmetros já delineados, podendo ser adotadas medidas indutivas, coercitivas, mandamentais ou sub-rogatórias necessárias para assegurar o cumprimento da ordem judicial (art. 139, IV, do CPC).

Como regra, será admissível a cumulação do pedido de compensação entre as sanções com o pedido de revisão de uma delas (ou de todas) por inobservância das regras de dosimetria da pena ou dos princípios da proporcionalidade e razoabilidade, respeitados os requisitos do art. 327 do CPC.

A legitimidade ativa é da pessoa, física ou jurídica, prejudicada pela omissão na aplicação da técnica do desconto.

A legitimação passiva recai na pessoa jurídica de direito público a qual pertencem os dois ou mais órgãos responsáveis pelas decisões de imposição de sanção e, se for o caso de os órgãos pertencerem a diferentes pessoas de direito público, ter-se-á de formar litisconsórcio passivo necessário entre elas. Se o caso envolve sanções por improbidade, o autor da ação em que foram impostas essas sanções – designadamente, o Ministério Público – deve ocupar o polo passivo da demanda.

Será unitário este litisconsórcio, pois a lide deve ser decidida de modo uniforme para todas as pessoas que estiverem no polo passivo, ainda que a decisão judicial determine a redução de apenas umas das sanções administrativas para a finalidade de definir a adequada dosimetria do conjunto de sanções.

Certamente, os limites objetivos da coisa julgada na ação de improbidade não impedem que seja julgada a aplicação da técnica do desconto entre as sanções por improbidade e aquelas impostas em processos do âmbito administrativo. Não há coisa julgada material na medida em que não se identifica a tríplice identidade entre a ação que levou à sanção e a ação de unificação e compensação das sanções, é dizer, não se tem nem o mesmo pedido nem a mesma causa de pedir. A mesma solução cabe sempre que uma das sanções cumuladas decorre de processo judicial.[37]

---

[37] Em alguma medida, no caso nota-se a eficácia positiva da coisa julgada. Como escrevem MARINONI, Luiz Guilherme; ARENHART, Sérgio Cruz; MITIDIERO, Daniel. *Curso de processo civil*. 6. ed. São Paulo: Revista dos Tribunais, 2020. v. 2, p. 701: "[A] eficácia positiva da coisa julgada ocorre quando a parte alega na causa de pedir de uma nova ação a indiscutibilidade de determinada questão decidida com força de coisa julgada para fundar um novo pedido. Por esta razão, a doutrina não liga a eficácia positiva da coisa julgada à objeção de coisa julgada, que salienta o seu aspecto negativo, mas propriamente ao conteúdo do julgado, a partir do qual se podem identificar questões que não podem mais ser debatidas entre as partes e servem para dedução de novos pedidos. Em outras

5   Conclusão

As ideias desenvolvidas nesta pesquisa estão longe de representar uma posição definitiva sobre todos os instigantes assuntos abordados. Antes, pelo contrário, configuram um ponto de partida para futuras reflexões, sem dúvida, imprescindíveis.

Nada obstante, com suporte na análise efetuada, é legítimo assentar duas conclusões mais relevantes:

(a) A técnica do desconto, para além de causa de diminuição a considerar no momento da dosimetria da sanção, configura um dever de consolidação e compensação das sanções administrativas da mesma natureza impostas em distintos processos administrativos sancionadores; e

(b) Essa compreensão da técnica do desconto pressupõe uma fase procedimental, subsequente às decisões que aplicam as sanções administrativas, endereçada a torná-las definitivas, o que poderá se realizar tanto no âmbito administrativo quanto no plano judicial.

Referências

ALMEIDA, Pericles Ferreira de. *Contratos interadministrativos*. Rio de Janeiro: Lumen Juris, 2020.

ALMEIDA, Pericles Ferreira de. O princípio da retroatividade da norma mais benéfica no direito administrativo sancionador. *In*: OLIVEIRA, José Roberto Pimenta (Org.). *Direito administrativo sancionador*: estudos em homenagem ao Professor Emérito da PUC/SP Celso Antônio Bandeira de Mello. São Paulo: Malheiros, 2019.

ARAÚJO, Valter Shuenquener. O princípio da interdependência das instâncias punitivas e seus reflexos no direito administrativo sancionador. *Revista Jurídica da Presidência*, Brasília, v. 23, n. 131, p. 629-653, 2022.

ARÊDES, Sirlene Nunes. *Ne bis in idem*: direito fundamental constitucional aplicável na relação entre as esferas penal e administrativa geral no direito brasileiro. *Direito, Estado e Sociedade*, Rio de Janeiro: PUC-RJ, n. 52, p. 204-240, 2018.

CHAGAS, Gabriel Pinheiro. O *"non bis idem"* no direito administrativo sancionador. *In*: OLIVEIRA, José Roberto Pimenta (Org.). *Direito administrativo sancionador*: estudos em homenagem ao Professor Emérito da PUC/SP Celso Antônio Bandeira de Mello. São Paulo: Malheiros, 2019.

---

palavras, a eficácia positiva da coisa julgada traduz a necessidade de absorção da coisa julgada como conteúdo de outro processo, especificamente como questão não suscetível de discussão e capaz de fundar um novo pedido".

COSTA, Helena Regina Lobo da. *Direito penal econômico e direito administrativo sancionador. Ne bis in idem como medida de política sancionadora integrada.* Tese de Livre Docência, São Paulo: FD-USP, 2013.

COSTA, Helena Regina Lobo da. Direito administrativo sancionador e direito penal: a necessidade de desenvolvimento de uma política sancionadora integrada. *In*: BLAZECK, Luiz Mauricio Souza; MARZAGÃO JÚNIOR, Laerte (Coord.). *Direito administrativo sancionador*. São Paulo: Quartier Latin, 2014.

D'URSO, Luiz Flávio Borges. Menos direito penal e mais direito administrativo sancionador. A proibição da acumulação de sanções. *In*: BLAZECK, Luiz Mauricio Souza; MARZAGÃO JÚNIOR, Laerte (Coord.). *Direito administrativo sancionador*. São Paulo: Quartier Latin, 2014.

FIGUEIREDO, Leonardo Vizeu. *Direito econômico*. 10. ed. São Paulo: GEN/Forense, 2019.

MARINONI, Luiz Guilherme; ARENHART, Sérgio Cruz; MITIDIERO, Daniel. *Curso de processo civil*. 6. ed. São Paulo: Revista dos Tribunais, 2020. v. 2.

MARQUES NETO, Floriano de Azevedo; FREITAS, Rafael Véras. O artigo 22 da LINDB e os novos contornos do Direito Administrativo sancionador. *Conjur*. 25 jul. 2018. Disponível em: https://www.conjur.com.br/2018-jul-25/opiniao-artigo-22-lindb-direito-administrativo-sancionador. Acesso em 17 fev. 2022.

NIETO, Alejandro. *Derecho administrativo sancionador*. 15. ed. Madrid: Editorial Tecnos, 2018.

NOBRE JÚNIOR, Edilson Pereira. Sanções administrativas e princípios de direito penal. *Revista de Direito Administrativo – RDA*, Rio de Janeiro, n. 219, 2000.

OLIVEIRA, José Roberto Pimenta. *Os princípios da razoabilidade e da proporcionalidade no direito administrativo brasileiro*. São Paulo: Malheiros, 2006.

OSÓRIO, Fábio Medina. *Direito administrativo sancionador*. 5. ed. São Paulo: Revista dos Tribunais, 2015.

SABOYA, Keity Mara Ferreira de Souza e. *Dimensões do princípio do ne bis in idem*. Tese de Doutorado, Rio de Janeiro: FD-UERJ, 2013.

SABOYA, Keity Mara Ferreira de Souza e. *Ne bis in idem* em tempos de multiplicidades de sanções e de agências de controle punitivo. *Jornal de Ciências Criminais*, São Paulo, v. 1, n. 1, p. 71-92, 2018.

SCHWIND, Rafael Wallbach. Resolução consensual de controvérsias administrativas: elementos para a instituição da "conferência de serviço" no direito brasileiro. *In: Direito e administração pública*: estudos em homenagem a Maria Sylvia Zanella Di Pietro. São Paulo: Atlas, 2013.

SILVA, José Afonso da. *Curso de direito constitucional positivo*. 29. ed. São Paulo: Malheiros, 2007.

SILVEIRA, Renato de Mello Jorge; GOMES JÚNIOR, João Florêncio de Salles. Direito penal, direito administrativo sancionador e a questão do *ne bis in idem*: o parâmetro da jurisprudência internacional. *In*: BLAZECK, Luiz Mauricio Souza; MARZAGÃO JÚNIOR, Laerte (Coord.). *Direito administrativo sancionador*. São Paulo: Quartier Latin, 2014.

XAVIER, Marília Barros. Processos sancionatórios em Brasil, Portugal e Espanha: primeiros signos para um estudo no direito administrativo do *ne bis in idem* em sua vertente processual. *In*: NOBRE JÚNIOR, Edilson Pereira; VIANA, Ana Cristina Aguilar; XAVIER, Marília Barros. *Direito administrativo sancionador comparado*. Rio de Janeiro: CEEJ, 2021.

Informação bibliográfica deste texto, conforme a NBR 6023:2018 da Associação Brasileira de Normas Técnicas (ABNT):

ALMEIDA, Pericles Ferreira de. A técnica do desconto, o *non bis in idem* e as sanções por improbidade administrativa. *In*: CORONA, Maria Lia Porto; CASTRO, Sérgio Pessoa de Paula; RAHIM, Fabiola Marquetti Sanches (Coords.). *Anotações sobre a Lei de Improbidade Administrativa*. Belo Horizonte: Fórum, 2022. p. 167-188. ISBN 978-65-5518-378-8.

A PERDA DA LEGITIMIDADE ATIVA DO ENTE LESADO NAS AÇÕES DE IMPROBIDADE: REFLEXÕES ACERCA DA (IR)RAZOABILIDADE DA OPÇÃO LEGISLATIVA

RENATO MANENTE CORRÊA

1   Introdução

Após quase 30 anos de vigência e modificações pontuais em sua redação original, a Lei de Improbidade Administrativa (Lei Federal nº 8.429/1992) não resistiu aos clamores – especialmente aqueles vocalizados pela classe política – por sua reforma.

Concretizada a partir da promulgação da Lei Federal nº 14.230, de 25 de outubro de 2021, fruto de projeto de lei aprovado em regime de urgência no Congresso Nacional, a reforma de que se fala contemplou muito mais do que meros ajustes ou aprimoramentos no diploma então existente. Houve mesmo uma mudança estrutural, que reconfigurou, por meio da alteração de 22 dos seus 25 artigos, o sistema de responsabilidade outrora firmado na lei e na jurisprudência que lhe seguiu, dando novos contornos a inúmeros aspectos de ordem material, processual e procedimental. Não é exagero dizer que, para além de uma lei reformada, temos uma nova lei de improbidade administrativa, cujos impactos, de variadas ordens, já começam a ser discutidos e sentidos no País.

Entre as diversas modificações, uma delas é muito sensível à Advocacia Pública nacional. Trata-se da perda de legitimidade por parte das pessoas jurídicas lesadas para propor ações de improbidade administrativa, que, a partir da promulgação da lei, passam a ser propostas exclusivamente pelo Ministério Público. Dessa modificação decorreram outras, como a impossibilidade de a pessoa jurídica lesada figurar como proponente em acordos de não persecução cível, e, ainda, de prosseguir como legitimada ativa nas ações já ajuizadas, que poderão ou não ser encampadas pelo Ministério Público.

A essa específica reação legislativa logo se insurgiram, em 06 de dezembro de 2021, a Associação Nacional dos Procuradores dos Estados (ANAPE) e a Associação Nacional dos Procuradores Federais (ANAFE), que ajuizaram, no Supremo Tribunal Federal, as Ações Diretas de Inconstitucionalidade nº 7.042 e 7.043, pendentes de apreciação, pretendendo a declaração de inconstitucionalidade do artigo 17, *caput*, da Lei nº 8.429/1992, na redação dada pela Lei nº 14.230/2021, e, por arrastamento, dos dispositivos que dele decorrem.

Sem nos atermos propriamente aos argumentos utilizados em cada uma dessas ações, a proposta do presente artigo é justamente, tendo por pano de fundo o questionamento em abstrato das alterações perante a Corte Suprema, discutir se há espaço argumentativo seguro e consistente para afirmar a inconstitucionalidade da perda da legitimidade ativa dos entes lesados.

Para tanto, serão valoradas as justificativas que teriam orientado o legislador infraconstitucional nessa modificação, e se, definida a existência e o alcance de um direito fundamental à probidade administrativa, em cotejo com as balizas do devido processo legal substancial, elas subsistem íntegras, aptas a legitimar, sob a perspectiva material de validade jurídico-constitucional, a opção legislativa.

2 A afirmação do direito fundamental à probidade administrativa

A Constituição Federal de 1988 não é tímida quando o assunto é a tutela da probidade administrativa. De fato, concebida em um ambiente histórico e social ainda ressentido por diversas formas de abuso de poder e de irresponsabilidades na gestão da coisa pública, a carta constitucional representativa da redemocratização no Brasil deixa transparecer, por meio do estabelecimento de princípios e regras de variadas ordens, a existência "de uma ideologia constitucional quanto à probidade na Administração Pública",[1] que se afina precisamente com a ideia de uma ética-normativa de responsabilidade.[2]

São exemplos, nesse sentido, além dos princípios republicano e democrático (art. 1º): (i) a fixação de cláusulas de inelegibilidade para o fim de proteger a probidade administrativa, bem como a possibilidade de impugnação de mandato eletivo em caso de corrupção (art. 14, §§9º e 10); (ii) a suspensão de direitos políticos em razão da prática de ato de improbidade administrativa (art. 15); (iii) a instituição de princípios regentes da Administração Pública, dentre os quais se incluem a impessoalidade, a legalidade e a moralidade administrativa (art. 37, caput); (iv) a responsabilização por atos de improbidade administrativa, sem prejuízo da ação penal cabível (art. 37, §4º); (v) a tipificação como crime de responsabilidade dos atos do Presidente da República atentatórios à probidade (art. 85, inciso V); (vi) a definição de sistemas de controle interno e externo dos Poderes da República (art. 74); e, entre outros, (vii) a previsão da ação popular, da ação civil pública e do processo de *impeachment*, que podem ser manejados para o fim de proteger a probidade na Administração.

A postura do constituinte, como se pode antever, revela a irremediável preocupação em prevenir e reprimir a corrupção e a impunidade na esfera pública, em especial porque produzem efeitos nocivos a "diversos elementos estruturantes do Estado".[3] Corroem, por exemplo, o dever de implementação e concretização de direitos fundamentais (quer pelo comprometimento de recursos, quer pelo desvio em relação aos anseios prioritários da coletividade); contribuem para o surgimento de sucessivas crises de representação, defluentes de um verdadeiro "processo de erosão da legitimidade dos governantes";[4] e, mas não somente, quebram a confiança da sociedade nas diversas instâncias de poder e controle, derruindo os alicerces sobre os quais se firma o Estado Democrático de Direito.

---

[1] OLIVEIRA, Alexandre Albagli. *O direito fundamental à probidade administrativa*: valor constitucional da probidade, contornos normativos e repercussões jurídico-legais. Dissertação de Mestrado, Universidade Federal de Sergipe, Sergipe, 2014. p. 86.

[2] Nesse sentido, cf.: OSÓRIO, Fábio Medina. *Teoria da improbidade administrativa*. 4. ed. rev. e atual. São Paulo: Thomson Reuters Brasil, 2018. p. 32-34.

[3] PINHEIRO, Igor Pereira; ZIESEMER, Henrique Rosa. *Nova lei de improbidade administrativa comentada*. Leme/SP: Editora Mizuno, 2022. p. 19-20.

[4] PINHEIRO, Igor Pereira; ZIESEMER, Henrique Rosa. *Nova lei de improbidade administrativa comentada*. Leme/SP: Editora Mizuno, 2022. p. 19-20.

Como bem sintetiza Fábio Medina Osório, "os atos de corrupção minam o interese público em sua essência, provocando descrença no Estado e naquela que é a ideia-matriz de nossa Constituição: a de que vivemos em uma República na qual a Lei se aplica a todos, indiscriminadamente".[5]

Paralelamente, em âmbito infraconstitucional, erigiu-se, ao longo do tempo, o que se pode chamar de sistema brasileiro anticorrupção, designação geral que compreende, como espécies, microssistemas normativos nos âmbitos político-administrativo, criminal, cível-administrativo, administrativo *stricto sensu*, eleitoral e cível *stricto sensu*.[6] Cada um desses microssistemas, a seu turno, comporta diplomas normativos diversos, os quais, reunidos e conjugados, dão tônica à tutela constitucional da probidade administrativa.

Para além das fronteiras nacionais, os esforços em prol do combate à corrupção, que tem se mostrado um fenômeno de natureza não setorial (nocivo ao desenvolvimento integral dos povos), fazem-se notar na comunidade internacional, ao menos desde a década de 1970, com a celebração de inúmeros instrumentos de cooperação entre os Estados,[7] parte dos quais o Brasil, inclusive, é signatário.[8] Nestes instrumentos internacionais, em geral, como observa André de Carvalho Ramos, fica evidenciada a preocupação dos Estados Partes em combater as práticas de corrupção para garantir, sobretudo, a implementação de direitos humanos que por elas são direta e gravemente afetados.[9]

Há, assim, o estabelecimento de uma consciência social, política e jurídica que reconhece a probidade administrativa como pedra angular

---

[5] OSÓRIO, Fábio Medina *apud*. PINHEIRO, Igor Pereira; ZIESEMER, Henrique Rosa. *Nova lei de improbidade administrativa comentada*. Leme/SP: Editora Mizuno, 2022. p. 19.

[6] PINHEIRO, Igor Pereira; ZIESEMER, Henrique Rosa. *Nova lei de improbidade administrativa comentada*. Leme/SP: Editora Mizuno, 2022. p. 151-156.

[7] Nesse sentido, cf.: GARCIA, Emerson; ALVES, Rogério Pacheco. *Improbidade Administrativa*. 9. ed. São Paulo: Saraiva, 2017. p. 81-92.

[8] Como exemplos destes últimos, lembram-se a Convenção sobre o Combate da Corrupção de Funcionários Públicos Estrangeiros em Transações Comerciais Internacionais (aprovada pelo Decreto Legislativo nº 125, de 14 de junho de 2000, e promulgada pelo Decreto nº 3.678, de 30 de novembro de 2000), a Convenção Interamericana contra a Corrupção (aprovada pelo Decreto Legislativo nº 152, em 25.06.2002, e promulgada pelo Decreto nº 4.410, de 07.10.2002, com alteração pelo Decreto nº 4.534, de 19.12.2002) e a Convenção das Nações Unidas Contra a Corrupção (aprovada pelo Decreto Legislativo nº 348, de 18.05.2005, e promulgada pelo Decreto nº 5.687, de 31.01.2006).

[9] RAMOS, André de Carvalho *apud*. SANTOS, Roberto Lima. Direito fundamental à probidade administrativa e as convenções internacionais de combate à corrupção. *Revista de Doutrina da 4ª Região*, Porto Alegre, n. 50, out. 2012. Disponível em: https://revistadoutrina. trf4.jus.br/artigos/edicao050/ Roberto_Santos.html. Acesso em 30 jan. 2022.

na estruturação do Estado, fundamental à consecução legítima de seus fins, o que interessa, portanto, não somente às nações em particular, como também, e de modo ainda mais intenso, à própria humanidade. Todo esse panorama, muito embora sucintamente exposto nestas poucas linhas, torna perfeitamente viável afirmar a existência de um direito fundamental à probidade administrativa, que assim se estabelece para "salvaguardar outros direitos e garantias fundamentais de igual relevância".[10] Necessário à consecução da promessa constituinte de instituir um Estado Democrático de Direito "destinado a assegurar o exercício dos direitos sociais e individuais, a liberdade, a segurança, o bem-estar, o desenvolvimento, a igualdade e a justiça",[11] bem assim a concretização dos objetivos da República coloca-se, na realidade, como "uma verdadeira 'âncora normativa', fomentando uma saudável relação de interdependência com outros direitos e garantias fundamentais, da mesma forma socialmente substanciosos".[12]

À luz da dogmática constitucional, como lembra Roberto Lima Santos,[13] este direito, conquanto não expressamente previsto no artigo 5º da Constituição Federal, encontra seu fundamento de existência na "cláusula de abertura" estabelecida no §4º do mesmo dispositivo, segundo o qual os direitos e garantias expressos na Constituição não excluem outros que decorram do regime e dos princípios por ela adotados, ou dos tratados internacionais de que a República Federativa do Brasil seja parte.

Embora aqui afirme-se como direito fundamental à probidade administrativa, não raramente ligam-se a ele outras definições difundidas na doutrina, como direito fundamental à boa administração

---

[10] OLIVEIRA, Alexandre Albagli. *O direito fundamental à probidade administrativa*: valor constitucional da probidade, contornos normativos e repercussões jurídico-legais. Dissertação de Mestrado, Universidade Federal de Sergipe, Sergipe, 2014. p. 88.

[11] Constituição Federal de 1988. Preâmbulo.

[12] OLIVEIRA, Alexandre Albagli. *O direito fundamental à probidade administrativa*: valor constitucional da probidade, contornos normativos e repercussões jurídico-legais. Dissertação de Mestrado, Universidade Federal de Sergipe, Sergipe, 2014. p. 88.

[13] SANTOS, Roberto Lima. Direito fundamental à probidade administrativa e as convenções internacionais de combate à corrupção. *Revista de Doutrina da 4ª Região*, Porto Alegre, n. 50, out. 2012. Disponível em: https://revistadoutrina. trf4.jus.br/artigos/edicao050/ Roberto_Santos.html. Acesso em 30 jan. 2022.

pública,[14] direito fundamental anticorrupção,[15] direito fundamental ao governo honesto ou à administração pública proba.[16] A despeito de algumas variações conceituais, todos se direcionam à busca pela construção de uma sociedade livre da corrupção, que impõe àqueles que lidam com a coisa pública, direta ou indiretamente, o dever fundamental de agir em conformidade com a legalidade formal e substancial, a moralidade, a honestidade e a retidão.

Seu reconhecimento, vale o registro, parece encontrar eco na jurisprudência do Supremo Tribunal Federal, que já teve oportunidade de afirmar, em julgamento de relatoria do Min. Celso de Mello, ter o cidadão "o direito de exigir que o Estado seja dirigido por administradores íntegros, por legisladores probos e por juízes incorruptíveis, que desempenhem as suas funções com total respeito aos postulados ético-jurídicos que condicionam o exercício legítimo da atividade pública".[17] Assim, ainda segundo o precedente, "o direito ao governo honesto – nunca é demasiado reconhecê-lo – traduz uma prerrogativa insuprimível da cidadania", de maneira que "o sistema democrático e o modelo republicano não admitem, nem podem tolerar a existência de regimes de governo sem a correspondente noção de fiscalização e de responsabilidade".

O estabelecimento deste direito fundamental, para além de seu valor teórico no âmbito da dogmática constitucional, produz, como não poderia deixar de ser, efeitos diversos no ordenamento jurídico e na organização dos poderes constituídos. Para o objetivo deste artigo, contudo, interessa saber que a natureza fundamental do direito à probidade administrativa ou anticorrupção há de vincular, especificamente, a atividade legiferante infraconstitucional, como será exposto a seguir.

---

[14] FREITAS, Juarez *apud*. SANTOS, Roberto Lima. Direito fundamental à probidade administrativa e as convenções internacionais de combate à corrupção. *Revista de Doutrina da 4ª Região*, Porto Alegre, n. 50, out. 2012. Disponível em: https://revistadoutrina. trf4.jus. br/artigos/edicao050/ Roberto_Santos.html. Acesso em 30 jan. 2022.

[15] PINHEIRO, Igor Pereira; ZIESEMER, Henrique Rosa. *Nova lei de improbidade administrativa comentada*. Leme/SP: Editora Mizuno, 2022. p. 22-23.

[16] LANE, Renata. *Acordos na improbidade administrativa*: termo de ajustamento de conduta, acordo de não persecução cível e acordo de leniência. Rio de Janeiro: Lúmen Juris, 2021. p. 7-22.

[17] STF. MC em MS nº 24.458-DF, Rel. Min. Celso de Mello, j. 18.2.2003, *DJU* 21.02.2003, p. 58, Informativo STF nº 298.

3 A posição preferencial (*preferred position*) do direito fundamental à probidade administrativa e os reflexos sobre a atividade legiferante infraconstitucional

De início, deve-se estabelecer que, por força do referido direito, o Poder Legislativo acha-se vinculado tanto sob uma perspectiva positiva, quanto sob outra negativa.[18] Em relação ao primeiro aspecto (viés positivo), o que se espera – e se deve exigir – do legislador ordinário é que este atue no sentido de dar máxima efetividade e concretização ao direito fundamental, editando normas que o regulamente e permita seu efetivo exercício.[19]

No que toca ao segundo aspecto – de especial relevo para o nosso objetivo –, estabelece-se que o legislador, ao editar normas destinadas a regulamentar o direito fundamental, não poderá restringi-lo de modo a afetar o seu núcleo essencial, o que o afasta da possibilidade, por exemplo, de "criar condições desarrazoadas ou que tornem impraticável o direito previsto pelo constituinte".[20]

Subjacente a essa ideia, especialmente no âmbito de concretização de direitos fundamentais sociais e difusos, está a definição do princípio da proibição de retrocesso (ou vedação ao retrocesso), pelo qual a legislação posterior, uma vez atingido determinado grau de realização do direito, não poderá reverter ou reduzir as conquistas até então obtidas, a menos que preveja "esquemas alternativos ou compensatórios".[21]

Essa cláusula de proibição de retrocesso, admitida no ordenamento jurídico brasileiro, não se afigura, contudo, absoluta, porquanto, se assim o fosse, tornaria impraticável o exercício da atividade legiferante, esvaziando a liberdade de conformação do legislador. Assim, a ela se opõe, do mesmo modo, a preservação do núcleo essencial ou do mínimo existencial, de maneira que o legislador estaria legitimado a reduzir ou a retroceder na concretização do direito, desde que mantivesse incólume aquele núcleo.

---

[18] MENDES, Gilmar Ferreira; BRANCO, Paulo Gustavo Gonet. *Curso de direito constitucional.* 6. ed. São Paulo: Saraiva, 2011. p. 167-173.

[19] MENDES, Gilmar Ferreira; BRANCO, Paulo Gustavo Gonet. *Curso de direito constitucional.* 6. ed. São Paulo: Saraiva, 2011. p. 167.

[20] MENDES, Gilmar Ferreira; BRANCO, Paulo Gustavo Gonet. *Curso de direito constitucional.* 6. ed. São Paulo: Saraiva, 2011. p. 167.

[21] CANOTILHO, José Joaquim Gomes *apud.* MENDES, Gilmar Ferreira; BRANCO, Paulo Gustavo Gonet. *Curso de direito constitucional.* 6. ed. São Paulo: Saraiva, 2011. p. 168.

Não obstante, se, por um lado, não se pretende engessar a produção legislativa, por outro, há que se considerar que, mesmo nos casos em que supostamente preserve o núcleo essencial do direito, ou garanta a sua tutela mínima, o legislador, ao adotar medidas que impliquem restrição ou diminuição do grau de realização então vigente, deverá fazê-lo amparado em razões idôneas que as justifiquem, assim em relação aos meios escolhidos, como em relação aos fins pretendidos (estes que, em se tratando de direito fundamental, deverão ter respaldo constitucional).

Em outras palavras, a opção legislativa no sentido da restrição, mesmo que, repita-se, supostamente conserve o núcleo duro, não será de todo livre, devendo guardar em si certo grau de razoabilidade ou racionalidade, sob pena de ser considerada ilegítima.

O raciocínio encontra suporte no princípio do devido processo legal *substancial* (*substantive due process of law*), construto jurisprudencial da Suprema Corte Norte-Americana, aplicado desde, pelo menos, a segunda metade do século XIX, e segundo o qual os atos normativos, sobretudo aqueles de conteúdo restritivo de direitos fundamentais, além de observarem as regras formais para a sua edição (*procedural due process of law*), deverão ser razoáveis.[22]

Nesse sentido, os Juízes, ao apreciarem a constitucionalidade desses atos, estariam autorizados a ultrapassar "o mero exame da compatibilidade formal e literal do ato com a Constituição, para averiguar, ainda, a razoabilidade da medida constritora".[23] Este exame de razoabilidade "ocorre, essencialmente, através do apreço da correlação existente entre os fins perseguidos pelo órgão do qual provém a medida constritiva de Direito Fundamental e os meios adotados para efetuar a constrição".[24]

---

[22] MARTEL, Letícia de Campos Velho. Hierarquização de direitos fundamentais: a doutrina da posição preferencial na jurisprudência da Suprema Corte Norte-Americana. *Revista Seqüência*, n. 48, p. 91-117, jul. de 2004. Disponível em: https://periodicos.ufsc.br/index.php/sequencia/article/view/15229/13849. Acesso em 27 jan. 2022.

[23] MARTEL, Letícia de Campos Velho. Hierarquização de direitos fundamentais: a doutrina da posição preferencial na jurisprudência da Suprema Corte Norte-Americana. *Revista Seqüência*, n. 48, p. 91-117, jul. de 2004. p. 93. Disponível em: https://periodicos.ufsc.br/index.php/sequencia/article/view/15229/13849. Acesso em 27 jan. 2022.

[24] MARTEL, Letícia de Campos Velho. Hierarquização de direitos fundamentais: a doutrina da posição preferencial na jurisprudência da Suprema Corte Norte-Americana. *Revista Seqüência*, n. 48, p. 91-117, jul. de 2004. p. 94. Disponível em: https://periodicos.ufsc.br/index.php/sequencia/article/view/15229/13849. Acesso em 27 jan. 2022.

Oportuno anotar, em particular, que, no Brasil, o devido processo legal substancial é admitido como uma das facetas do devido processo legal, albergado pela Constituição Federal, tendo já sido utilizado, inclusive, como parâmetro de julgamento pelo Supremo Tribunal Federal.[25]

Para orientar o exame de razoabilidade que decorre do referido princípio, a Corte estadunidense também desenvolveu uma importante ferramenta. Trata-se do que chama de *teste de razoabilidade*, um esquema argumentativo que perpassa, em primeiro momento, pela constatação de que teria havido uma efetiva restrição ao direito fundamental, provinda de um ato de agente estatal; e, num segundo, constatada a restrição, pela aferição no sentido de ser o fim buscado pelo Estado adequado e idôneo à justificação do meio (impondo-se aqui avaliar a existência de nexo de causalidade; se havia medida alternativa menos restritiva capaz de concretizar o fim almejado; e se esse fim é relevante o suficiente para justificar a constrição).[26]

Esse teste de razoabilidade, contudo, ganha contornos distintos a depender do caso, sendo possível falar na existência de um "duplo padrão (*double standard*)".[27] Há, assim, um teste de simples razoabilidade, no qual se exige "apenas uma – qualquer – correlação entre o fim perseguido e o meio estabelecido, reservando especial respeito pela escolha feita no órgão que editou a medida cuja razoabilidade é questionada".[28]

E um outro, que se pode chamar de "escrutínio estrito",[29] ou, na expressão de Ronald Dworkin, "teste do interesse cogente",[30] que impõe

---

[25] Nesse sentido, cf.: STF. ADI nº 1.407-MC, Rel. Min. Celso de Mello, Plenário, *DJe* 24.11.2000.

[26] MARTEL, Letícia de Campos Velho. Hierarquização de direitos fundamentais: a doutrina da posição preferencial na jurisprudência da Suprema Corte Norte-Americana. *Revista Seqüência*, n. 48, p. 91-117, jul. de 2004. p. 95. Disponível em: https://periodicos.ufsc.br/index.php/sequencia/article/view/15229/13849. Acesso em 27 jan. 2022.

[27] MARTEL, Letícia de Campos Velho. Hierarquização de direitos fundamentais: a doutrina da posição preferencial na jurisprudência da Suprema Corte Norte-Americana. *Revista Seqüência*, n. 48, p. 91-117, jul. de 2004. p. 98. Disponível em: https://periodicos.ufsc.br/index.php/sequencia/article/view/15229/13849. Acesso em 27 jan. 2022.

[28] MARTEL, Letícia de Campos Velho. Hierarquização de direitos fundamentais: a doutrina da posição preferencial na jurisprudência da Suprema Corte Norte-Americana. *Revista Seqüência*, n. 48, p. 91-117, jul. de 2004. p. 98. Disponível em: https://periodicos.ufsc.br/index.php/sequencia/article/view/15229/13849. Acesso em 27 jan. 2022.

[29] MARTEL, Letícia de Campos Velho. Hierarquização de direitos fundamentais: a doutrina da posição preferencial na jurisprudência da Suprema Corte Norte-Americana. *Revista Seqüência*, n. 48, p. 91-117, jul. de 2004. p. 98. Disponível em: https://periodicos.ufsc.br/index.php/sequencia/article/view/15229/13849. Acesso em 27 jan. 2022.

[30] DWORKIN, Ronald *apud.* MARTEL, Letícia de Campos Velho. Hierarquização de direitos fundamentais: a doutrina da posição preferencial na jurisprudência da Suprema Corte

"um exame minucioso e delicado da medida constritora de Direitos Fundamentais", de modo a se apurar "a presença de uma relação clara e direta entre o fim perseguido e o meio selecionado".[31] Em outras palavras, pode-se afirmar que, no segundo padrão, diferentemente do que ocorre no primeiro, o teste de razoabilidade será mais detalhado e exigente, "com menor deferência ao julgamento do órgão que editou a medida".[32]

A escolha de qual padrão será aplicado ao caso, por sua vez, dependerá da natureza do direito fundamental em questão,[33] o que nos leva à doutrina da posição preferencial (*preferred position doctrine*), também desenvolvida na Suprema Corte Norte-Americana, e que nos será útil a fim de adequadamente situar o direito fundamental à probidade administrativa no ordenamento jurídico brasileiro.

Por essa doutrina, embora se reconheça o valor inalienável e indisponível de todo o catálogo de direitos fundamentais, admite-se que certos direitos ocupam posição de destaque nesse elenco, por constituírem peças fundamentais, verdadeiros alicerces para a construção de democracias materiais e para o livre exercício de outros direitos, sendo possível citar, como exemplos, "a liberdade de consciência, a liberdade de crença e a de culto, as liberdades de expressão, imprensa e palavra, as liberdades de reunião pacífica e de associação, a liberdade de cátedra (...)",[34] entre outros.

Nos casos que envolvam esses direitos preferenciais, confere-se, nas palavras do juiz Rutledge, no julgamento do caso *Thomas v. Collins*

Norte-Americana. *Revista Seqüência*, n. 48, p. 91-117, jul. de 2004. p. 98. Disponível em: https://periodicos.ufsc.br/index.php/sequencia/article/view/15229/13849. Acesso em 27 jan. 2022.

[31] MARTEL, Letícia de Campos Velho. Hierarquização de direitos fundamentais: a doutrina da posição preferencial na jurisprudência da Suprema Corte Norte-Americana. *Revista Seqüência*, n. 48, p. 91-117, jul. de 2004. p. 98. Disponível em: https://periodicos.ufsc.br/index.php/sequencia/article/view/15229/13849. Acesso em 27 jan. 2022.

[32] MARTEL, Letícia de Campos Velho. Hierarquização de direitos fundamentais: a doutrina da posição preferencial na jurisprudência da Suprema Corte Norte-Americana. *Revista Sequência*, n. 48, p. 91-117, jul. de 2004. p. 98. Disponível em: https://periodicos.ufsc.br/index.php/sequencia/article/view/15229/13849. Acesso em 27 jan. 2022.

[33] MARTEL, Letícia de Campos Velho. Hierarquização de direitos fundamentais: a doutrina da posição preferencial na jurisprudência da Suprema Corte Norte-Americana. *Revista Sequência*, n. 48, p. 91-117, jul. de 2004. p. 99. Disponível em: https://periodicos.ufsc.br/index.php/sequencia/article/view/15229/13849. Acesso em 27 jan. 2022.

[34] MARTEL, Letícia de Campos Velho. Hierarquização de direitos fundamentais: a doutrina da posição preferencial na jurisprudência da Suprema Corte Norte-Americana. *Revista Sequência*, n. 48, p. 91-117, jul. de 2004. p. 112. Disponível em: https://periodicos.ufsc.br/index.php/sequencia/article/view/15229/13849. Acesso em 27 jan. 2022.

(1945), "uma santidade e uma posição que não admitem intrusões dúbias; é o caráter do direito, não o da limitação, que determina qual padrão governa a escolha". Assim, prossegue, "a conexão racional entre o remédio providenciado e o mal a ser curado, que, em outros contextos, pode suportar a legislação contra o ataque no campo do devido processo, não será suficiente; estes direitos repousam sobre fundação mais firme", de maneira que "somente os mais graves abusos, arriscando interesses supremos, oferecem ocasião para a limitação".[35]

O reconhecimento da posição preferencial de determinados direitos, como se pode imaginar, igualmente não se presta a torná-los intangíveis. Na realidade, permanecem passíveis de condicionamentos e limitações, que, no entanto, devem se dar "em um grau menor do que aqueles não-pertencentes ao grupo dos de maior hierarquia, e exigem a apresentação de um fim estatal dotado de grande relevância".[36]

Conquanto a tese não esteja imune a críticas e, na prática, a definição dos direitos ditos preferenciais possa revelar-se extremamente tortuosa, parece-nos ser viável, no que concerne especificamente ao direito fundamental à probidade administrativa, reconhecer sua posição de destaque, dada a sua natureza e importância, seja na concretização material de outros direitos fundamentais, seja na própria estrutura-ção do estado democrático e, em especial, na consecução de seus fins. É dizer, não se garantem direitos aos indivíduos e à coletividade se o Estado, a quem é confiado o exercício do poder e o gerenciamento de recursos públicos, é corrupto.

À medida que os direitos fundamentais, conforme adverte Konrad Hesse, embora tenham validez universal, ganham significado e conteúdo concreto a partir de "numerosos fatores extrajurídicos, especialmente das peculiaridades, da cultura e da história dos povos",[37] a posição preferencial atribuída ao direito fundamental à probidade administrativa assume, no Brasil, particular importância quando se tem

---

[35] MARTEL, Letícia de Campos Velho. Hierarquização de direitos fundamentais: a doutrina da posição preferencial na jurisprudência da Suprema Corte Norte-Americana. *Revista Sequência*, n. 48, p. 91-117, jul. de 2004. p. 112-113. Disponível em: https://periodicos.ufsc. br/index.php/sequencia/article/view/15229/13849. Acesso em 27 jan. 2022.

[36] MARTEL, Letícia de Campos Velho. Hierarquização de direitos fundamentais: a doutrina da posição preferencial na jurisprudência da Suprema Corte Norte-Americana. *Revista Sequência*, n. 48, p. 91-117, jul. de 2004. p. 112. Disponível em: https://periodicos.ufsc.br/index.php/sequencia/article/view/15229/13849. Acesso em 27 jan. 2022.

[37] HESSE, Konrad *apud*. MENDES, Gilmar Ferreira; BRANCO, Paulo Gustavo Gonet. *Curso de direito constitucional*. 6. ed. São Paulo: Saraiva, 2011. p. 161.

em consideração os alarmantes índices de corrupção que nos assolam,[38] frutos, em alguma medida, de seu próprio desenvolvimento histórico, marcado pelas nefastas práticas de patrimonialismo, clientelismo, coronelismo, favoritismo e nepotismo.[39]

Como bem lembram José Roberto Pimenta Oliveira e Dinorá Adelaide Musetti Grotti, "no caso brasileiro, os vícios seculares da prática administrativa (...) são os ingredientes a dosar a recorrente necessidade de reformulação e aperfeiçoamento institucional na promoção e efetivação da responsabilidade dos agentes públicos",[40] o que revela uma urgência, que se impõe especialmente sobre os agentes do Estado, no sentido de avançar na matéria, promovendo a máxima efetivação do direito fundamental à probidade administrativa.

Nesse contexto, é seguro afirmar que, no que concerne particularmente à atividade legiferante infraconstitucional afeta à matéria, a tendência a ser perseguida é a da ampliação, tanto quanto possível, da tutela do bem jurídico. Assim, sempre que houver alguma investida no sentido de restringir ou diminuir o alcance do grau de realização então vigente, esta medida poderá ser validamente questionada à luz não só da preservação do núcleo essencial do direito à probidade administrativa, como também, e em especial, da racionalidade que orientou a opção legislativa, da qual sempre se exigirá, dada a posição preferencial daquele direito, que seja qualificada, fundada em interesse cogente e submetida, portanto, a escrutínio estrito.

---

[38] Em 2021, segundo dados da Transparência Internacional, *o Brasil figurou na 96ª posição no Índice de Percepção da Corrupção, marcando 38 pontos no score que varia de 0-100 (sendo 100 o máximo de percepção de integridade no País).* O estudo é realizado a partir de informações coletadas junto a empresários, analistas, usuários de serviços públicos e a população em geral. Vale anotar que, nos últimos dez anos, a pontuação do Brasil nesse índice sofreu decréscimo, indicando que o País, na realidade, tem caminhado na contramão da imperativa tendência de aprimorar o *estado de coisas* existente (Cf.: Índice de Percepção da Corrupção. ONG. *Transparência Internacional,* 2021. Disponível em: https://www. transparency.org/en/cpi/2021/index/bra. Acesso em 10 fev. 2022).

[39] BARBOZA, Márcia Noll. *O combate à corrupção no mundo contemporâneo e o papel do Ministério Público no Brasil.* Brasília: Ministério Público Federal, 2006. Disponível em: http://www.mpf.mp.br/atuacao-tematica/ccr5/noticias-1/eventos/docs-monogra   fias/ monografia_3_lugar.pdf. Acesso 10 jan. 2022.

[40] OLIVEIRA, José Roberto Pimenta; GROTTI, Dinorá Adelaide Musetti. Sistema de Responsabilização pela Prática de Atos de Improbidade Administrativa. Críticas ao Projeto de Lei do Senado nº 2505/2021. *In: Coletânea Mudanças na Lei de Improbidade.* Associação Nacional dos Procuradores da República, 2021. p. 4.

4 A perda de legitimidade do ente lesado: a (ir)razoabilidade da opção legislativa

Assentadas essas premissas, há que se avaliar, finalmente, a perda da legitimidade dos entes administrativos para propor as ações de improbidade administrativa.

Antes, contudo, é também preciso estabelecer como ponto de partida que a Lei de Improbidade Administrativa é efetivamente um dos instrumentos de concretização do direito fundamental à probidade administrativa, instituindo sistema de responsabilização que encontra correspondência direta no comando plasmado no artigo 37, §4º da Constituição da República. A partir daí, é possível afirmar que as reformas legislativas incidentes sobre essa lei devem estar em absoluta sintonia com os parâmetros expostos anteriormente, sob pena de serem consideradas materialmente inconstitucionais.

Dito isso, no que diz respeito à perda de legitimidade dos entes administrativos, fruto da opção legislativa engendrada pela Lei Federal nº 14.230/2021, deve-se reconhecer, de início, que a migração de um modelo de legitimidade concorrente (e pluralista) – que constitui tendência, inclusive, no âmbito da tutela de interesses difusos – para um modelo monopolizado representa, ao menos objetivamente, um decréscimo no quantitativo de órgãos ou entidades legitimados a promover a persecução em Juízo de fatos tidos por ímprobos.

É dizer: está-se diante de uma medida legislativa que claramente promoveu uma restrição no alcance da tutela até então estabelecida, ao passo que dois ou mais agentes de persecução agregam esforços para fazer mais do que um, o que é crucial num país "em que ainda é muito baixa a efetividade das condenações judiciais alcançadas nas ações de responsabilização por improbidade administrativa",[41] como demonstra interessante relatório publicado pelo Conselho Nacional de Justiça em 2015, sob o título "Lei de Improbidade administrativa: obstáculos à plena efetividade do combate aos atos de improbidade".[42]

---

[41] GAVRONSKI, Alexandre Amaral. Reflexões sobre a legitimidade exclusiva do Ministério Público para propor ação e celebrar acordo no âmbito da probidade administrativa prevista no PL nº 10.887/2018. *In: Coletânea Mudanças na Lei de Improbidade.* Associação Nacional dos Procuradores da República, 2021. p. 7.

[42] GOMES JÚNIOR, Luiz Manoel *et al.* (Coord.). *Lei de improbidade administrativa:* obstáculos à plena efetividade do combate aos atos de improbidade. Brasília: Conselho Nacional de Justiça, 2015. Disponível em: https://www.cnj.jus.br/wpcontent/uploads/2011/02/1ef013e1f4a64696eeb89f0fbf3c1597.pdf. Acesso 17 jan. 2022.

Para além do aumento no número de ações, como bem lembra Alexandre Amaral Gavronski, essa pluralidade "favorece a especialização, tornando mais eficiente a atuação do Estado ao propiciar, por exemplo, que cada legitimado atue prioritariamente nos casos que mais se aproximam de suas funções e interesses institucionais".[43] Também dificulta que "a inação de um comprometa a defesa em juízo do direito de titularidade transindividual tutelado pela ação (a probidade administrativa), e estabelece uma fiscalização recíproca", já que, complementa, "a deficiente atuação de um legitimado pode ser suprida ou questionada em juízo pelo outro".[44]

Definida a opção legislativa de caráter restritivo (em cotejo ao panorama normativo então existente), deve-se perquirir, primeiro, se o núcleo essencial do direito fundamental à probidade administrativa restou preservado. Nesse aspecto, parece-nos que sim, porquanto, ao manter pelo menos um órgão legitimado à persecução dos atos ímprobos em juízo, não é possível dizer que o legislador tenha desguarnecido por completo a proteção do bem jurídico, mormente porque também garantiu a intervenção do ente administrativo lesado nas ações propostas, além de não o alijar da possibilidade de intentar as ações de ressarcimento ao erário.

Contudo, se, de um lado, é possível admitir que este núcleo duro esteja conservado, de outro, é imperativo que as razões para a restrição, no que concerne a este destacado direito fundamental à probidade administrativa, sejam idôneas, dentro de um padrão de racionalidade qualificado, mais intenso, portanto, do que aquele normalmente exigido em outras matérias.

Da análise das justificativas constantes tanto do projeto de lei inaugural apresentado na Câmara do Deputados, sob o nº 10.877/2018, visando à reforma da Lei de Improbidade Administrativa, como também daquelas constantes dos projetos substitutivos que lhe seguiram e das

---

[43] GAVRONSKI, Alexandre Amaral. Reflexões sobre a legitimidade exclusiva do Ministério Público para propor ação e celebrar acordo no âmbito da probidade administrativa prevista no PL nº 10.887/2018. *In: Coletânea Mudanças na Lei de Improbidade*. Associação Nacional dos Procuradores da República, 2021. p. 6.

[44] GAVRONSKI, Alexandre Amaral. Reflexões sobre a legitimidade exclusiva do Ministério Público para propor ação e celebrar acordo no âmbito da probidade administrativa prevista no PL nº 10.887/2018. *In: Coletânea Mudanças na Lei de Improbidade*. Associação Nacional dos Procuradores da República, 2021. p. 6.

emendas propostas pelo Senado Federal,[45] é possível inferir, ao menos a partir das razões abertamente declaradas, que a opção legislativa pela restrição da legitimidade centrou-se, em suma, na gravidade das sanções impostas por meio das ações de improbidade administrativa, que afetariam direitos fundamentais sensíveis, e na necessidade de coibir o seu uso político-partidário pelos entes administrativos.

No que concerne à primeira justificativa, de fato, como prevê o artigo 37, §4º da Constituição Federal, a prática de ato de improbidade administrativa sujeita os infratores à suspensão dos direitos políticos, à perda da função pública, à indisponibilidade dos bens e ao ressarcimento ao erário, na forma e gradação previstas em lei. Também a Lei de Improbidade Administrativa, a par de regular o quanto definido pela Constituição, admite a aplicação das penas de multa civil e da proibição de contratar com o Poder Público ou de receber benefícios ou incentivos fiscais ou creditícios.

Há, inegavelmente, um rol de consequências sancionatórias (e de natureza reparatória) que projetam seus efeitos sobre direitos caros ao exercício da cidadania, à liberdade e à propriedade individual. No entanto, a justificativa legislativa pouco convence, distanciando-se do padrão de racionalidade que se deve exigir na atividade legiferante vocacionada à concretização do direito fundamental à probidade administrativa.

A uma, porque despreza o óbvio: as sanções decorrentes da prática de ato ímprobo, seja qual for a gravidade em abstrato que se lhes possa atribuir, são aplicadas pelo Poder Judiciário, isto é, resultam de processo judicial desenvolvido em contraditório, que garante ao imputado a possibilidade de se defender e a garantia de ser julgado por terceiro imparcial e independente, na figura do Estado-juiz. Disso decorre, inevitavelmente, que a mera previsão de legitimidade ativa concorrente não teria, por si só, o condão de fragilizar direitos fundamentais sensíveis, porquanto o sancionamento depende, em qualquer caso, de pronunciamento judicial.

A duas, porque, no âmbito do microssistema cível-administrativo de tutela da probidade administrativa e do combate à corrupção, os entes administrativos já são legitimados a proporem as ações de que tratam a Lei Anticorrupção Empresarial (Lei nº 12.846/2013), cujo

---

[45] Estes documentos estão disponíveis para consulta pública nos sítios da Câmara dos Deputados e do Senado Federal, bastando a consulta ao andamento dos Projetos de Lei nº 10.877/2018 e 2.505/2021.

resultado, se procedentes, é a aplicação de sanções tão severas quanto aquelas previstas na Lei de Improbidade Administrativa, como é o caso da dissolução compulsória da pessoa jurídica, da suspensão ou interdição de suas atividades, bem como da proibição de contratar com o Poder Público. Essas sanções, que, diga-se de passagem, podem atingir os sócios e administradores da pessoa jurídica, certamente têm o condão de afetar direitos e princípios fundamentais sensíveis, ligados à liberdade de iniciativa, à função social da empresa e à preservação da ordem econômica.

Não obstante, o que se observa é que preferiu o legislador criar um verdadeiro descompasso entre o subsistema de responsabilização de atos ímprobos e o de atos corruptos praticados por pessoas jurídicas, a despeito de ambos situarem-se no espectro mais geral de tutela da probidade administrativa e do combate à corrupção.

Noutra perspectiva, mesmo na seara do direito penal, que produz consequências limitadoras ainda mais acentuadas a direitos fundamentais, a gravidade em abstrato das sanções não impediu que fossem instituídas as ações penais privadas – deflagradas e impulsionadas pelo próprio ofendido ou quem tenha qualidade para representá-lo – e as ações penais privadas subsidiárias da pública, estas que dão legitimidade à vítima para deflagrar ação penal pública quando omisso o Ministério Público.

A justificativa também parece perder sentido quando se considera ser ínsita à atividade administrativa a adoção de medidas que restrinjam ou tenham o potencial de restringir direitos dos administrados. Dito de outro modo, a Administração Pública goza de prerrogativas de direito público – manifestações dos poderes de império, de polícia e disciplinar – que lhe permitem, a bem dos interesses gerais, limitar o uso e o gozo de direitos individuais dos administrados em geral e daqueles que com ela se relacionam por uma relação especial de sujeição (a exemplo dos agentes públicos), quer sob uma perspectiva regulatória e ordenadora, quer também sob uma perspectiva estritamente punitiva. E pode fazê-lo sem qualquer intermediação judicial, sendo seus atos, nesse campo, dotados de autoexecutoriedade e coercibilidade.

Daí que alijar o ente público lesado da possibilidade de ver responsabilizado o autor de ato ímprobo sob a escusa da gravidade em abstrato das sanções e da potencial afetação de direitos fundamentais sensíveis contrasta, na prática, com a própria essência da atividade administrativa.

Por outro lado, no que concerne ao suposto uso político dessas ações, que serviriam como ferramenta de perseguição a adversários políticos, dando ensejo ao ajuizamento de ações temerárias por parte dos entes lesados, há primeiro que se observar que este argumento, que parte de um pretenso dado da realidade, é utilizado sem qualquer preocupação em atestá-lo sob bases empíricas válidas.

É dizer: não se ampara em estudo ou análise de referências concretas hábeis a demonstrar a utilização desvirtuada da ação por parte dos entes lesados, e de tal modo vulgar (ou habitual) que seja capaz de frustrar os fins pretendidos pelo ordenamento jurídico com a adoção do modelo de legitimidade pluralista.

Não obstante, mesmo que se queira reputar válida a premissa, isto é, de que a ação pode ser utilizada para perseguição política, dúvida não há de que o seu prosseguimento depende, necessariamente, de chancela do Poder Judiciário, a quem compete filtrar, em qualquer caso, ações temerárias.

Aliás, não é só o Poder Judiciário que assume papel importante nesta filtragem, mas também o Ministério Público, que, nas ações então propostas pelos entes lesados, se não as integrava em litisconsórcio ativo, sempre funcionou como fiscal da ordem jurídica, posição que lhe permitia, portanto, especialmente em face da elevada especialização de sua atuação, agir para coibir o prosseguimento de ações infundadas.

A Lei de Improbidade Administrativa, a seu turno, mesmo anteriormente às modificações da Lei nº 14.230/2021, também sempre contemplou ferramentas mais do que suficientes para obstar o avanço de investidas ilegítimas na persecução em Juízo de atos ímprobos (como a rejeição da inicial por inépcia ou a improcedência liminar da ação por ausência de justa causa, inexistência manifesta de ato ímprobo ou inadequação da via eleita). As alterações promovidas pela Lei nº 14.230/2021 trouxeram ainda mais ferramentas para regular o manejo das ações, como novos requisitos para a petição inicial e até mesmo para a fundamentação da sentença.

No ordenamento jurídico pátrio, para além de consequências processuais, há, inclusive, a previsão de crime punível com detenção na Lei de Abuso de Autoridade (Lei Federal nº 13.869/2019) para quem dá início ou procede à persecução penal, civil ou administrativa, sem justa causa fundamentada ou contra quem sabe inocente (art. 30).

Seja como for, o eventual abuso no exercício da prerrogativa legal poderia ser satisfatoriamente coibido não pela sua aniquilação, mas pelo incremento – caso se reputasse realmente necessário – de medidas repressivas àqueles que, porventura, viessem a utilizar as ações de improbidade administrativa de forma contrária aos fins legais. Em outras palavras, existiam (e ainda existem) medidas alternativas razoáveis ao alcance do legislador para prevenir e reprimir o suposto uso abusivo dessas ações, tendo-se optado, contudo, pela mais drástica.

Sob outra ótica, a opção legislativa despreza o importante papel que, nos últimos anos, a advocacia pública nacional tem desempenhado no combate à corrupção e na defesa do patrimônio público e social. É o caso da Advocacia Geral da União (AGU), que, ao longo dos últimos doze anos, além de estruturar grupos de advogados especializados na matéria, veio ampliando consideravelmente o ajuizamento de ações dessa natureza, exitosas na recuperação de cifras bilionárias aos cofres públicos.[46]

Também despreza que a concentração da atuação sobre um único legitimado incrementa o risco de que inúmeros ilícitos permaneçam impunes, não só pela sobrecarga de trabalho que inevitavelmente se operará sobre o Ministério Público, como também pela própria perda de alcance e capilaridade então propiciada pela atuação dos demais legitimados nos diversos níveis federativos.

Diante dessas ponderações, acreditamos que a opção legislativa de conteúdo restritivo não ostenta o padrão de racionalidade qualificado apto a legitimá-la, em especial porque as razões que a guiaram são frágeis, distanciando-se da ideia de interesse cogente ou supremo capaz de legitimar a restrição no campo de concretização do direito fundamental à probidade administrativa; e, também, porque utiliza-se de meio desproporcional (supressão da legitimidade concorrente) para corrigir supostas distorções, em relação às quais (i) ou o ordenamento jurídico brasileiro já dispunha de instrumentos suficientes para repará-las ou impedi-las; (ii) ou poderiam ser coibidas, seja pelo aprimoramento das ferramentas existentes, seja pela criação de outras.

Assim, vislumbra-se espaço argumentativo suficiente para reconhecer que a perda de legitimidade ativa dos entes administrativos para a propositura de ações de improbidade administrativa é materialmente incompatível com a Constituição Federal, sob a ótica da máxima

---

[46] Nesse sentido, cf.: SOARES, Pedro Vasques. Advocacia Pública se consolida no combate à corrupção. *Portal Jota*, Tribuna da Advocacia Pública, 16 fev. 2019. Disponível em: https://www.jota.info/opiniao-e-analise/colunas/tribuna-da-advocacia-publica/advocacia-publica-se-consolida-no-combate-a-corrupcao-16022019. Acesso em 01 fev. 2022.

efetividade do direito fundamental à probidade administrativa, do devido processo legal substancial, da razoabilidade e mesmo da vedação ao retrocesso.

5 Conclusão

O avanço no combate à corrupção é um imperativo ao fortalecimento do Estado Democrático de Direito, em especial no Brasil, onde seus índices são alarmantes.

Nesse campo, todos os Poderes do Estado, no exercício de suas atribuições, devem agir no sentido de maximizar o alcance da tutela da probidade administrativa, aqui defendida como verdadeiro direito fundamental. Por ser indispensável à concretização de outros direitos e à própria consecução dos fins do Estado, assume posição de destaque na ordem constitucional, exigindo do legislador ordinário, em especial, absoluto cuidado e razoabilidade em cada uma das medidas adotadas visando a sua regulamentação.

Assim, as opções legislativas de cunho restritivo devem ser submetidas a escrutínio estrito por parte do Poder Judiciário, que, sob a ótica do devido processo legal substancial e da máxima efetividade do direito fundamental à probidade administrativa, deverá enjeitá-las quando não estejam amparadas por razões sérias, de grande relevância, e quando as medidas adotadas sejam desproporcionais aos fins pretendidos. Deve-se exigir, portanto, um padrão de racionalidade qualificado, apto a legitimar as restrições.

Como se procurou demonstrar, esse padrão não foi observado pela Lei Federal nº 14.230/2021, ao alijar os entes administrativos da possibilidade de buscar por si próprios a responsabilização de agentes ímprobos, o que a torna, ao menos neste particular, materialmente incompatível com a Constituição Federal.

Referências

BARBOZA, Márcia Noll. *O combate à corrupção no mundo contemporâneo e o papel do Ministério Público no Brasil*. Brasília: Ministério Público Federal, 2006. Disponível em: http://www.mpf.mp.br/atuacao-tematica/ccr5/noticias-1/eventos/docs-monogra fias/monografia_3_lugar.pdf. Acesso 10 jan. 2022.

GARCIA, Emerson; ALVES, Rogério Pacheco. *Improbidade Administrativa*. 9. ed. São Paulo: Saraiva, 2017.

GAVRONSKI, Alexandre Amaral. Reflexões sobre a legitimidade exclusiva do Ministério Público para propor ação e celebrar acordo no âmbito da probidade administrativa prevista no PL nº 10.887/2018. *In: Coletânea Mudanças na Lei de Improbidade*. Associação Nacional dos Procuradores da República, 2021.

GOMES JUNIOR, Luiz Manoel *et al.* (Coord.). *Lei de improbidade administrativa*: obstáculos à plena efetividade do combate aos atos de improbidade. Brasília: Conselho Nacional de Justiça, 2015. Disponível em: https://www.cnj.jus.br/wpcontent/uploads/2011/02/1ef013e1f4a64696eeb89f0fbf3c1597.pdf. Acesso 17 jan. 2022.

LANE, Renata. *Acordos na improbidade administrativa*: termo de ajustamento de conduta, acordo de não persecução cível e acordo de leniência. Rio de Janeiro: Lúmen Juris, 2021.

MARTEL, Letícia de Campos Velho. Hierarquização de direitos fundamentais: a doutrina da posição preferencial na jurisprudência da Suprema Corte Norte-Americana. *Revista Seqüência*, n. 48, p. 91-117, jul. de 2004. Disponível em: https://periodicos.ufsc.br/index.php/sequencia/article/view/15229/13849. Acesso em 27 jan. 2022.

MENDES, Gilmar Ferreira; BRANCO, Paulo Gustavo Gonet. *Curso de direito constitucional*. 6. ed. São Paulo: Saraiva, 2011.

OLIVEIRA, Alexandre Albagli. *O direito fundamental à probidade administrativa*: valor constitucional da probidade, contornos normativos e repercussões jurídico-legais. Dissertação de Mestrado, Universidade Federal de Sergipe, Sergipe, 2014.

OLIVEIRA, José Roberto Pimenta; GROTTI, Dinorá Adelaide Musetti. Sistema de Responsabilização pela Prática de Atos de Improbidade Administrativa. Críticas ao Projeto de Lei do Senado nº 2505/2021. *In: Coletânea Mudanças na Lei de Improbidade*. Associação Nacional dos Procuradores da República, 2021.

OSÓRIO, Fábio Medina. *Teoria da improbidade administrativa*. 4. ed. rev. e atual. São Paulo: Thomson Reuters Brasil, 2018.

PINHEIRO, Igor Pereira; ZIESEMER, Henrique Rosa. *Nova lei de improbidade administrativa comentada*. Leme/SP: Editora Mizuno, 2022.

SANTOS, Roberto Lima. Direito fundamental à probidade administrativa e as convenções internacionais de combate à corrupção. *Revista de Doutrina da 4ª Região*, Porto Alegre, n. 50, out. 2012. Disponível em: https://revistadoutrina. trf4.jus.br/artigos/edicao050/Roberto_Santos.html. Acesso em 30 jan. 2022.

SOARES, Pedro Vasques. Advocacia Pública se consolida no combate à corrupção. *Portal Jota*, Tribuna da Advocacia Pública, 16 fev. 2019. Disponível em: https://www.jota.info/opiniao-e-analise/colunas/tribuna-da-advocacia-publica/advocac ia-publica-se-consolida-no-combate-a-corrupcao-16022019. Acesso em 01 fev. 2022.

TRANSPARÊNCIA INTERNACIONAL. Índice de Percepção da Corrupção. ONG. 2021. Disponível em: https://www.transparency.org/en/cpi/2021/index/bra. Acesso em 10 fev. 2022.

Informação bibliográfica deste texto, conforme a NBR 6023:2018 da Associação Brasileira de Normas Técnicas (ABNT):

CORRÊA, Renato Manente. A perda da legitimidade ativa do ente lesado nas ações de improbidade: reflexões acerca da (ir)razoabilidade da opção legislativa. *In*: CORONA, Maria Lia Porto; CASTRO, Sérgio Pessoa de Paula; RAHIM, Fabiola Marquetti Sanches (Coords.). *Anotações sobre a Lei de Improbidade Administrativa*. Belo Horizonte: Fórum, 2022. p. 189-209. ISBN 978-65-5518-378-8.

A LEI FEDERAL Nº 14.230, DE 25 DE OUTUBRO DE 2021, E O ELEMENTO SUBJETIVO DOS ATOS DE IMPROBIDADE ADMINISTRATIVA

SIDNEI PASCHOAL BRAGA

1 Introdução

Ao tutelar a probidade administrativa, o §4º do artigo 37 da CF explicitou que a função pública deve ser exercida por pessoas honestas e íntegras. Outra conclusão não seria possível, até porque o vocábulo *probidade* se relaciona diretamente com as ideias de honestidade e integridade, sendo antagônico às noções de desonestidade e má-fé.

A proteção à moralidade administrativa, todavia, não tem o condão de depauperar os direitos e garantias individuais insculpidos no texto constitucional. A Constituição Federal dispõe claramente que a República Federativa do Brasil é um Estado de Direito (artigo 1º), e, como tal, deve reverência à garantia do devido processo legal *(due process of law)*, notadamente no seu aspecto substancial.

Os incisos LIV e LV do artigo 5º da CF estabelecem que quaisquer atos estatais que porventura importem em restrições à liberdade ou levem à perda da propriedade, bem como de seus consectários lógicos, devem observar a garantia do devido processo legal. O que autoriza a afirmação de que o *due process law* também se aplica aos processos de ilícito de improbidade administrativa.

A Lei Federal nº 8.429/1992, conhecida como Lei de Improbidade Administrativa, foi editada no início de 1990, período de conturbado contexto político que, inclusive, acarretou o *impeachment* do então Presidente da República. Ela foi uma resposta rápida do Poder Legislativo brasileiro ao anseio social de punição de agentes políticos corruptos. Segundo Giacomuzzi: "Diante da altíssima corrupção e da ineficiência do sistema punitivo, o Brasil fez o que costuma fazer: editou uma nova lei para tentar corrigir os comportamentos desviados; o resultado é a Lei nº 8.429/1992, a Lei de Improbidade Administrativa".[1]

Embora a Lei Federal nº 8.429/1992 tenha trazido inegáveis benefícios para o desenvolvimento e a efetivação do combate à corrupção no Brasil, não poucas vezes sob o primado do "*in dubio pro societate*", e em detrimento de direitos e garantias individuais, acarretou prejuízo na honra subjetiva de agentes públicos que sequer chegaram a ser condenados. Mediante prévia e ampla divulgação em meios midiáticos, ações de improbidade foram ajuizadas carreando aos acusados, de maneira prematura, e sem a devida condenação, prejuízos irremediáveis à sua imagem e honra subjetiva.

O texto original da Lei Federal nº 8.429/1992 foi solo fértil para discussões interpretativas face à tipologia vaga e aberta que trouxe, o que rendeu ensejo à jurisprudência divergente, oscilante e permeada pela subjetividade dos intérpretes.

Diante da oscilante jurisprudência e decorridos mais de vinte anos de sua vigência, a Lei Federal nº 14.230/2021, rotulada como "Reforma da Lei de Improbidade Administrativa", reposiciona a Lei Federal nº 8.429/1992 no mister de cumprir seus objetivos constitucionais de coibir o locupletamento ilícito e a depreciação do patrimônio público.

Sob esse pálio é que se pretende analisar as modificações introduzidas pela Lei nº 14.230/2021 ao elemento subjetivo dos tipos de ilícito de improbidade.

2   Considerações Iniciais

A principal fonte normativa sobre improbidade administrativa na Constituição Federal de 1988 é o §4º do seu artigo 37, que assim dispõe: "Os atos de improbidade administrativa importarão a suspensão dos direitos políticos, a perda da função pública, a indisponibilidade de

---

[1] GIACOMUZZI, José Guilherme. *A moralidade administrativa e a boa-fé na Administração Pública*: o conteúdo dogmático da moralidade administrativa. 2. ed. São Paulo: Malheiros Editores, 2013. p. 293.

bens e o ressarcimento ao erário, na forma e gradação previstas em lei, sem prejuízo da ação penal cabível".

Outros dispositivos constitucionais também disciplinam a probidade administrativa, dentre os quais se destacam: (i) artigo 14, §9º, que estabelece a necessidade de Lei complementar para estabelecer outros casos de inelegibilidade e os prazos de sua cessação, a fim de proteger a probidade administrativa; (ii) artigo 15, V, que assevera ser vedada a cassação dos direitos políticos, excepcionada a hipótese de improbidade administrativa; e (iii) artigo 85, V, que define como crime de responsabilidade os atos do Presidente da República que atentem contra a probidade administrativa.

Partindo do disposto no §4º do artigo 37 da CF, depreende-se que o legislador constituinte estabeleceu como diretriz sancionar com maior rigor o agente público que venha a praticar ato rotulado pela Constituição como de improbidade, bem como os terceiros que concorram para tanto.

A norma constitucional foi inicialmente regulamentada pela edição da Lei Federal nº 8.429/1992, que definiu os sujeitos e os atos de improbidade, sanções e normas processuais. A Lei, todavia, desbordou do sentido léxico do termo *improbidade*, dispondo a expressão *atos de improbidade*, de sentido mais genérico e amplo. Como observa Carvalho Filho, "[a] Lei nº 8.429/1992 (LIA) adotou o critério *ratione materiae*, ou seja, classificou os atos de improbidade em quatro categorias, de acordo com os valores ofendidos pelos atos".[2]

Ainda segundo o mesmo autor,

> (...) primeiramente, relacionou os atos que importam enriquecimento ilícito (art. 9º). Em segundo lugar, classificou os atos que causam prejuízo ao erário (art. 10). A terceira categoria é a dos atos de improbidade decorrentes da concessão ou aplicação indevida de benefício financeiro ou tributário (art. 10-A, incluído pela Lei Complementar nº 157/2016).[3]
>
> E, por último, arrolou os que atentam contra os princípios da Administração Pública (art. 11). Convém notar que, posteriormente, o Estatuto da Cidade (Lei nº 10.257, de 10.7.2001) acrescentou algumas outras condutas relacionadas à ordem urbanística, todas imputadas a Prefeitos

---

[2] CARVALHO FILHO, José dos Santos. *Improbidade Administrativa*: prescrição e outros prazos extintivos. 3. ed. São Paulo: Atlas, 2019. p. 97.

[3] O artigo 10-A da Lei Federal nº 8.429/1992 foi expressamente revogado pela Lei Federal nº 14.230/2021.

(art. 52), mas, por interpretação lógico-sistemática, também a outros agentes envolvidos no processo de política urbana, como já registramos em obra de nossa autoria.

Diante da amplitude conceitual, a jurisprudência pátria teve que enfrentar inúmeras questões que importavam no delineamento do conceito de improbidade administrativa.

A jurisprudência do Superior Tribunal de Justiça entendeu que ilegalidade e improbidade não são conceitos intercambiáveis. Para o Colendo Tribunal, a improbidade seria uma ilegalidade qualificada pelo intuito malsão do agente,[4] razão pela qual se fazia necessária a demonstração do elemento subjetivo para sua adequada caracterização.

Diante da redação original da Lei Federal nº 8.429/1992, a jurisprudência pátria vinha seguindo a diretriz de que os atos ímprobos demandam o espírito de desprezo à coisa pública e aos seus princípios e normas éticas. Segundo Pinheiro,

> [e]ssa é a diretriz trazida pela jurisprudência há bastante tempo, segundo a qual 'os atos ímprobos são mais do que atos ilegais, possuem a qualificadora, isto é, o espírito de desprezo à coisa pública e aos seus princípios e normas éticas, circunstância que causa lesão aos cofres públicos e/ou enriquecimento ilícito do autor do fato ou de terceiros. (...) Isto porque na improbidade administrativa já existe a volição preordenada para a prática da conduta que propiciará o locupletamento frente aos cofres públicos ou lesará o Erário, o que não é encontrável em atos simplesmente ilegais do Administrador Público. (STJ. AREsp nº 403.575/RJ, Rel. Ministro NAPOLEÃO NUNES MAIA FILHO, PRIMEIRA TURMA, julgado em 27.11.2018).[5]

Importa também dizer que o conceito de improbidade administrativa difere do de imoralidade:

> O conceito normativo de improbidade administrativa é mais amplo do que aquele mencionado no léxico. A imoralidade acarreta a impro-

---

[4] Como bem esclarecido pela Primeira Turma do Superior Tribunal de Justiça, no julgamento do REsp nº 1416313/MT: "A ilegalidade e a improbidade não são – em absoluto, situações ou conceitos intercambiáveis, não sendo juridicamente aceitável tomar-se uma pela outra (ou vice-versa), eis que cada uma delas tem a sua peculiar conformação estrita: a improbidade é, destarte, uma *ilegalidade qualificada pelo intuito malsão do agente, atuando sob impulsos eivados de desonestidade, malícia, dolo ou culpa grave"*. No mesmo sentido: STJ. AIA 30/AM, Rel. Ministro TEORI ALBINO ZAVASKI, Corte Especial, *DJe* 28.09.2011.

[5] PINHEIRO, Igor Pereira. *Improbidade Administrativa no STF e STJ.* Leme/SP: Mizuno, 2021. p. 166-167.

bidade, mas a recíproca não é verdadeira. Vale dizer: nem todo ato de improbidade significa a violação do princípio da moralidade, especialmente se levarmos em consideração que o art. 11 da LIA considera improbidade a violação a qualquer princípio da Administração Pública e não apenas a contrariedade ao princípio da moralidade inserido no art. 37 da CRFB.[6]

A reforma da Lei de Improbidade Administrativa tornou explicita a necessidade do dolo para a caracterização dos atos de improbidade administrativa tipificados nos artigos 9º, 10 e 11 da Lei nº 8.429/1992. Com efeito, a Lei nº 14.230/2021 exige, para a caracterização do ato como de improbidade, que o agente e/ou terceiro tenha a intenção de violar a ordem jurídica estabelecida, acarretando prejuízo ao Erário ou enriquecimento sem causa.

Neste sentido, o conceito de improbidade administrativa de Neves e Oliveira:

> A partir da Reforma da LIA, é possível conceituar improbidade administrativa como o ato ilícito doloso, praticado por agente público ou terceiro, contra entidades públicas e privadas, gestoras de recursos públicos, capaz de acarretar enriquecimento ilícito, lesão ao erário e violação aos princípios da Administração Pública.[7]

3 A Lei nº 14.230/2021 e as hipóteses do artigo 10 da Lei nº 8.429/1992: o fim do elemento culpa

O §1º do artigo 1º da Lei Federal nº 8.429/1992, incluído pela Lei Federal nº 14.230/2021, assim dispõe: "Consideram-se atos de improbidade administrativa as *condutas dolosas* tipificadas nos arts. 9º, 10 e 11 desta Lei, ressalvados tipos previstos em Lei". (Grifou-se).

Na redação original da Lei Federal nº 8.429/1992, os tipos de ilícitos de improbidade previstos nos seus artigos 9º e 11 da Lei Federal nº 8.429/1992 já demandavam a presença de dolo para sua configuração; entretanto, os atos de improbidade que causam prejuízo ao erário,

---

[6] NEVES, Daniel Amorim Assumpção; OLIVEIRA, Rafael Carvalho Rezende. *Comentários à Reforma da Lei de Improbidade Administrativa*: Lei nº 14.230, de 25.10.2021 comentada artigo por artigo. Rio de Janeiro: Forense, 2022. p. 4.

[7] NEVES, Daniel Amorim Assumpção; OLIVEIRA, Rafael Carvalho Rezende. *Comentários à Reforma da Lei de Improbidade Administrativa*: Lei nº 14.230, de 25.10.2021 comentada artigo por artigo. Rio de Janeiro: Forense, 2022. p. 5.

discriminados pelo artigo 10 da LIA, demandavam apenas a presença de negligência, imprudência ou imperícia para sua caracterização.

O grave sancionamento imposto ao agente público por ato de improbidade administrativa, animado pela singela culpa, ofende aos princípios da proporcionalidade e razoabilidade e, via de consequência, à garantia constitucional do devido processo legal substancial. Não se pode olvidar que os objetivos constitucionais se relacionam a punir com maior rigor o locupletamento e a depreciação do patrimônio público por aqueles que agem conscientemente, condutas que pressupõem a má-fé do agente e/ou do terceiro.[8]

Todavia, a despeito da aparente necessidade do agir consciente do agente público e do terceiro, a jurisprudência pátria admitia a caracterização dos ilícitos elencados no artigo 10 da Lei nº 8.429/1992, estando presente apenas o conceito de "culpa grave".[9] Como esclarece Neves e Oliveira,

> (...) não significa dizer que todo e qualquer deslize no dia a dia da Administração venha a configurar improbidade administrativa. Existem graus de violação à ordem jurídica que são sancionados com intensidades distintas. A mera irregularidade administrativa comporta sanção administrativa, mas não sanção por improbidade. A interpretação da legislação de improbidade deve ser feita à luz dos princípios da proporcionalidade e razoabilidade, tanto na tipificação das condutas quanto na aplicação das sanções.[10]

---

[8] Esse é o posicionamento de Aristides Junqueira Alvarenga, bem condensado por Giacomuzzi: "Vale registrar a posição – embora contrária à defendida neste trabalho – de Aristides Junqueira Alvarenga, dizendo que, justamente por entender que a improbidade é imoralidade 'qualificada pela desonestidade', se torna 'difícil, se não impossível, excluir o dolo do conceito de desonestidade e, consequentemente, o conceito de improbidade, tornando-se inimaginável que alguém possa ser desonesto por mera culpa, em sentido estrito, já que ao senso de desonestidade estão jungidas as ideias de má-fé, de deslealdade, a denotar presente o dolo' – concluindo pela inconstitucionalidade da expressão 'culposa' constante do caput do art. 10 da LIA". (GIACOMUZZI, José Guilherme. *A moralidade administrativa e a boa-fé na Administração Pública*: o conteúdo dogmático da moralidade administrativa. 2. ed. São Paulo: Malheiros Editores, 2013. p. 309).

[9] Segundo Pinheiro, ocorre culpa grave "[...] quando a ilegalidade do ato poderia ser percebida por pessoa com diligência abaixo do normal ou que poderia ser evitada por pessoa com nível de atenção aquém do ordinário, decorrente de grave inobservância de dever de cuidado, inclusive por meio de omissão deliberada. É o caso do gestor que homologa uma licitação sem sequer passar os olhos sob a mesma, em que constam recados de falhas pendentes, ou mesmo quando se verifica a falta de assinaturas ou documentos essenciais à formalização de fases anteriores". (PINHEIRO, Igor Pereira. *Improbidade Administrativa no STF e STJ*. Leme/SP: Mizuno, 2021. p. 170).

[10] NEVES, Daniel Amorim Assumpção; OLIVEIRA, Rafael Carvalho Rezende. *Manual de Improbidade Administrativa*: Direito Material e Processual. 7. ed. Rio de Janeiro: Forense, 2019. p. 91-92.

A Lei Federal nº 14.230/2021, ao expressamente incluir no §1º do artigo 1º da Lei Federal nº 8.429/1992 a expressão "condutas dolosas", afasta qualquer possibilidade de caracterização dos ilícitos do artigo 10 da Lei nº 8.429/1992 por singela culpa. A supressão do elemento culpa reposiciona a LIA no cumprimento de seus objetivos constitucionais, considerando a gravidade do sancionamento imposto ao agente público que pratica intencionalmente o ato e o terceiro que concorre para tanto. O artigo 15, V, da CF dá lastro à presente interpretação, pois aponta a excepcionalidade do sancionamento imposto pela LIA.

Por conseguinte, a discussão derivada da inclusão do artigo 28 da Lei de Introdução às Normas do Direto Brasileiro (LINDB) pela Lei Federal nº 13.655/2018 perdeu o sentido com o advento da Lei Federal nº 14.230/2021. Antes da reforma da LIA, discutia-se se o artigo 28 não teria derrogado o elemento culpa exigido pelo artigo 10 da Lei Federal nº 8.429/1992 por dispor que o agente público responderia pessoalmente por suas decisões, ou opiniões técnicas, em caso de dolo ou erro grosseiro.

Destarte, com a edição da Lei Federal nº 14.230/2021, os ilícitos de improbidade administrativa previstos no artigo 10 da Lei Federal nº 8.429/1992 somente restarão caracterizados com a efetiva demonstração do dolo do agente público. O mesmo se diga em relação ao terceiro que concorre para a prática do ato.

4   A exigência de dolo específico

Para a caracterização do ilícito de improbidade administrativa, a nova Lei Federal nº 14.230/2021 passou a exigir a presença de dolo específico, afastando, assim, a jurisprudência consolidada diante do texto original da Lei Federal nº 8.249/1992, para a qual bastaria a presença de dolo genérico.

Ao introduzir os §§2º e 3º[11] ao artigo 1º da Lei Federal nº 8.429/ 1992, a Lei Federal nº 14.230/2021 põe fim a infindáveis discussões

---

[11]   Assim dispõem os §§2º e 3º do artigo 1º da LIA, incluídos pela Lei nº 14.230/2021:
"Art. 1º. (...)
§2º. Considera-se dolo a vontade livre e consciente de alcançar o resultado ilícito tipificado nos arts. 9º, 10 e 11 desta Lei, não bastando a voluntariedade do agente.
§3º. O mero exercício da função ou desempenho de competências públicas, sem a comprovação do ato doloso com fim ilícito, afasta a responsabilidade por improbidade administrativa".

doutrinárias e jurisprudenciais relacionadas à imputação de ilícitos de improbidade.

Antes de sua edição, discutia-se a natureza do dolo exigido para a configuração dos tipos de ilícitos de improbidade. A jurisprudência do Superior Tribunal de Justiça dominante era no sentido de exigir apenas a demonstração do dolo genérico para o enquadramento do ato como de improbidade administrativa, como se observa da Tese 11 da edição nº 40 da "Jurisprudência em Teses" do STJ: "O ato de improbidade administrativa previsto no art. 11 da Lei nº 8.429/1992 não requer a demonstração de dano ao erário ou de enriquecimento ilícito, mas exige a demonstração de dolo, o qual, contudo, não necessita ser específico, sendo suficiente o dolo genérico".

Segundo a jurisprudência majoritária, bastava a consciência e a vontade de concretizar os elementos objetivos do tipo para que o ato de improbidade administrativa restasse caracterizado. O posicionamento jurisprudencial, todavia, correspondia à verdadeira responsabilização objetiva do agente público, já que o dever do servidor de conhecer os princípios que norteiam a Administração Pública, bem como as normas jurídicas que regem suas atividades, acabavam levando à presunção do dolo. Como observado por Bonelli e Jales,[12]

> [a]o conjugarmos tal conceito à presunção de que agentes públicos devem possuir consciência total dos deveres concretos que as normas jurídicas abstratas impõem à sua atuação, vislumbra-se um cenário no qual a responsabilização do agente por ato de improbidade volta, na prática a ser objetiva (TJSP, Acórdão nº 2019.0001073339). Ora, se a presunção é a de que o agente deveria saber quais condutas poderiam infringir os princípios da Administração Pública, toda e qualquer conduta que o Judiciário venha a entender, posteriormente, como violadora de tais princípios poderá ser classificada como ato de improbidade administrativa.[13]

A imputação equivocada de tais ilícitos vinha de encontro com a necessária salvaguarda da honra subjetiva de agentes públicos,

---

[12] BONELLI, Claudia Elena; JALES, Tulio. O elemento subjetivo da Lei de Improbidade Administrativa (LIA). *AASP*, 2020. Disponível em: https://www.aasp.org.br/em-pauta/o-elemento-subjetivo-na-lei-de-improbidade-administrativa-lia/. Acesso 05 fev. 2022.

[13] BONELLI, Claudia Elena; JALES, Tulio. O elemento subjetivo da Lei de Improbidade Administrativa (LIA). *AASP*, 2020. Disponível em: https://www.aasp.org.br/em-pauta/o-elemento-subjetivo-na-lei-de-improbidade-administrativa-lia/. Acesso 05 fev. 2022.

porque ofendia os direitos e garantias individuais previstos no texto constitucional. Não se pode olvidar que, ante a natureza do sancionamento perpetrado, o devido processo legal em demandas de improbidade administrativa assemelha-se muito ao do processo penal, havendo a necessidade de efetivação do contraditório e ampla defesa à imagem e semelhança do que acontece na esfera penal.

Ademais, para o julgamento de ações de improbidade administrativa, não se deve esquecer que é o gestor público quem detém a dificultosa missão de dar a interpretação concreta aos princípios que regem a Administração Pública. A exigência do dolo genérico para a caraterização do ilícito de improbidade administrativa com o sancionamento que lhe é peculiar destoa do primado da realidade estabelecido pelo artigo 22 da LINDB, até porque a punição pressupõe o agir consciente dos agentes e dos terceiros.

Destarte, a exigência de dolo específico pela Lei Federal nº 14.230/ 2021 reposiciona, também neste ponto, a LIA no cumprimento de seus objetivos constitucionais, considerando a gravidade do sancionamento a ser imposto na hipótese de prática de atos de improbidade.

5   Retroatividade benéfica?

Diante da recém-editada Lei Federal nº 14.230/2021, discute-se a possibilidade de aplicação retroativa das normas que beneficiam os acusados em ações de improbidade.

Parte da doutrina[14] tem se posicionado pela possibilidade de aplicação do princípio da retroatividade da lei penal mais benéfica, previsto no artigo 5º, XL, da CF, aos processos de improbidade administrativa. Invoca, para tanto, precedentes do Superior Tribunal de Justiça que concluem que o princípio da retroatividade da lei penal mais benéfica alcança as leis que disciplinam o direito administrativo sancionador[15] e, em reforço a essa argumentação, invocam o §4º do

---

[14]   Destaque-se Daniel Amorim Assumpção Neves e Rafael Carvalho Rezende Oliveira em seu livro "Comentários à Reforma da Lei de Improbidade Administrativa – Lei nº 14.230, de 25.10.2021, comentada artigo por artigo". (NEVES, Daniel Amorim Assumpção; OLIVEIRA, Rafael Carvalho Rezende. *Comentários à Reforma da Lei de Improbidade Administrativa*: Lei nº 14.230, de 25.10.2021 comentada artigo por artigo. Rio de Janeiro: Forense, 2022).

[15]   O Superior Tribunal de Justiça já detém precedentes onde entende pela aplicação do princípio da retroatividade mais benéfica da lei penal ao Direito Administrativo Sancionador. No Agravo Interno ao RMS nº 65486/RO, a Segunda Turma assim decidiu:

artigo 1º da Lei Federal nº 8.429/1992, introduzido na reforma da LIA, que aduz: "§4º. Aplicam-se ao sistema da improbidade disciplinado nesta Lei os princípios constitucionais do direito administrativo sancionador".

Referido posicionamento é consentâneo com o entendimento do Superior Tribunal de Justiça, que entendeu pela impossibilidade da aplicação retroativa do texto original da Lei Federal nº 8.429/1992 para punir fatos praticados antes do início da sua vigência,[16] por força do mesmo inciso XL do artigo 5º da CF. Assim, o mesmo raciocínio se imporia para o reconhecimento da retroatividade benéfica da Lei Federal nº 14.230/2021.

"PROCESSO CIVIL. AGRAVO INTERNO NO RECURSO ORDINÁRIO EM MANDADO DE SEGURANÇA. ENUNCIADO ADMINISTRATIVO 3/STJ. PROCESSO ADMINISTRATIVO DISCIPLINAR. PRESCRIÇÃO DA PRETENSÃO PUNITIVA. NÃO OCORRÊNCIA. AGRAVO INTERNO NÃO PROVIDO.
1. A sindicância investigativa não interrompe prescrição administrativa, mas sim a instauração do processo administrativo.
2. O processo administrativo disciplinar é uma espécie de direito sancionador. Por essa razão, a Primeira Turma o STJ declarou que o princípio da retroatividade mais beneficia deve ser aplicado também no âmbito dos processos administrativos disciplinares. À luz desse entendimento da Primeira Turma, o recorrente defende a prescrição da pretensão punitiva administrativa.
3. Contudo, o processo administrativo foi instaurado em 11 de abril de 2013 pela Portaria nº 247/2013. Independentemente da modificação do termo inicial para a instauração do processo administrativo disciplinar advinda pela LCE nº 744/2013, a instauração do PAD ocorreu oportunamente. Ou seja, os autos não revelam a ocorrência de prescrição durante o regular processamento do PAD.
4. Agravo não provido".
A Primeira Turma do STJ, no RMS nº 37.031/SP, decidiu no mesmo sentido:
"DIREITO ADMINISTRATIVO. PROCESSO CIVIL. RECURSO EM MANDADO DE SEGURANÇA. PROCESSO ADMINISTRATIVO DISCIPLINAR. PRINCÍPIO DA RETROATIVIDADE DA LEI MAIS BENÉFICA AO ACUSADO. APLICABILIDADE. EFEITOS PATRIMONIAIS. PERÍODO ANTERIOR À IMPETRAÇÃO. IMPOSSIBILIDADE. SÚMULAS Nºs 269 E 271 DO STF. CÓDIGO DE PROCESSO CIVIL DE 1973. APLICABILIDADE.
I – Consoante decidido pelo Plenário desta Corte na sessão realizada em 09.03.2016, o regime recursal será determinado pela data da publicação do provimento jurisdicional impugnado. In casu, aplica-se o Código de Processo Civil de 1973.
II – As condutas atribuídas ao Recorrente, apuradas no PAD que culminou na imposição da pena de demissão, ocorreram entre 03.11.2000 e 29.04.2003, ainda na vigência da Lei Municipal nº 13.530/03, a qual prevê causas atenuantes de pena, não observadas na punição.
III – Tratando-se de diploma mais favorável ao acusado, de rigor a aplicação da Lei Municipal nº 13.530/03, porquanto o princípio da retroatividade da lei penal mais benéfica, insculpido no art. 5º, XL, da Constituição da República, alcança as leis que disciplinam o direito administrativo sancionador. Precedente.
(...)".

[16] Vg., STJ. REsp nº 1.206.338/MG, Rel. Min. Napoleão Nunes Maia Filho, 1ª Turma, DJe 18.12.2013.

Destarte, eventual propositura de ação de improbidade fundada no elemento subjetivo culpa ou dolo genérico sequer poderia ser admitida, sendo certo que os processos eventualmente em curso deveriam ser extintos.

Quanto à possibilidade de desconstituição das sanções aplicadas, seria possível desde que observado o prazo previsto no artigo 975 do CPC para a propositura de ação rescisória. Como explicam Neves e Oliveira,

> [e]nquanto no Direito Penal a retroatividade da lei mais benéfica é máxima, inexistindo limite temporal para propositura da revisão criminal para desconstituição de sentenças condenatórias, em razão da *abolitio criminis*, no Direito Administrativo Sancionador e no microssistema da tutela coletiva, onde se encontra o regime da improbidade administrativa, tem prevalecido a aplicação do limite temporal de 2 (dois) anos para propositura da ação rescisória, o que é corroborado pelo art. 17 da LIA, que determina a aplicação do CPC ao procedimento de improbidade.[17]

Esse, entretanto, não é o entendimento do Ministério Público Federal (MPF).

Invocando o princípio da vedação do retrocesso, que estaria implícito na dicção do §4º do artigo 37 da CF, o MPF, por intermédio da 5ª Câmara de Coordenação e Revisão, emitiu diretriz de que as disposições mais benéficas introduzidas pela Lei Federal nº 14.230/2021 devem ser aplicadas apenas aos novos casos, não albergando os casos em curso. Segundo Orientação nº 12/5ª CCR,

> 01) O artigo 37 – §4º da CF, ao tutelar a probidade administrativa, impede a retroatividade automática de novas normas mais benéficas como vedação ao retrocesso no enfrentamento de condutas ímprobas ou práticas corruptivas; portanto, ainda que a lei regule a retroatividade, é necessário juízo sobre a persistência da conduta ilícita no ordenamento jurídico como atentatória ao princípio da moralidade.

> 02) Quando a lei nada dispõe sobre retroatividade – como a Lei nº 14.230/2021 –, a alteração de tipos gerais e especiais exige igualmente este juízo sobre a continuidade típica do ilícito, seja na própria Lei nº 8.429, seja à luz do artigo 37 – §4º da CF.

---

[17] NEVES, Daniel Amorim Assumpção; OLIVEIRA, Rafael Carvalho Rezende. *Comentários à Reforma da Lei de Improbidade Administrativa*: Lei nº 14.230, de 25.10.2021 comentada artigo por artigo. Rio de Janeiro: Forense, 2022. p. 11.

03) Além da expressa previsão legal e da análise da continuidade típica, a retroatividade será vedada quando as complexas modificações legislativas nos elementos do sistema de responsabilização ocasionarem a reformulação de tipos e sanções – como a Lei nº 14.230/2021 – de forma que não é dado ao Poder Judiciário optar pela aplicação híbrida de regimes disciplinares apenas para beneficiar os infratores, sob pena de usurpar atribuição do Poder Legislativo. Nesta hipótese, o Poder Judiciário deverá aplicar o sistema reconfigurado somente a partir da entrada em vigor das modificações feitas pela lei.

No entendimento do MPF, a exigência de comprovação de dolo específico não poderia retroagir para beneficiar os réus de ações já ajuizadas; porém, esse posicionamento não é imune a críticas, tanto que o Conselho Federal da OAB propôs reclamação ao Conselho Nacional do Ministério Público (CNMP) contra referida orientação da 5ª Câmara de Coordenação e Revisão do MPF à reforma à LIA.

Segundo os advogados[18] que assinam o artigo disponibilizado no sítio www.conjur.com.br, intitulado "Orientação do MPF contra a nova LIA, viola a Constituição, dizem advogados",

(...) para o MPF, a proteção da moralidade no exercício das funções públicas (artigo 37, parágrafo 4º, da Constituição), prevalece sobre a aplicação de uma garantia fundamental do cidadão – a de que a lei retroage para beneficiar (artigo 5º, XL, da Constituição), que é uma cláusula pétrea, pois não pode ser objeto de emenda tendente a aboli-la (artigo 60, parágrafo 4º, IV, da Constituição).

'Ou seja, haveria um bem maior, indeterminado e abstrato, a moralidade, que justificaria derrogar premissas do devido processo legal (este também de assento constitucional). A orientação e a respectiva nota técnica intentam criar uma interpretação baseada num tipo de 'razão de Estado moral' para esvaziar a garantia que sequer poderia ser objeto de emenda constitucional. Criou-se um entendimento, que se quer mandatório, a partir de um encontro inusitado entre o imperativo categórico de Kant e o decisionismo de Carl Schimdt. Um feito', opinam os advogados.

Porém, destacam, o problema não para na 'construção tortuosa da prevalência do valor abstrato sobre um comando constitucional

---

[18] O artigo foi assinado pelos seguintes advogados: Alberto Zacharias Toron, Antônio Cláudio Mariz de Oliveira, Danyelle Galvão, Floriano de Azevedo Marques Neto, Gustavo Badaró, Igor Sant'Anna Tamasauskas, Ilana Martins Luz, José Luís de Oliveira Lima, Luís Fernando Massoneto, Pierpaolo Cruz Bottini, Ricardo Penteado, Sarah Merçon-Vargas, Sebastião Botto de Barros Tojal e Sérgio Rabello Ramm Renaut.

concreto'. A orientação, segundo eles, 'tropeça em entender que exigir o dolo para condenar alguém por improbidade seria um enfraquecimento na proteção ao bem jurídico moralidade pública.[19]

Destarte, considerando que, na atualidade, o único legitimado para propor ação de improbidade administrativa é o Ministério Público, que atualmente detém posição pela impossibilidade de retroação benéfica dos novos comandos trazidos pela Lei Federal nº 14.230/2021, impõe-se uma maior reflexão sobre este ponto.

6   Conclusão

A Lei Federal nº 14.230/2021 reposiciona a LIA no cumprimento de seus objetivos constitucionais, corrigindo distorções derivadas do texto original da Lei nº 8.429/1992, em benefício dos direitos e garantias individuais, a despeito das acusações de enfraquecer a proteção do bem jurídico moralidade pública.

A edição da Lei Federal nº 8.429/1992, na sua redação original, gerou jurisprudência divergente, oscilante e permeada pela subjetividade dos intérpretes, face a tipologia aberta e vaga trazida na época de sua edição. Não poucas vezes, sua aplicação se deu sem o devido juízo de ponderação e em nome do primado do *in dubio pro societate*, com o esvaziamento dos direitos e garantias individuais previstas constitucionalmente.

Se, do ponto de vista pragmático, o texto original da Lei Federal nº 8.429/1992 teve sua importância histórica para o desenvolvimento e a efetivação do combate à corrupção nos primeiros anos pós-edição da Constituição Federal de 1988, não se pode olvidar que o reposicionamento intencionado pela Lei Federal nº 14.230/2021 oblitera o uso desarrazoado de sua tipologia aberta.

A exigência de dolo específico pela Lei Federal nº 14.230/2021 não merece ser vista propriamente como um enfraquecimento da

---

[19] Cf.: A orientação do MPF contra a nova LIA viola a Constituição, dizem dos advogados. *Consultor Jurídico*, 2021. Disponível em: https://www.conjur.com.br/2021-dez-08/orientação-mpf-lia-viola-constituicao-dizem-advogados. Acesso em 14 jan. 2022. O artigo foi assinado pelos seguintes advogados: Alberto Zacharias Toron, Antônio Cláudio Mariz de Oliveira, Danyelle Galvão, Floriano de Azevedo Marques Neto, Gustavo Badaró, Igor Sant'Anna Tamasauskas, Ilana Martins Luz, José Luís de Oliveira Lima, Luís Fernando Massoneto, Pierpaolo Cruz Bottini, Ricardo Penteado, Sarah Merçon-Vargas, Sebastião Botto de Barros Tojal e Sérgio Rabello Ramm Renaut.

proteção do bem jurídico, até porque ainda persiste a possibilidade de sancionamento dos agentes públicos e terceiros nas demais esferas jurídicas, quais sejam: administrativa, cível e criminal. Ou seja, a exigência de dolo específico pela Lei Federal nº 14.230/2021 não se consubstancia em óbice efetivo à devida responsabilização dos agentes públicos displicentes que porventura venham a causar prejuízo ao Erário, como levam a crer alguns.

Ao revés, a exigência de dolo específico pela nova Lei parece melhor atender a diretriz estabelecida pelo artigo 37, §4º c/c artigo 15, V, ambos da CF, de punição com maior severidade dos agentes efetivamente desonestos e de má-fé, com a devida observância à garantia do devido processo legal substancial e coibindo o uso indiscriminado da LIA. Coloca fim, ademais, a alguns problemas interpretativos decorrentes do texto original da Lei Federal nº 8.429/1992.

Cumpre lembrar que a edição da Lei Federal nº 8.429/1992 se deu dentro de contexto histórico e político conturbado, na tentativa de suprir a ineficiência do sistema penal punitivo de combate à corrupção, cuja investigação continua, até os dias de hoje, a cargo da polícia judiciária, inserida no Poder Executivo.

Assim, as modificações introduzidas pela Lei Federal nº 14.230/2021 ao elemento subjetivo melhor reposicionam a Lei de Improbidade Administrativa, sem afastá-la do cumprimento dos seus objetivos constitucionais de sancionar, com maior rigor, os agentes públicos e terceiros que efetivamente se locupletam e agem com evidente má-fé e desonestidade no âmbito da Administração Pública.

Referências

BONELLI, Claudia Elena; JALES, Tulio. O elemento subjetivo da Lei de Improbidade Administrativa (LIA). *AASP*, 2020. Disponível em: https://www.aasp.org.br/em-pauta/o-elemento-subjetivo-na-lei-de-improbidade-administrativa-lia/. Acesso 05 fev. 2022.

CARVALHO FILHO, José dos Santos. *Improbidade Administrativa*: prescrição e outros prazos extintivos. 3. ed. São Paulo: Atlas, 2019.

CARVALHO FILHO, José dos Santos. *Manual de Direito Administrativo*. 35. ed. São Paulo: Atlas, 2021.

CONSULTOR JURÍDICO. *A orientação do MPF contra a nova LIA viola Constituição, dizem dos advogados*. 2021. Disponível em: https://www.conjur.com.br/2021-dez-08/orientação-mpf-lia-viola-constituicao-dizem-advogados. Acesso em 14 jan. 2022.

GIACOMUZZI, José Guilherme. *A moralidade administrativa e a boa-fé na Administração Pública*: o conteúdo dogmático da moralidade administrativa. 2. ed. São Paulo: Malheiros Editores, 2013.

JUSTEN FILHO, Marçal. *Reforma da Lei de Improbidade Administrativa comparada e comentada*: Lei nº 14.230, de 25.10.2021. Rio de Janeiro: Forense, 2022.

MOTTA, Fabrício; NOHARA, Irene Patrícia. *LINDB no Direito Público*: Lei nº 13.655/2018. São Paulo: Thomson Reuters Brasil, 2019 (Coleção soluções de direito administrativo: Leis comentadas. Série I: administração pública; volume 10).

NEVES, Daniel Amorim Assumpção; OLIVEIRA, Rafael Carvalho Rezende. *Comentários à Reforma da Lei de Improbidade Administrativa*: Lei nº 14.230, de 25.10.2021 comentada artigo por artigo. Rio de Janeiro: Forense, 2022.

NEVES, Daniel Amorim Assumpção; OLIVEIRA, Rafael Carvalho Rezende. *Manual de Improbidade Administrativa*: Direito Material e Processual. 7. ed. Rio de Janeiro: Forense, 2019.

NEVES, Daniel Amorim Assumpção; OLIVEIRA, Rafael Carvalho Rezende. *Comentários à Reforma da Lei de Improbidade Administrativa*: Lei nº 14.230, de 25.10.2021 comentada artigo por artigo. Rio de Janeiro: Forense, 2022.

PAZZAGLINI FILHO, Marino; ROSA, Márcio Fernando Elias; FAZZIO JÚNIOR, Waldo. *Improbidade Administrativa*: aspectos Jurídicos da Defesa do Patrimônio Público. 4. ed. São Paulo: Atlas, 1999.

PINHEIRO, Igor Pereira. *Improbidade Administrativa no STF e STJ*. Leme/SP: Mizuno, 2021.

Informação bibliográfica deste texto, conforme a NBR 6023:2018 da Associação Brasileira de Normas Técnicas (ABNT):

BRAGA, Sidnei Paschoal. A Lei Federal nº 14.230, de 25 de outubro de 2021, e o elemento subjetivo dos atos de improbidade administrativa. *In*: CORONA, Maria Lia Porto; CASTRO, Sérgio Pessoa de Paula; RAHIM, Fabiola Marquetti Sanches (Coords.). *Anotações sobre a Lei de Improbidade Administrativa*. Belo Horizonte: Fórum, 2022. p. 211-225. ISBN 978-65-5518-378-8.

CONSENSUALIDADE EM MATÉRIA DE IMPROBIDADE ADMINISTRATIVA E O ACORDO DE NÃO PERSECUÇÃO CIVIL: BREVES CONSIDERAÇÕES SOBRE O ARTIGO 17-B DA LEI Nº 8.429/1992

VALTER FARID ANTONIO JUNIOR

1 Consensualidade em matéria de improbidade administrativa: um breve e necessário histórico

Não é recente a preocupação com o comportamento probo. Desde a época dos romanos, é conhecido o princípio geral do direito *honeste vivere*, que, agregado à *bona fides*, serviram de gênese ao consagrado e moderno *princípio da boa-fé objetiva*, que impõe aos indivíduos, na autorregulamentação de seus interesses privados, o dever de probidade e retidão na condução dos seus negócios. Nesse sentido, Antônio Menezes Cordeiro destaca que o "comportamento das pessoas deve respeitar um conjunto de deveres reconduzidos, num prisma juspositivo e numa óptica histórico-cultural, a uma regra de actuação de boa-fé".[1]

O princípio da boa-fé é igualmente caro no âmbito da Administração Pública. Não há nação ou povo que desprestigie o combate à corrupção, que tanto drena os escassos recursos públicos, com prejuízo

---

[1] CORDEIRO, Antônio Menezes. *Da boa-fé no Direito Civil*. 5. Reimp. Coimbra: Almedina, 2013. v. 1, p. 632.

à execução de importantes políticas públicas voltadas à melhoria da vida em sociedade.

Muito embora o direito brasileiro já contemplasse, em matéria penal, normas sancionatórias dirigidas ao agente público, notadamente no âmbito dos crimes contra a Administração pública, foi só com a edição da Constituição Federal de 1988 que o combate aos *atos de improbidade administrativa* foi consagrado, mediante positivação do princípio explícito da *moralidade* (art. 37, *caput*) e da previsão, ainda que genérica e dependente de regulamentação legal, das penalidades por sua violação (art. 37, parágrafo 4º),[2] com destaque à perda de direitos políticos, à perda da função pública, à indisponibilidade dos bens e ao ressarcimento ao erário, na forma e gradação previstas em lei, sem prejuízo da ação penal cabível.

A regulamentação dos atos de improbidade administrativa deu-se por meio da Lei nº 8.429/1992 – a Lei de Improbidade Administrativa (LIA) – que se organiza, segundo aponta José dos Santos Carvalho Filho, em cinco pontos principais: *i)* definição do sujeito passivo; *ii)* definição do sujeito ativo; *iii)* tipologia da improbidade; *iv)* sanções aplicáveis e *v)* procedimentos administrativo e judicial.[3]

Ocorre que a *praxis* ao longo de quase trinta anos de aplicação da LIA demonstrou a enorme ineficácia das medidas, sobretudo judiciais, voltadas à aplicação de penalidades aos agentes ímprobos e à recomposição do patrimônio público lesado. Deveras, a maior parte dos comportamentos ímprobos são praticados em ambiente velado e sem deixar rastro probatório, vez que o conluio entre particulares – pessoas físicas e jurídicas – e agentes públicos envolvidos costuma ser bem camuflado, mediante emprego de técnicas cada vez mais sofisticadas de mascaramento de atos ilegais, o que dificulta sensivelmente a atuação dos órgãos de controle e fiscalização, a exemplo dos Tribunais de Contas, Controladorias e Ministério Público.

Nesta linha, o acesso à prova de atos lesivos, a exemplo do pagamento de propina a agentes públicos para favorecimento em certames licitatórios e formação de cartéis, poderia ser sobremaneira

---

[2]   Artigo 37, parágrafo 4º, CF/88: "§4º Os atos de improbidade administrativa importarão a suspensão dos direitos políticos, a perda da função pública, a indisponibilidade dos bens e o ressarcimento ao erário, *na forma e gradação previstas em lei*, sem prejuízo da ação penal cabível". (g.n.).

[3]   CARVALHO FILHO, José dos Santos. *Manual de direito administrativo.* 27. ed. São Paulo: Atlas, 2014. p. 1089.

facilitado através dos *mecanismos consensuais* previstos no ordenamento jurídico pátrio voltados à *colaboração probatória*, em que envolvidos em atos de irregularidade comprometer-se-iam, em troca de redução de penalidades legais, à produção da prova necessária ao seu descortinamento, à identificação de responsáveis e à reparação integral do prejuízo causado ao Erário.

Mas esta eficiente proposição esbarrava no vetusto princípio da *indisponibilidade do interesse público*, que, agregado à então expressa proibição de celebração de acordo em matéria de improbidade prescrita no hoje revogado art. 17, parágrafo 1º da Lei nº 8.429/1992,[4] serviu de base a entendimento jurídico contrário à subscrição de qualquer acordo, mesmo que contemplasse a aplicação de, pelo menos, uma das penalidades prescritas no art. 12 da LIA e a reparação integral do dano sofrido pela Administração pública, nos termos pontuados pela Resolução CNMP-179/17, do Conselho Nacional do Ministério Público. Nem mesmo o argumento de que a Lei Anticorrupção (LAC – Lei nº 12.846/2013), editada para responsabilização de pessoas jurídicas pela prática de atos contra a Administração Pública extremamente semelhantes aos da LIA,[5] com possibilidade de celebração de *acordos de*

---

[4] A questão da possibilidade – ou não – de celebração de acordo em matéria de improbidade administrativa ficou ainda mais candente com a edição da Medida Provisória nº 703, de 18 de dezembro de 2015, que revogou o comando do art. 17, §1º da Lei nº 8.429/1992, além de prescrever modificações nas regras de composição prescritas no art. 16 da Lei nº 12.846/13 (LAC). Todavia, referida Medida Provisória não foi convertida em lei, não por rejeição do seu conteúdo, mas por decurso do prazo constitucional para sua análise, ou seja, por inércia do Poder Legislativo, de modo a reacender o debate acerca da possibilidade, ou não, de transação em matéria de improbidade administrativa.

[5] Art. 5o, Lei nº 12.846/2013: "Constituem atos lesivos à administração" pública, nacional ou estrangeira, para os fins desta Lei, todos aqueles praticados pelas pessoas jurídicas mencionadas no parágrafo único do art. 1o, que atentem contra o patrimônio público nacional ou estrangeiro, contra princípios da administração pública ou contra os compromissos internacionais assumidos pelo Brasil, assim definidos: I – prometer, oferecer ou dar, direta ou indiretamente, vantagem indevida a agente público, ou a terceira pessoa a ele relacionada; II – comprovadamente, financiar, custear, patrocinar ou de qualquer modo subvencionar a prática dos atos ilícitos previstos nesta Lei; III – comprovadamente, utilizar-se de interposta pessoa física ou jurídica para ocultar ou dissimular seus reais interesses ou a identidade dos beneficiários dos atos praticados; IV – no tocante a licitações e contratos: a) frustrar ou fraudar, mediante ajuste, combinação ou qualquer outro expediente, o caráter competitivo de procedimento licitatório público; b) impedir, perturbar ou fraudar a realização de qualquer ato de procedimento licitatório público; c) afastar ou procurar afastar licitante, por meio de fraude ou oferecimento de vantagem de qualquer tipo; d) fraudar licitação pública ou contrato dela decorrente; e) criar, de modo fraudulento ou irregular, pessoa jurídica para participar de licitação pública ou celebrar contrato administrativo; f) obter vantagem ou benefício indevido, de modo fraudulento, de modificações ou prorrogações de contratos celebrados com a administração pública, sem autorização em lei, no ato convocatório da licitação pública

leniência (art. 16 e 17)[6] serviu, a partir de uma interpretação sistemático-teleológica do que se denominou de *microssistema de improbidade*, para convencer da pertinência e do cabimento do acordo. Com isso, foram perdidas valiosas oportunidades não só de célere recomposição do prejuízo ao Erário, como de colaboração probatória voltada à identificação de agentes públicos e particulares envolvidos em atos de corrupção, com vistas à punição dos envolvidos. Milhões de reais deixaram de ingressar nos cofres públicos, sob o literal argumento de que a existência de norma expressa proibitiva impedia a realização de acordos de colaboração probatória, remetendo a Fazenda

---

ou nos respectivos instrumentos contratuais; ou g) manipular ou fraudar o equilíbrio econômico-financeiro dos contratos celebrados com a administração pública; V – dificultar atividade de investigação ou fiscalização de órgãos, entidades ou agentes públicos, ou intervir em sua atuação, inclusive no âmbito das agências reguladoras e dos órgãos de fiscalização do sistema financeiro nacional".

[6] Antes da modificação do texto do artigo 17, parágrafo 1º da Lei nº 8.429/1992, a doutrina já se posicionava quanto à possibilidade de acordo em matéria de improbidade administrativa, sob certas condições. Nesse sentido, José dos Santos Carvalho Filho: "A LIA veda expressamente a *transação*, o *acordo* e a *conciliação* nas ações de improbidade (art. 17, §1º), vale dizer, impede qualquer tipo de solução negociada nesse tipo de demanda. O fundamento consiste em que, tratando-se de ofensa ao princípio da moralidade, não haveria ensejo para acordos. No entanto, a legislação vem, a cada dia, admitindo mitigações ou exclusões de penalidades, para permitir que o Estado conquiste benefícios de maior amplitude, mediante informações de infratores. Nesse sentido, os instrumentos do *acordo de leniência* previsto na Lei nº 12.846/2013, sobre responsabilidade de pessoas jurídicas (art. 16) e da *delação* (ou *colaboração*) *premiada*, prevista na Lei nº 12.850/2013, para efeitos penais (arts. 4º a 6º). Considerando tais aspectos e os valores que passaram a sobressair na matéria, a doutrina tem defendido a possibilidade de solução consensual na ação de improbidade, embora limitando as benesses do acusado apenas a certas sanções, como a multa civil, a proibição de contratar e a vedação de receber benefícios fiscais; nunca, porém, haveria isenção da obrigação de ressarcimento do dano". (CARVALHO FILHO, José dos Santos. *Manual de direito administrativo*. 27. ed. São Paulo: Atlas, 2014. p. 1228). No mesmo sentido, Fredie Didier Jr. e Daniela Santos Bomfim: "A proibição de negociação prevista na Lei de Improbidade Administrativa era, na verdade, um reflexo da proibição no âmbito penal. Não havia sido admitida na improbidade em razão do princípio da obrigatoriedade para o Ministério Público e da visão que a tutela do interesse público era absolutamente indisponível, não admitia graus de tutela. Se agora é possível negociar as consequências penais, mesmo nas infrações graves, não haveria razão para não ser possível negociar as sanções civis de improbidade. Pode-se estabelecer a seguinte regra: a negociação na ação de improbidade administrativa é possível sempre que for possível a negociação no âmbito penal, em uma relação de proporção. A interpretação literal do comando do §1º do art. 17 da Lei nº 8.429/1992 levava a uma situação absurda: seria possível negociar sanções tidas como mais graves pelo sistema porque decorrente da prática de crimes (por definição, o ilícito mais reprovável), mas não seria possível negociar no âmbito de uma ação de improbidade administrativa. Além de absurda, a interpretação desse texto ignoraria completamente a diferença entre os contextos históricos da promulgação da lei (1992) e de sua aplicação. (g.n.). (DIDIER JÚNIOR, Fredie; BOMFIM, Daniela Santos. A colaboração premiada como negócio jurídico processual atípico nas demandas de improbidade administrativa. *A&C – Revista de Direito Administrativo & Constitucional*, Belo Horizonte, a. 17, n. 67, p. 105-120, jan./mar. 2017. p. 117).

Pública e o Ministério Público ao emprego da exaustiva via judicial, em busca de condenação que esbarrava na enorme dificuldade de produção probatória, que poderia ser facilitada por meio do emprego de mecanismos processuais já contemplados pelo ordenamento jurídico nacional, a exemplo da Lei Anticorrupção e seu consagrado *acordo de leniência*.

Fato é que, após grande embate doutrinário e jurisprudencial quanto à possibilidade de celebração de acordo em matéria de improbidade, a expressa, isolada e fossilizada proibição constante do artigo 17, parágrafo 1º da Lei nº 8.429/1992 foi finalmente extirpada do ordenamento jurídico brasileiro com a entrada em vigor da Lei nº 13.964, de 24 de dezembro de 2019 – o "Pacote Anticrime" – que, em seu artigo 6º, impôs nova redação ao artigo 17, parágrafo 1º da Lei nº 8.429/1992, a fim de admitir, expressamente, a celebração de *acordo de não persecução civil* (ANPC).

Fato é que, apesar da reforma legislativa, por um lado, ser digna de aplauso – por finalmente permitir a autocomposição em matéria de improbidade administrativa, com inconteste economia de tempo, recursos humanos e financeiros – por outro, a falta de balizas expressas e objetivas para sua celebração deixa o intérprete à míngua de parâmetros juridicamente seguros para sua formalização.

Esta lacuna foi *parcialmente* eliminada com a recente edição da Lei nº 14.230, de 25.10.2021, responsável pela inserção do artigo 17-B na Lei nº 8.429/1992 e pela definição não só da legitimidade exclusiva do Ministério Público para a sua celebração, como dos seus resultados práticos mínimos, com destaque ao *ressarcimento integral do prejuízo ao Erário* (inciso I) e sua *integral reversão, à pessoa jurídica lesada, da vantagem indevida obtida, ainda que oriunda de agentes privados* (inciso II), além de prescrever como requisitos de validade, em seu parágrafo 1º, a *prévia e indispensável oitiva do ente público lesado* (inciso I), *aprovação, no prazo de até 60 (sessenta) dias, pelo órgão do Ministério Público competente para apreciar as promoções de arquivamento de inquéritos civis, se anterior ao ajuizamento da ação* (inciso II) e *homologação judicial, independentemente de o acordo ocorrer antes ou depois do ajuizamento da ação de improbidade administrativa* (inciso III).

Afirma-se que este preenchimento deu-se de modo parcial em razão do novo texto legal não ter definido, objetivamente, qual seria o conteúdo mínimo obrigatório do ANPC, com destaque às sanções minimamente aplicáveis em cada ajuste, lacuna que hoje é preenchida por atos normativos, de diferentes órgãos do Ministério Público e nem sempre coincidentes, para definição do que deve lhe servir de conteúdo essencial, a exemplo da Resolução CNMP-179/17 e da Resolução nº 1.193/2020, do Colégio dos Procuradores de Justiça – Órgão Especial – do Ministério Público do Estado de São Paulo.

Além disso, a exclusão da legitimidade do ente público para a celebração do ANPC, imposta pela Lei nº 14.230/2021, é matéria que carece de maior reflexão, vez que, tratando-se de modalidade de negócio jurídico, não se afigura razoável excluir do titular do *direito subjetivo* ao crédito o direito de persegui-lo e de negociá-lo, a motivar, no mínimo, sugestão *de lege ferenda* para lhe devolver legitimidade não só para o ajuizamento de ações de improbidade administrativa, como, em especial, para a celebração do ANPC, sem prejuízo da participação do Ministério Público.

2 Natureza jurídica do acordo de não persecução civil (ANPC)

Karl Larenz destaca que as normas jurídicas integrantes de um sistema estão interligadas "numa conexão multímoda umas com as outras", a reclamar a interpretação das normas segundo "a cadeia de significado, o contexto e a sede sistemática da norma, a sua função no contexto da regulamentação da causa".[7] E o sistema jurídico, no plano de seu subsistema normativo, é composto por regras jurídicas que permeiam todos os ramos do direito. E, embora oriundas de diferentes searas, todas as normas encontram raiz comum no subsistema normativo e, portanto, devem dialogar para fornecer, mutuamente, subsídios para conferir soluções jurídicas adequadas às novas realidades que derivam de uma sociedade essencialmente dinâmica.[8]

Esta interface é imprescindível na análise da natureza jurídica do *acordo de não persecução civil* (ANPC), pois é o Direito Privado quem irá definir seus contornos com as indispensáveis *categorias jurídicas* pertinentes ao novel instituto jurídico, tratando-se, a toda evidência, de *negócio jurídico*. Nesse passo, o ANPC aproximar-se-ia do contrato típico de *transação* (artigo 840, CC), definido por Maria Helena Diniz como "negócio jurídico bilateral, pelo qual as partes interessadas, fazendo

---

[7] LARENZ, Karl. *Metodologia da ciência do direito*. (Trad. Maria Teresa Costa). 3. ed. Lisboa: Calouste Guilbekian, 1997. p. 621.

[8] DINIZ, Maria Helena. *As lacunas no direito*. 8. ed. São Paulo: Saraiva, 2007. p. 75.

concessões mútuas, previnem ou extinguem obrigações litigiosas ou duvidosas", versando, necessariamente, sobre direitos patrimoniais de *caráter privado*.[9]

Todavia, considerando ser da essência deste contrato a disponibilidade sobre direitos patrimoniais de caráter privado suscetíveis de circulação (art. 841, CC), o ANPC não se amolda, com propriedade, à figura da transação, por se tratar de medida consensual que, diferentemente da autorregulação de interesses privados em perspectiva horizontal, sujeita-se a um *modelo verticalizado*, permeado por princípios norteadores do Direito Administrativo, com destaque à *indisponibilidade do interesse público* – que não é sinônimo de impossibilidade de emprego de medidas consensuais de solução de conflitos no âmbito da Administração pública – e à *supremacia do interesse público*.

Nessa linha, seu objeto contempla a *aplicação de penalidades* legais por ato de improbidade administrativa prescritas no artigo 12 da LIA, acompanhada da *reparação integral* do dano causado ao Erário, sendo vedado à Administração anuir com sua *parcial* recomposição, sob pena de ilicitude do objeto. Quanto a este conteúdo mínimo – punir e reparar integralmente o dano – incide impedimento de ordem jurídica para a realização das mútuas concessões, com perdas recíprocas entre as partes acordantes.

Por esta razão, na esteira de Fredie Didier Jr. e Daniela Santos Bomfim, ao se referirem à colaboração premiada,[10] o ANPC deve ser entendido como modalidade de *negócio jurídico atípico*, de natureza *sancionatória* e *reparatória* que, embora se assemelhe à transação típica, com ele não se confunde, por obrigar o agente ímprobo ao cumprimento de determinadas condições, com destaque à *reparação integral do dano* e à *submissão* às *sanções previstas no artigo 12 da Lei nº 8.429/1992*, em troca da não instauração de ação de improbidade ou de obstar o prosseguimento de ação já proposta. Trata-se de instituto que, sobretudo, atenta ao

---

[9] Referindo-se ao Termo de Ajustamento de Conduta, Daniel Roberto Fink sustenta tratar-se de modalidade de *transação*, com o que respeitosamente discordamos, haja vista contemplar modo de cumprimento de obrigações permeadas, na essência, de indisponibilidade, a exemplo da reparação integral do dano causado ao Erário. Alternativa à Ação Civil Pública ambiental (FINK, Daniel Roberto. *Reflexões sobre as vantagens do Termo de Ajustamento de Conduta. Ação Civil Pública. Lei nº 7.347/1985 – 15 anos*. 2. ed. (Coord. Édis Milaré). São Paulo: Revista dos Tribunais, 2002. p. 118-119).

[10] DIDIER JÚNIOR, Fredie; BOMFIM, Daniela Santos. A colaboração premiada como negócio jurídico processual atípico nas demandas de improbidade administrativa. *A&C – Revista de Direito Administrativo & Constitucional*, Belo Horizonte, a. 17, n. 67, p. 105-120, jan./mar. 2017. p. 118.

princípio da eficiência, pois oportuniza à Administração pública a célere identificação de agentes ímprobos, sua punição e, não menos importante, a reparação integral do dano, sem o inconveniente de se aguardar o demorado *iter* probatório e processual tão típico das ações judiciais de improbidade administrativa.

2.1 Legitimidade

Com a recente edição da Lei nº 14.230, de 25.10.2021, a Lei nº 8.429/1992 passou a contemplar *legitimidade exclusiva* do Ministério Público não só para propositura de ação de improbidade administrativa (artigo 17, *caput*) como para a celebração do ANPC (artigo 17-B), observada, neste último caso, a inderrogável *prévia oitiva do ente federativo lesado* (inciso II), que não figuraria, necessariamente, como parte contratante.

Este novel comando rompeu com consagrado entendimento de que os entes federativos, enquanto credores e maiores interessados na recomposição patrimonial e na identificação/punição de agentes ímprobos, teriam legitimidade para celebrá-lo, a exemplo do retratado no teor da Portaria Normativa AGU nº 18, de 16.07.2021, que regulamenta a celebração do ANPC no âmbito da Administração federal, fixando seus requisitos e procedimento de negociação. Mas, diante da ulterior alteração legislativa, nem mesmo da negociação a lei parece permitir que a Administração pública – a principal interessada na recomposição do prejuízo experimentado – possa participar, em face da redação constante do artigo 17-B, parágrafo 5º da Lei nº 8.429/1992.[11]

A norma carece de maior reflexão. Ainda que mantida a legitimidade exclusiva do Ministério Público para o ajuizamento da ação de improbidade administrativa, o ente público lesado deveria ter sua legitimidade reconhecida para figurar como parte no ANPC. Isso porque, na qualidade de titular do *direito subjetivo* de perseguir a reparação dos danos por ele sofridos, à Administração Pública compete determinar ou, ao menos, anuir com a *extensão do dano* (artigo 944, CC) e com as condições de recomposição patrimonial pactuadas (tempo, modo e local), com destaque à periodicidade e número de parcelas ajustadas entre o *parquet* e o agente ímprobo.

---

[11] Artigo 17-B, §5º, Lei nº 8.429/1992: "As negociações para a celebração do acordo a que se refere o *caput* deste artigo ocorrerão entre o Ministério Público, de um lado, e, de outro, o investigado ou demandado e o seu defensor".

Ademais, não se pode olvidar que, em razão da natureza jurídica do ANPC – negócio jurídico – incidem sobre ele princípios próprios da categoria jurídica dos contratos, com destaque ao *princípio da relatividade*, segundo o qual, como pontua Maria Helena Diniz, o contrato não aproveita e nem prejudica terceiros, vinculando, como regra, apenas as partes que nele intervieram *(res inter alios acta)*.[12] Nessa linha, há sérias dificuldades em sustentar a impossibilidade de questionamento, pelo ente público lesado, do conteúdo de um ANPC celebrado exclusivamente pelo Ministério Público, sob o singelo argumento de que seus interesses foram representados por órgão dotado de legitimação extraordinária. E nem mesmo o argumento de que ao ente lesado poderia discuti-lo por meio de ação declaratória de nulidade ou desconstitutiva afastaria o problema, vez que essas demandas se limitam a versar sobre *vícios do negócio jurídico*, por *nulidade* ou *anulabilidade*, nem sempre presentes num ajuste cujo conteúdo porventura não atenda aos interesses da Administração Pública.

E a importância da participação do ente público na celebração do ANPC foi muito bem destacada na Mensagem de Veto nº 726, de 24.12.2019,[13] referente ao artigo 6º do Projeto de Lei nº 6.341/2019, que buscou inserir o art. 17-A na Lei nº 8.429/1992. Embora anterior à Lei nº 14.230/2021, a objeção presidencial foi expressa em criticar a exclusão do ente público lesado da possibilidade de celebração do ANPC, haja vista ser o "real interessado" na reparação do dano sofrido a representar retrocesso.

Registre-se que, antes mesmo da expressa exclusão da legitimidade do ente público para a celebração do ANPC pela Lei nº 14.230/2021, a Resolução nº 1.193/2020-CPJ, de 11.03.2020, do Colégio dos Procuradores

---

[12] DINIZ, Maria Helena. *Curso de direito civil brasileiro. Teoria das obrigações contratuais e extracontratuais*. 28. ed. São Paulo: Saraiva, 2012. v. 3, p. 50-51.

[13] Trecho da Mensagem de Veto nº 726, de 24.12.2019: "A propositura legislativa, ao determinar que caberá ao Ministério Público a celebração de acordo de não persecução cível nas ações de improbidade administrativa, contraria o interesse público e gera insegurança jurídica ao ser incongruente com o art. 17 da própria Lei de Improbidade Administrativa, que se mantém inalterado, o qual dispõe que a ação judicial pela prática de ato de improbidade administrativa pode ser proposta pelo Ministério Público e/ou pessoa jurídica interessada leia-se, aqui, pessoa jurídica de direito público vítima do ato de improbidade. Assim, excluir o ente público lesado da possibilidade de celebração do acordo de não persecução cível representa retrocesso da matéria, haja vista se tratar de real interessado na finalização da demanda, além de não se apresentar harmônico com o sistema jurídico vigente". (BRASIL. Mensagem nº 726, de 24 de dezembro de 2019. *Diário Oficial da União*, 24 dez. 2019. Disponível em: http://www.planalto.gov.br/ccivil_03/_ato2019-2022/2019/Msg/VEP/VEP-726.htm. Acesso em 05 fev. 2022).

Gerais do Ministério Público do Estado de São Paulo já prescrevia, em seu artigo 9º, parágrafo 3º, a *oitiva facultativa* da pessoa jurídica lesada no ANPC, regra posteriormente reprisada pela Resolução nº 1.380-CPJ, de 08.11.2021,[14] que estabeleceu como requisito de celebração do ANPC a prévia oitiva, *se o caso* (e, portanto, *facultativa*), do ente público lesado, "não se exigindo, contudo, sua aquiescência como requisito de validade ou eficácia do acordo". Parece-nos que esta disposição conflita com o hoje vigente texto do artigo 17-B, parágrafo 1º, inciso I, que *impõe* esta prévia oitiva como requisito de validade da sua celebração, ao lado da aprovação, no prazo de até 60 (sessenta) dias, pelo órgão do Ministério Público competente para apreciar as promoções de arquivamento de inquéritos civis, se anterior ao ajuizamento da ação (inciso II) e homologação judicial, independentemente do ANPC ser celebrado antes ou depois do ajuizamento da ação de improbidade administrativa (inciso III).

Nesse passo, há sérias dúvidas quanto à eficácia prática da previsão constante do artigo 17-B, §3º da Lei nº 8.429/1992, que impõe aos Tribunais de Contas o dever de se manifestar, circunstanciadamente, sobre a apuração do dano, no prazo de 90 dias contados da provocação do Ministério Público.[15] Isso porque, além de se tratar de órgão auxiliar do *Poder Legislativo* no controle externo da Administração Pública, a *praxis* demonstra que não é a Corte de Contas quem mantém, nos seus registros, os dados necessários à apuração de prejuízos sofridos pela Administração Pública, mas sim os próprios entes administrativos lesados, que, invariavelmente, serão provocados para este mister.

Outro fator que levanta dúvida quanto à legitimidade exclusiva do Ministério Público para a celebração do ANPC refere-se à previsão, constante do artigo 18, parágrafo 1º da Lei nº 8.429/1992,[16] de

---

[14] Que alterou a Resolução nº 1.193/2021-CPJ, de 11.03.2020, para adaptá-la à Lei nº 14.230/2021 e inserir-lhe o artigo 5º, XIV, *verbis*: "Art. 5º: O instrumento que formalizar o acordo deverá conter obrigatoriamente os seguintes itens, inseridos separadamente: (...) XIV – Oitiva do ente federativo lesado, *se o caso*, não se exigindo, contudo, sua aquiescência como requisito de validade ou eficácia do acordo". (g.n.).

[15] Artigo 17-B, §3º, Lei nº 8.429/1992: "Para fins de apuração do valor do dano a ser ressarcido, deverá ser realizada a oitiva do Tribunal de Contas competente, que se manifestará, com indicação dos parâmetros utilizados, no prazo de 90 (noventa) dias".

[16] Art. 18, §1º, Lei nº 8.429/1992. "A sentença que julgar procedente a ação fundada nos arts. 9º e 10 desta Lei condenará ao ressarcimento dos danos e à perda ou à reversão dos bens e valores ilicitamente adquiridos, conforme o caso, em favor da pessoa jurídica prejudicada pelo ilícito. §1º Se houver necessidade de liquidação do dano, a pessoa jurídica prejudicada procederá a essa determinação e ao ulterior procedimento para cumprimento da sentença referente ao ressarcimento do patrimônio público ou à perda ou à reversão dos bens".

competência do ente público lesado para promover o *cumprimento da sentença* referente ao ressarcimento do patrimônio público, perda ou ressarcimento de bens, no prazo de 6 (seis) meses contados do trânsito em julgado da sentença que julga procedente a ação de improbidade, o que, por lógica, estende-se à sentença homologatória do ANPC. Por coerência, se o ente lesado tem legitimidade para promover a execução do seu crédito, deveria também ter sido contemplado não só com a legitimidade para a propositura da ação de improbidade, como também, com maior razão, para figurar como parte obrigatória do ANPC, na qualidade de titular do direito subjetivo à reparação do prejuízo suportado.

E, sob o prisma da constitucionalidade desta nova previsão legal, registre-se a existência de duas Ações Diretas de Inconstitucionalidade (ADIs nº 7.042 e nº 7.043), ajuizadas pela Associação Nacional dos Procuradores dos Estados e do Distrito Federal (ANAPE) e a Associação Nacional dos Advogados Públicos Federais (ANAFE), que apontam inconstitucionalidades formais e materiais que teriam transformado o ente público num "mero expectador" no combate à improbidade administrativa, fato que – sem entrar no mérito da discussão jurídica ali travada – referenda a necessidade de, no mínimo, maior reflexão sobre o tema.[17]

Com efeito, a exclusão da legitimidade dos entes públicos para a celebração de ANPC merece maior atenção do legislador, seja sob o ponto de vista ontológico – por retirar do titular do direito subjetivo ao crédito sua legitimidade para buscar a recomposição do prejuízo, em especial quanto à delimitação da extensão do dano – seja para tornar o ajuste mais atrativo ao agente ímprobo, por lhe conferir indispensável segurança jurídica garantida pela aquiescência do credor quanto à extensão do dano e ao tempo, modo e local de cumprimento das obrigações ajustadas, a evitar potenciais e ulteriores questionamentos.

---

[17] Sobre o assunto, QUINTAS, Fábio Lima. É inconstitucional dar ao MP legitimidade exclusiva para ação de improbidade? *Consultor Jurídico*, 12 fev. 2022. Disponível em: https://www.conjur.com.br/2022-fev-12/observatorio-constitucional-inconstitucional-dar-mp-legitimidade-exclusiva-acao-improbidade#:~:text=Ent%C3%A3o%2C%20o%20que%20fez%20a,a%20a%C3%A7%C3%A3o%20de%20ressarcimento%20se. Acesso em 14 fev. 2022.

2.2 Objeto: definição do conteúdo e sanções convencionáveis

Quanto ao objeto, o ANPC tem por escopo a imposição de "condições específicas" para não propositura de ação de improbidade administrativa contra o causador do dano. Mas, quais seriam estas condições? O questionamento é pertinente, pois, embora a alteração legislativa mereça aplausos por trazer luz ao tema da consensualidade em matéria de improbidade administrativa, o ANPC carece de maior esclarecimento legal quanto aos seus *requisitos mínimos de celebração*, vez que as sucessivas reformas realizadas não cuidaram de defini-los de modo inequívoco.

Isso porque o artigo 17-B, incisos I e II da Lei nº 8.429/1992, com a redação recentemente conferida pela Lei nº 14.230/2021, faz alusão apenas à integral reparação do dano e sua reversão ao ente público lesado, limitando o âmbito de negociação à fixação do tempo, modo e local de cumprimento das obrigações pactuadas. Mas nada diz acerca das penalidades que devam ser concomitantemente aplicadas ao agente ímprobo – embora seja intuitiva sua necessária aplicação, por não se confundirem com a reparação do dano, nos termos alertados pelo Superior Tribunal de Justiça no Agravo Interno em Recurso Especial nº 1.839.345/MG[18] – e, em especial, quais seriam os *critérios concretos* de sua aplicação, que não se limitam aos requisitos genéricos

---

[18] "ADMINISTRATIVO. IMPROBIDADE ADMINISTRATIVA. AGRAVO INTERNO NO RECURSO ESPECIAL. CONTRATAÇÃO DIRETA DE ADVOGADO PELO MUNICÍPIO. PREFEITO E ADVOGADO CONDENADOS PELA PRÁTICA DOS ATOS ÍMPROBOS DE QUE TRATAM OS ARTS. 10 E 11 DA LEI Nº 8.429/92. CARACTERIZAÇÃO DE DANO AO ERÁRIO E DE OFENSA A PRINCÍPIOS ADMINISTRATIVOS. IMPOSIÇÃO DO RESSARCIMENTO DO DANO COMO ÚNICA SANÇÃO. IMPOSSIBILIDADE. MERA CONSEQUÊNCIA LÓGICA DO ATO ÍMPROBO CAUSADOR DE LESÃO AO ERÁRIO. NECESSIDADE DE CONJUGAÇÃO COM UMA OU MAIS PENALIDADES PREVISTAS NO ART. 12 DA LIA. PRECEDENTES. De acordo com a jurisprudência do Superior Tribunal de Justiça, "[o] ressarcimento não constitui sanção propriamente dita, mas sim consequência necessária do prejuízo causado. Caracterizada a improbidade administrativa por dano ao Erário, a devolução dos valores é imperiosa e deve vir acompanhada de pelo menos uma das sanções legais previstas no art. 12 da Lei nº 8.429/1992" (AgInt no REsp nº 1.616.365/PE, Rel. Ministro BENEDITO GONÇALVES, PRIMEIRA TURMA, julgado em 23.10.2018, *DJe* 30.10.2018). Com efeito, determinar que os réus procedam unicamente à reparação do dano, deixando de condená-los a uma das sanções previstas no art. 12 da Lei de Improbidade Administrativa, equivaleria a deixá-los sem qualquer punição pela prática do ato ímprobo. Em outras palavras, a imposição isolada do ressarcimento ao erário acabaria por retirar o caráter pedagógico e preventivo da norma. (...). (AgInt no REsp nº 1839345/MG, Rel. Ministro SÉRGIO KUKINA, PRIMEIRA TURMA, julgado em 24.08.2020, *DJe* 31.08.2020) (g.n.).

de individualização da pena prescritos no artigo 17-B, parágrafo 2º da Lei nº 8.429/1992.[19]

Muito embora haja quem sustente que esta lacuna legislativa consistiria em impedimento à celebração do ANPC,[20] a ausência de contornos legais não impede a sua entabulação. Com razão, Maria de Lourdes Ferreira assevera que:

> Com efeito, entendemos que a falta de exauriente regulamentação legal sobre as condições do ANPC não é um fator impeditivo para sua celebração, pois é possível preencher as lacunas legais de acordo com os princípios estruturantes do direito administrativo, especialmente a indisponibilidade de interesse público, compatibilizando-os com a liberdade negocial e a efetividade da reparação dos danos causados, sejam eles de cunho patrimonial ou não.[21]

E a existência de decisões judiciais de homologação de ANPC demonstram, empiricamente, a aplicabilidade do novel instituto, merecendo especial referência decisão do Superior Tribunal de Justiça nos autos do Agravo em Recurso Especial nº 1.314.581/SP, inclusive em ações de improbidade em andamento.[22]

---

[19] Artigo 17-B, §2º, Lei nº 8.429/1992: "Em qualquer caso, a celebração do acordo a que se refere o *caput* deste artigo considerará a *personalidade do agente*, a *natureza*, as *circunstâncias*, a *gravidade* e a *repercussão social do ato de improbidade*, bem como as vantagens, para o interesse público, da rápida solução do caso". (g.n.).

[20] Nesse sentido, Henrique Santos Magalhães Neubauer: "Como a regra é a indisponibilidade do interesse público e a atuação sempre deve pautar-se no princípio da legalidade, apresenta-se duvidosa qualquer proposta de acordo de não persecução civil sem que exista lei estipulando a margem de atuação dos órgãos legitimados. A lacuna normativa não pode servir como uma carta branca para se transigir sobre um interesse primordial". (NEUBAUER, Henrique Santos Magalhães. A lacuna legislativa e a (im)possibilidade do acordo de não persecução civil. *Consultor Jurídico*, 15 out. 2020. Disponível em: https://www.conjur.com.br/2020-out-15/neubauer-impossibilidade-acordo-nao-persecucao-civil. Acesso em 1 fev. 2022).

[21] FERREIRA, Maria de Lourdes. Aspectos jurídicos do acordo de não persecução cível à luz da doutrina, jurisprudência e da Resolução nº 179/2017. *Revista Âmbito Jurídico*, out. 2021. Disponível em: https://ambitojuridico.com.br/cadernos/direito-administrativo/aspectos-juridicos-do-acordo-de-nao-persecucao-civel-a-luz-da-doutrina-jurisprudencia-e-da-resolucao-179-2017-do-conselho-nacional-do-ministerio-publico/. Acesso em 27 jan. 2022.

[22] "PROCESSUAL CIVIL E ADMINISTRATIVO. ACORDO NO AGRAVO EM RECURSO ESPECIAL. IMPROBIDADE ADMINISTRATIVA. HOMOLOGAÇÃO JUDICIAL DO AJUSTE. ART. 17, §1º, DA LEI Nº 8.429/1992, COM REDAÇÃO ALTERADA PELA LEI Nº 13.964/2019. 1. Trata-se de possibilidade, ou não, de homologação judicial de acordo no âmbito de ação de improbidade administrativa em fase recursal. 2. A Lei nº 13.964/2019, de 24 de dezembro de 2019, alterou o §1º do art. 17 da Lei nº 8.429/1992, o

Fato é que a colmatação desta lacuna normativa recebe importante contributo de marcos regulamentares que versam sobre o assunto – com destaque à Resolução CNMP-179/17, do Conselho Nacional do Ministério Público e à Portaria Normativa AGU nº 18, de 16.07.2021 – para definição do que pode ser objeto do ANPC, em especial seus requisitos mínimos e limites de celebração, com destaque à necessária pactuação da *reparação integral do dano* e à *aplicação de, pelo menos, uma das sanções prescritas no artigo 12 da Lei nº 8.429/1992*, parâmetros hoje consagrados pelo Superior Tribunal de Justiça.

---

qual passou a prever a possibilidade de acordo de não persecução cível no âmbito da ação de improbidade administrativa. 3. No caso dos autos, as partes objetivam a homologação judicial de acordo no bojo do presente agravo em recurso especial, o qual não foi conhecido, por maioria, por esta e. Primeira Turma, mantendo-se o acórdão proferido pelo TJSP que condenou o recorrente à modalidade culposa do art. 10 da LIA, em razão de conduta omissiva consubstanciada pelo não cumprimento de ordem judicial que lhe fora emitida para o fornecimento ao paciente do medicamento destinado ao tratamento de deficiência coronária grave, o qual veio a falecer em decorrência de infarto agudo de miocárdio, ensejando, por conseguinte, dano ao erário, no montante de R$50.000,00, devido à condenação do Município por danos morais em ação indenizatória. 4. O Conselho Superior do Ministério Público do Estado de São Paulo deliberou, por unanimidade, pela homologação do Termo de Acordo de Não Persecução Cível firmado entre a Promotoria de Justiça do Município de Votuporanga e o ora agravante, nos termos das Resoluções nº 1.193/2020 do Conselho Superior do Ministério Público do Estado de São Paulo e nº 179/2017 do Conselho Nacional do Ministério Público, tendo em vista a conduta culposa praticada pelo ora recorrente, bem como a reparação do dano ao Município. 5. Nessa linha de percepção, o Ministério Público Federal manifestou-se favoravelmente à homologação judicial do acordo em apreço asseverando que: "Realmente, resta consignado no ajuste que apesar de ter causado danos ao erário, o ato de improbidade em questão foi praticado na modalidade culposa, tendo o Agravante se comprometido a reparar integralmente o Município no valor atualizado de R$91.079.91 (noventa e um mil setenta e nove reais e noventa e um centavos), além de concordar com a aplicação da pena de proibição de contratar com o Poder Público ou receber benefícios ou incentivos fiscais ou creditícios, direta ou indiretamente, ainda que por intermédio de pessoa jurídica da qual seja sócio majoritário, pelo prazo de cinco anos (e-STJ nº 998/1005). Em suma, os termos do ajuste não distanciam muito da condenação originária (e-STJ 691), revelando adequação para ambas as partes. Resta a toda evidência, portanto, que a transação celebrada entre o Agravante e o Agravado induz à extinção do feito na forma do art. 487, III, "b", do CPC" (e-STJ fls. 1.036-1.037). 6. Dessa forma, tendo em vista a homologação do acordo pelo Conselho Superior do MPSP, a conduta culposa praticada pelo ora recorrente, bem como a reparação do dano ao Município de Votuporanga, além da manifestação favorável do Ministério Público Federal à homologação judicial do acordo, tem-se que a transação deve ser homologada, ensejando, por conseguinte, a extinção do feito, com resolução de mérito, com supedâneo no art. 487, III, "b", do CPC/2015. 7. Homologo o acordo e julgo prejudicado o agravo em recurso especial". (STJ. ARESP nº 1.314.581/SP, Relator Ministro Benedito Gonçalves, j. 23.02.2022).

2.2.1 Resolução CNMP-179, de 26.07.2017

Antes mesmo da alteração do texto do artigo 17, parágrafo 1º da Lei nº 8.429/1992, e valendo-se de procedente interpretação lógico-sistemática do denominado *microssistema nacional de improbidade*, o Conselho Nacional do Ministério Público (CNMP), através da Resolução CNMP-179, de 26.07.2017, admitiu expressamente a celebração de Termo de Ajustamento de Conduta (TAC) em matéria de improbidade administrativa, desde que o ajuste contemplasse a *reparação integral do dano* e a *aplicação de, pelo menos, uma das sanções previstas no artigo 12 da Lei nº 8.429/1992*. Nesse sentido, seu artigo 1º, parágrafo 2º, *verbis*:

> É cabível o compromisso de ajustamento de conduta nas hipóteses configuradoras de improbidade administrativa, sem prejuízo do ressarcimento ao Erário e da aplicação de uma ou algumas das sanções previstas em lei, de acordo com a conduta ou ato praticado.[23]

A mandatória reparação integral do dano preserva o princípio da indisponibilidade do patrimônio e interesse públicos, pois busca trazer o acervo patrimonial do Erário ao seu *status quo ante*, além de equivaler à total – e *virtual* – procedência integral de ação de improbidade, com a vantagem da maior e inquestionável celeridade e eficiência. Igualmente, a obrigatória imposição de, pelo menos, uma das penalidades previstas no artigo 12 da Lei nº 8.429/1992 – arbitradas segundo os critérios de individualização prescritos no art. 17-B, §2º da LIA, e sujeitas a controle judicial no momento da sua homologação – garante a indispensável punição do agente ímprobo, inclusive se particular, este por equiparação (art. 3º, LIA).

---

[23] Art. 1º, Resolução CNMP-179/17: "O compromisso de ajustamento de conduta é instrumento de garantia dos direitos e interesses difusos e coletivos, individuais homogêneos e outros direitos de cuja defesa está incumbido o Ministério Público, com natureza de negócio jurídico que tem por finalidade a adequação da conduta às exigências legais e constitucionais, com eficácia de título executivo extrajudicial a partir da celebração. §1º Não sendo o titular dos direitos concretizados no compromisso de ajustamento de conduta, não pode o órgão do Ministério Público fazer concessões que impliquem renúncia aos direitos ou interesses difusos, coletivos e individuais homogêneos, cingindo-se a negociação à interpretação do direito para o caso concreto, à especificação das obrigações adequadas e necessárias, em especial o modo, tempo e lugar de cumprimento, bem como à mitigação, à compensação e à indenização dos danos que não possam ser recuperados. §2º É cabível o compromisso de ajustamento de conduta nas hipóteses configuradoras de improbidade administrativa, sem prejuízo do ressarcimento ao erário e da aplicação de uma ou algumas das sanções previstas em lei, de acordo com a conduta ou o ato praticado".

Estes mesmos parâmetros básicos – reparação integral do dano e aplicação de, pelo menos, uma penalidade ao infrator – foram, *de certo modo*, reprisados por atos normativos de outros Ministérios Públicos, a exemplo da Resolução nº 1.193/2020, do Colégio dos Procuradores de Justiça – Órgão Especial – do Ministério Público do Estado de São Paulo.[24] Mas, ainda assim, não há unicidade na sua disciplina.

Neste sentido, ao passo que a Resolução CNMP-179/17 prevê a aplicação de, pelo menos, *uma* das penalidades previstas no artigo 12 da LIA, independentemente do tipo legal de improbidade, a Resolução nº 1.193/2020-CPJ do Ministério Público do Estado de São Paulo impõe, em casos de violação ao artigo 9º da LIA que dependam de colaboração do investigado, a aplicação de pelo menos *duas* penalidades prescritas em seu artigo 12.

Este singelo – mas relevante– exemplo revela a necessidade de inserção, no texto da Lei nº 8.429/1992, de critérios únicos de aplicação de penalidades, sob pena de extrema insegurança jurídica, máxime em face da regra da independência funcional aplicável aos representantes do Ministério Público (artigo 127, parágrafo 1º, CF/88), que, em última instância, permitiria a formação de miríade de entendimentos diversos, e até mesmo conflitantes, entre Ministérios Públicos.

2.2.2 Portaria Normativa AGU nº 18, de 16.07.2021

Após a entrada em vigor da Lei *nº* 13.964/2019, mas antes da Lei *nº* 14.230/2021, a Advocacia Geral da União editou a Portaria Normativa AGU nº 18, de 16.07.2021, com o escopo de disciplinar a celebração de ANPC pelo *órgão* de Advocacia *Pública* federal e fixar, no seu artigo 5º, seus requisitos mínimos, com destaque *à i) admissão da participação nos atos ilícitos* ou, quando for o caso, de que deles se beneficiou, direta ou indiretamente, com a exposição dos fatos e suas circunstâncias, *ii) cessação da prática da conduta* no caso de ilícito em andamento, iii) *reparação do dano ao Erário*, quando for o caso, *iv) restituição integral* do

---

[24] Art. 1º, Resolução nº 1.193/20, MPSP: "Poderá ser celebrado acordo em matéria de improbidade administrativa, na fase extrajudicial ou no curso da respectiva ação judicial, quando verificada a incidência de circunstâncias que demonstrem o pleno atendimento do interesse público, obedecidos os parâmetros e critérios definidos na presente Resolução. §1º. O acordo será firmado sem prejuízo do ressarcimento ao erário, do perdimento de bens ou valores acrescidos ilicitamente ao patrimônio e da aplicação de pelo menos uma das sanções previstas em lei, considerados a conduta ou o ato praticado e o dano causado". (g.n.).

produto de enriquecimento ilícito ou de entregar os bens, direitos ou valores que representem vantagem ou proveito direta ou indiretamente obtidos da infração, quando for o caso, *v) colaboração ampla*, quando for o caso, com as investigações, promovendo a identificação de outros agentes, localização de bens e valores e produção de provas, inclusive no exterior e *vi) submissão a pelo menos uma das sanções previstas no art. 12 da Lei nº 8.429, de 1992.*

Diferentemente da Resolução CNMP-179/2017 e da Resolução nº 1.193/2020-CPJ, a Portaria AGU nº 18/2021 indica, expressamente, as penalidades convencionáveis no ANPC, quais sejam: a) compromisso de pagamento de multa civil; b) compromisso de não contratar com o Poder Público, receber benefícios, incentivos fiscais ou creditícios, direta ou indiretamente, ainda que por intermédio de pessoa jurídica da qual seja sócio majoritário; c) exoneração a pedido do cargo, emprego e/ou função pública ocupada e/ou o compromisso de não assumir emprego e/ou função pública; d) renúncia ao cargo eletivo que ocupa e o compromisso de não se candidatar a cargos públicos eletivos. Não há indicação de pactuação da pena de suspensão de direitos políticos, vez que, nos termos do art. 20 da LIA, esta penalidade dependeria de decisão judicial transitada em julgado, óbice contornado em caso de perda do cargo público, pois, neste caso, o desligamento do agente público dar-se-ia por *adesão voluntária* (*exoneração a pedido* ou *renúncia ao cargo político*).

Estas definições infralegais poderiam ser aproveitadas pelo legislador e inseridas no texto da Lei nº 8.429/1992, a fim de unificar, sobretudo, o critério de definição das penalidades aplicáveis no âmbito do ANPC. Todas elas têm em comum a necessidade de reparação integral do dano e a aplicação de penalidades previstas na Lei nº 8.429/1992, pelo menos uma delas, segundo decidido pelo Superior Tribunal de Justiça e disciplinado pela Resolução CNMP-179/2017 e Portaria Normativa AGU nº 18/2021, mas com leituras diferentes de outros Ministérios Públicos, a exemplo do *parquet* paulista. Mais uma sugestão, *de lege ferenda*, mostra-se pertinente, a fim de padronizar o conteúdo essencial deste importante mecanismo consensual de resolução de conflitos.

2.3 Forma

Quanto à *forma*, a celebração do ANPC deve observar forma escrita, sendo usual a fixação expressa de seus contornos por atos normativos editados pelos entes legitimados à sua celebração, a exemplo dos já mencionados no item 2.2 *supra*. Uma vez celebrado, sua validade e eficácia dependem da *i)* prévia oitiva do ente lesado; *ii)* de aprovação, no prazo de até 60 (sessenta) dias, pelo órgão do Ministério Público competente para apreciar as promoções de arquivamento de inquéritos civis; e *iii)* de expressa *homologação judicial,* "independentemente de o acordo ocorrer antes ou depois do ajuizamento da ação de improbidade administrativa", por expressa determinação do artigo 17-B, parágrafo 1º, incisos I a III da Lei nº 8.429/1992, inserido pela Lei nº 14.230/2021.

A nova previsão legal eliminou discussão outrora existente, quanto ao *momento de celebração* do ANPC, que pode ser entabulado *antes* e *após* propositura de ação de improbidade, não se limitando ao momento da apresentação da contestação, na esteira da jurisprudência do Superior Tribunal de Justiça, com destaque ao Recurso Especial nº 1.659.082/PB[25] e ARESP nº 1.314.581/SP,[26] e também do artigo 2º da Portaria Normativa AGU nº 18, de 16 de julho de 2021.[27]

Conclusão

A consagração da consensualidade em matéria de improbidade administrativa, através do emprego do ANPC, representa enorme avanço no plano do combate à corrupção e desvio de recursos públicos, por oportunizar mecanismos de célere e eficiente aplicação de sanções

---

[25] "PROCESSUAL CIVIL. DECISÃO AGRAVADA. FUNDAMENTOS. IMPUGNAÇÃO ESPECÍFICA. AUSÊNCIA. PEDIDO DE SOBRESTAMENTO. FASE. De acordo com o que dispõem o art. 1.021, §1º, do CPC/2015 e a Súmula nº 182 do STJ, a parte deve infirmar, nas razões do agravo interno, todos os fundamentos da decisão atacada, sob pena de não ser conhecido o seu recurso. 2. Hipótese em que a recorrente não se desincumbiu do ônus de impugnar, de forma clara e objetiva, os motivos da decisão ora agravada. 3. O pedido de sobrestamento decorrente da possibilidade de acordo advinda com a Lei nº 13.964/2019 (Pacote Anticrime), no âmbito da ação de improbidade, deve ocorrer até a apresentação da contestação, evidenciando o esvaziamento da pretensão formulada pelo recorrente, à vista da atual fase processual. 4. Agravo interno e pedido de sobrestamento não conhecidos. (AgInt no REsp nº 1659082/PB, Rel. Ministro GURGEL DE FARIA, PRIMEIRA TURMA, julgado em 15.12.2020, *DJe* 18.12.2020).

[26] "Poderá ser celebrado acordo em matéria de improbidade administrativa, na fase extrajudicial ou no curso da respectiva ação judicial, quando verificada a incidência de circunstâncias que demonstrem o pleno atendimento do interesse público, obedecidos os parâmetros e critérios definidos na presente Resolução".

[27] "Art. 2º O acordo de não persecução cível – ANPC, previsto no art. 17, §1º, da Lei nº 8.429, de 1992, poderá ser celebrado extrajudicialmente ou no curso da ação judicial, até seu trânsito em julgado, quando presentes indicativos de que a solução consensual se mostre a via mais adequada à efetiva tutela do patrimônio público e da probidade administrativa".

previstas no artigo 12 da Lei nº 8.429/1992 e de recomposição integral do patrimônio público lesado.

Todavia, as normas hoje vigentes carecem de maior desenvolvimento. A falta de parâmetros legais objetivos de definição dos conteúdos mínimos do ANPC, com destaque às sanções aplicáveis, permite o surgimento de diretrizes díspares entre órgãos legitimados à sua celebração, com potencial prejuízo ao princípio da segurança jurídica e redução da sua atratividade. Com efeito, sugere-se, *de lege ferenda*, a positivação dos conteúdos mínimos de sua celebração, a partir de marcos regulamentares importantes como a Resolução CNMP-179/17, do Conselho Nacional do Ministério Público e a Portaria Normativa AGU nº 18/2020, observados os requisitos de celebração já disciplinados no artigo 17-B da Lei nº 8.429/1992, com destaque à indispensável – e não facultativa – oitiva do ente lesado.

Sugere-se, também, *de lege ferenda*, a reinserção dos entes da Administração pública como legitimados para a celebração do ANPC, vez que, tratando-se de negócio jurídico, a exclusão do titular do direito subjetivo, a pretexto de ser substituído pelo Ministério Público, constitui *capitis diminutio* do direito do credor de, eficazmente, perseguir e delimitar seu crédito, além de trazer indispensável segurança jurídica a todas as partes, tornando-o mais atrativo por potencialmente evitar discussões futuras quanto à sua validade e eficácia.

Referências

BRASIL. Mensagem nº 726, de 24 de dezembro de 2019. *Diário Oficial da União*, 24 dez. 2019. Disponível em: http://www.planalto.gov.br/ccivil_03/_ato2019-2022/2019/Msg/VEP/VEP-726.htm. Acesso em 05 fev. 2022.

CARVALHO FILHO, José dos Santos. *Manual de direito administrativo*. 27. ed. São Paulo: Atlas, 2014.

CORDEIRO, Antônio Menezes. *Da boa-fé no Direito Civil*. 5. Reimp. Coimbra: Almedina, 2013. v. 1.

DIDIER JUNIOR, Fredie; BOMFIM, Daniela Santos. A colaboração premiada como negócio jurídico processual atípico nas demandas de improbidade administrativa. *A&C – Revista de Direito Administrativo & Constitucional*, Belo Horizonte, a. 17, n. 67, p. 105-120, jan./mar. 2017.

DINIZ, Maria Helena. *As lacunas no direito*. 8. ed. São Paulo: Saraiva, 2007.

DINIZ, Maria Helena. *Curso de direito civil brasileiro. Teoria das obrigações contratuais e extracontratuais*. 28. ed. São Paulo: Saraiva, 2012. v. 3.

FERREIRA, Maria de Lourdes. Aspectos jurídicos do acordo de não persecução cível à luz da doutrina, jurisprudência e da Resolução nº 179/2017. *Revista Âmbito Jurídico*, out. 2021. Disponível em: https://ambitojuridico.com.br/cadernos/direito-administrativo/aspectos-juridicos-do-acordo-de-nao-persecucao-civel-a-luz-da-doutrina-jurisprudencia-e-da-resolucao-179-2017-do-conselho-nacional-do-ministerio-publico/. Acesso em 27 jan. 2022.

FINK, Daniel Roberto. *Reflexões sobre as vantagens do Termo de Ajustamento de Conduta. Ação Civil* Pública. *Lei nº 7.347/1985 – 15 anos*. 2. ed. (Coord. Édis Milaré). São Paulo: Revista dos Tribunais, 2002.

LARENZ, Karl. *Metodologia da ciência do direito*. (Trad. Maria Teresa Costa). 3. ed. Lisboa: Calouste Guilbekian, 1997.

NEUBAUER, Henrique Santos Magalhães. A lacuna legislativa e a (im)possibilidade do acordo de não persecução civil. *Consultor Jurídico*, 15 out. 2020. Disponível em: https://www.conjur.com.br/2020-out-15/neubauer-impossibilidade-acordo-nao-persecucao-civil. Acesso em 1 fev. 2022.

QUINTAS, Fabio Lima. É inconstitucional dar ao MP legitimidade exclusiva para ação de improbidade? *Consultor Jurídico*, 12 fev. 2022. Disponível em: https://www.conjur.com.br/2022-fev-12/observatorio-constitucional-inconstitucional-dar-mp-legitimidade-exclusiva-acao-improbidade#:~:text=Ent%C3%A3o%2C%20o%20que%20fez%20a,a%20a%C3%A7%C3%A3o%20de%20ressarcimento%20se. Acesso em 14 fev. 2022.

Informação bibliográfica deste texto, conforme a NBR 6023:2018 da Associação Brasileira de Normas Técnicas (ABNT):

ANTONIO JUNIOR, Valter Farid. Consensualidade em matéria de improbidade administrativa e o acordo de não persecução civil: breves considerações sobre o artigo 17-B da Lei nº 8.429/1992. *In*: CORONA, Maria Lia Porto; CASTRO, Sérgio Pessoa de Paula; RAHIM, Fabiola Marquetti Sanches (Coords.). *Anotações sobre a Lei de Improbidade Administrativa*. Belo Horizonte: Fórum, 2022. p. 227-246. ISBN 978-65-5518-378-8.

SOBRE OS AUTORES

Anderson Sant'Ana Pedra
Procurador do Estado do Espírito Santo. Advogado e Consultor (Anderson Pedra Advogados). Pós-doutor em Direito pela Universidade de Coimbra. Doutor em Direito do Estado pela Pontifícia Universidade Católica de São Paulo (PUC-SP). Professor de Direito Constitucional e Administrativo da Faculdade de Direito de Vitória (FDV/ES). Autor de obras jurídicas e palestrante. (http://andersonpedra.adv.br; @andersonspedra).

Caio Gama Mascarenhas
Doutorando em Direito Econômico e Financeiro na Universidade de São Paulo (USP). Mestre em Direitos Humanos pela Universidade Federal de Mato Grosso do Sul (UFMS). Integrante do grupo de pesquisa "Direito, Políticas Públicas e Desenvolvimento Sustentável" (UFMS). Procurador do Estado do Mato Grosso do Sul (2015-presente). Membro do Corpo Editorial da Revista da PGE-MS (2019-presente).

Carolina Pellegrini Maia Rovina Lunkes
Procuradora do Estado de São Paulo desde 2010.

Denis Dela Vedova Gomes
Mestre em Direito pela Pontifícia Universidade Católica de São Paulo (PUC-SP). Especialista em Direito Econômico pela Escola de Direito da Fundação Getulio Vargas (FVG-SP, 2012). Bacharel em Direito pela Universidade Presbiteriana Mackenzie (2007). Procurador do Estado de São Paulo.

Fabiola Marquetti Sanches Rahim
Pós-graduada em Regime Próprio de Previdência e em Direito Eleitoral (Insted). Ex-Promotora de Justiça do Mato Grosso (2004). Procuradora do Estado de Mato Grosso do Sul (2005-presente). Procuradora-Geral do Estado de Mato Grosso do Sul (2019-presente).

Jasson Hibner Amaral
Procurador-Geral do Estado do Espírito Santo. Mestre em Direito Público pela Universidade do Estado do Rio de Janeiro (UERJ). Autor de artigos e capítulos de obras jurídicas. Professor da Escola Superior da Procuradoria Geral do Estado do Espírito Santo. (@jassonhibner).

Julizar Barbosa Trindade Júnior
Mestre em Direito Processual Civil pela Pontifícia Universidade Católica de São Paulo (PUC-SP). Especialista em Direito Processual Civil pela Pontifícia Universidade Católica de São Paulo (PUC-SP). Graduado em Direito pela Universidade Federal de Mato Grosso do Sul (UFMS). Procurador do Estado de Mato Grosso do Sul.

Mateus Camilo Ribeiro da Silveira
Procurador do Estado de São Paulo. Doutorando e Mestre em Direito Administrativo pela Pontifícia Universidade Católica de São Paulo (PUC-SP). Membro associado fundador do Instituto de Direito Administrativo Sancionador (IDASAN) e do Grupo de Pesquisa "Direito e Corrupção", vinculado à citada instituição de ensino.

Melissa Di Lascio Sampaio
Procuradora do Estado de São Paulo, em exercício na Assessoria Jurídica do Gabinete do Procurador Geral do Estado. Especialista em Direito Constitucional pela Escola Superior de Direito Constitucional (ESDC). Especialista em Direito Processual Civil pela Escola Superior da Procuradoria Geral do Estado de São Paulo (ESPGE). Mestre em Direitos Humanos pela Universidade de São Paulo (USP).

Pericles Ferreira De Almeida
Mestre em Direito Administrativo pela Pontifícia Universidade Católica de São Paulo (PUC-SP). Procurador do Estado do Espírito Santo.

Renato Manente Corrêa
Procurador do Estado de São Paulo. Integrante do Grupo Especial de Atuação do Contencioso Geral. Especialista em Direito Processual Civil pela Escola Superior da Procuradoria Geral do Estado de São Paulo (ESPGE). Graduado em Direito pela Universidade Federal de Goiás (UFG).

Sidnei Paschoal Braga

Bacharel em Direito pelas Faculdades Metropolitanas Unidas (FMU). Pós-graduado em Direito do Estado pela Escola Superior da Procuradoria Geral do Estado de São Paulo (ESPGE). Procurador do Estado de São Paulo, classificado na Consultoria Jurídica da Administração Penitenciária.

Suzane Ramos Rosa Esteves

Procuradora do Estado de São Paulo, em exercício na Assessoria Jurídica do Gabinete do Procurador Geral do Estado. Especialista em Direito Processual Civil pela Escola Superior da Procuradoria Geral do Estado de São Paulo (ESPGE).

Valter Farid Antonio Junior

Doutor em Direito Civil pela Faculdade de Direito da Universidade de São Paulo (USP). Mestre em Direito Civil Comparado pela Pontifícia Universidade Católica de São Paulo (PUC-SP). Procurador do Estado de São Paulo. Procurador Chefe da Consultoria Jurídica da Secretaria de Administração Penitenciária. Ex- Secretário Executivo da Justiça e Cidadania do Estado de São Paulo.

Esta obra foi composta em fonte Palatino Linotype, corpo 10
e impressa em papel Offset 75g (miolo) e Supremo 250g (capa)
pela Gráfica Formato, em Belo Horizonte/MG.